本书受到国家自然科学基金项目“政府管制、政策不确定性与企业创新行为研究”（编号：71762005）资助，为阶段性研究成果

经济管理学术文库 • 管理类

政府管制、政策不确定性与企业创新行为研究

Government Regulation, Policy Uncertainty, and Corporate Innovation

梁权熙　谢宏基／著

图书在版编目（CIP）数据

政府管制、政策不确定性与企业创新行为研究/梁权熙，谢宏基著．—北京：经济管理出版社，2019.6

ISBN 978－7－5096－6633－3

Ⅰ．①政…　Ⅱ．①梁…　Ⅲ．①政府管制—影响—企业创新—研究—中国　Ⅳ．①F279.23

中国版本图书馆 CIP 数据核字（2019）第 101471 号

组稿编辑：曹　靖
责任编辑：曹　靖　郭　飞
责任印制：黄章平
责任校对：王纪慧

出版发行：经济管理出版社
（北京市海淀区北蜂窝 8 号中雅大厦 A 座 11 层　100038）
网　　址：www. E－mp. com. cn
电　　话：（010）51915602
印　　刷：北京玺诚印务有限公司
经　　销：新华书店
开　　本：720mm×1000mm/16
印　　张：11.5
字　　数：219 千字
版　　次：2019 年 6 月第 1 版　　2019 年 6 月第 1 次印刷
书　　号：ISBN 978－7－5096－6633－3
定　　价：68.00 元

前　言

近年来，随着增长速度高位回落，中国经济进入了增长动力转型的关键阶段。如何实现经济增长由外生要素驱动向内生创新驱动转换，成为当前亟待解决的重大问题。本书基于中国特有的政府对经济资源普遍性管制以及政府政策频繁变化的制度背景，充分利用中国不断改革变化的制度背景提供的“准自然实验”条件，同时从静态（政府管制政策）和动态（政策不确定性）两个互补的视角研究了中国特有的政府政策制度环境如何影响企业的创新行为。

首先，运用中国上市公司的大样本面板数据，实证检验了政府对经济资源的管制程度对企业创新行为的影响、作用机制及其经济后果。利用政府配置资源的比重来捕捉城市层面的政府管制程度，利用专利数量度量企业的创新活动后发现：

（1）政府管制显著地抑制了企业的创新行为，政府管制程度提高 1 个标准差，将导致企业的专利数量的自然对数平均下降 6.65% ~7.10%。该发现强有力地证明，我国特有的政府对经济资源的普遍性管制扭曲了企业家才能以及企业资源的配置，使得企业家更热衷于通过建立政企纽带等非生产性手段构建和维持政治关系而不是通过研发、创新等方式进行内部能力建设来获得竞争优势，从而挤掉创新等核心竞争力建设的投入，抑制了企业的创新行为。

（2）在政府管制越强的地区，企业与政府的纽带关系越为紧密，具体表现为企业更倾向于聘请具有政企纽带背景的人员担任董事长或 CEO、高级管理人员和独立董事。该结果表明政府管制会导致企业通过建立政企纽带来进行响应，为了获取政府手中稀缺资源的支配权以及保护企业的生产性活动收益不被政府侵占，企业家更倾向于将更多的才能、时间及企业资源配置到与政府建立政企纽带的活动中来，与政府建立更为紧密的联系。

（3）较高的政府管制降低了企业的创新能力，使得企业未来的核心竞争力和增长优势受损，从而显著地降低了企业的创新效率和经营绩效，表现为较低的全要素生产率（TFP）、较低的盈利能力和较低的资产周转率。

其次，基于我国政府对经济资源普遍性管制的制度背景，利用 2013 年以来中央政府强力反腐败的政策性外生冲击，设计倾向得分匹配和双重差分的计量识别策略（PSM + DID）检验了反腐败对企业创新的影响。研究发现：

（1）反腐败显著提高了企业的创新产出水平，即相比于那些处于政府管制较弱地区的公司，处于政府管制较强地区的公司在受到反腐败政策冲击后获得了更高的创新产出。该结果表明，反腐败的空前强化在很大程度上切断了政企纽带的利益链，意味着寻租的成本急剧上升，激励了企业家将更多的才能及企业资源配置到创新性生产活动中，从而使这种促进效应在反腐败之前政府管制程度更高的地区表现得更为突出。

（2）反腐败对企业创新的正面促进效应在反腐败之前面临政府管制程度更高、政企纽带和寻租活动更严重的企业中表现得更为突出，表明反腐败政策主要通过切断政企纽带利益链和抑制企业寻租支出活动正向作用于企业创新。另外，研究还发现反腐败对企业创新的促进作用在民营企业中更为显著。

最后，利用 Baker 等（2016）构建的“中国经济政策不确定性指数”来捕捉我国企业面临的政策不确定性程度，以专利数量来度量企业的创新活动，实证检验了政策不确定性对企业创新行为的影响、作用机制及其经济后果。主要发现如下：

（1）政策不确定性与企业的创新产出水平显著正相关，即政策不确定性越高，企业的创新水平越高。该发现与基于策略价值考量的理论预期相一致，即不确定的政策环境会激励企业尽早执行创新投资以获得未来的增长期权，从而促进了企业的创新活动。

（2）政策不确定性对企业创新活动的正向促进效应受企业异质性的影响。具体而言，当外部产品市场竞争较激烈、增长机会较多、创新难度较大、外部经济状况较差时，政策不确定性对企业创新活动的正向促进作用更为显著。

（3）政策不确定性显著提高了管理层的创新激励和企业的风险承担水平。该结果表明，当不确定的政策环境能够使得企业尽早执行创新投资而获得的未来增长期权超出等待期权的价值时，管理层有较高的创新激励去尽早执行 R&D 投资，而企业更多地从事研发和创新投资活动意味着企业承担了更高的风险。

（4）政策不确定性提高了企业的创新效率和长期盈利能力。该结果表明较高程度的政策不确定性促使企业从事更多的创新活动来提升企业的创新能力，从而获得了未来的核心竞争力和增长优势。

（5）从行业层面来看，较高的政策不确定性提高了行业的专利产出。将企业面临的政策不确定性分解为全球层面、国家（中央政府）层面和地方政府层面的政策不确定性后发现，政策不确定性与企业创新之间的正向关系主要是由来自地方政府层面的政策不确定性驱动的。另外，政策不确定性显著提高了企业创新投资水平，抑制了企业的常规投资活动。

本书的主要实证结果对于不同的变量测度方法、计量模型设定以及样本选择标准均具有良好的稳健性。本书的研究有助于从企业创新行为的微观视角回答当前中国经济面临的两大基本问题：一是政府长期以来对经济的大量管制是否兼容创新驱动的内生增长方式；二是高度不确定的政府政策环境是否会抑制企业的创新从而减损中国经济的长期增长潜力。同时，本书的研究从政府与市场关系（扭曲）的视角拓展了现有文献关于制度环境、企业家才能配置及企业创新之间关系的研究，丰富了现有文献关于反腐败政策经济后果的研究并提供了微观经验证据，丰富并有力地推进了现有文献对政策不确定性影响企业投资行为从而影响长期经济增长的讨论；为理解我国长期以来企业创新激励不足、创新效率低下的现象提供了新的重要视角，也为评估中共十八大以来中央政府在全面推行简政放权的同时，加强法治与市场建设力度的改革“组合拳”的政策效果提供了直接的理论参考和证据支撑。

目　录

第1章 导论

1.1 研究背景与研究意义

1.1.1 选题背景

创新是企业核心竞争力的主要来源，也是经济增长的根本动力（Schumpeter，1934；Solow，1957）。例如，根据 Rosenberg（2004），技术创新能够解释美国 1870～1950 年间约 85% 的经济增长。Chang 等（2015）的跨国研究发现，人均专利存量每上升 1 个标准差，将导致 GDP 增长率提高 0.85%。创新如此重要，以至于不理解创新及其发生机制，我们就无法理解经济的长期增长（Barro and Sala－i－Marin，2003）。近年来，随着增长速度高位回落，中国经济进入了增长动力转型的关键阶段，如何实现经济增长由外生要素驱动向内生创新驱动转换，成为当前亟待解决的重大问题。国家"十三五"规划明确要将创新摆在国家发展全局的核心位置。中共中央、国务院在 2016 年 5 月印发的《国家创新驱动发展战略纲要》中提出了我国到 2020 年进入创新型国家行列、到 2030 年跻身创新型国家前列、到 2050 年建成世界科技创新强国的"三步走"目标。企业是国家创新体系的核心与微观主体。过去十多年来，中国政府不断加大对企业技术创新方面的投入，出台了一系列研发支持政策，但是企业技术效率较低、整体创新能力较差、国际竞争力不强的现状仍未显著改善，创新滞后是长期制约我国经济转型升级的瓶颈（李扬和张晓晶，2015）。

中国正处于增长动力转换叠加政府政策框架重塑的转型关键期，是否能够尽快促进企业创新升级，已成为破解中国当前经济困境的关键所在（Wei et al.，2016）。一方面，中国目前急需实现由外生要素驱动向内生创新驱动的增长动力转换；但与此同时，中国经济仍然是全球范围内政府管制程度最高的经济体之一（郭平，2016）。我们不清楚政府对经济资源和经济活动高度管制的传统是否能够兼容创新驱动的经济增长方式。另一方面，政府政策框架的重塑意味着政策的频繁变化和高度的政策不确定性，例如，Baker 等（2016）构建的“中国经济政策不确定性”指数在近年创出了历史新高。但是我们仍不清楚高度不确定的政府政策环境是否会抑制企业创新行为从而减损中国经济的长期增长潜力。

从政府管制的视角来看，尽管中国自改革开放以来在市场经济制度建设方面取得了显著的成就，但中国经济仍然是一个被政府高度管制（管控）的经济（张维迎，2006；陈信元和黄俊，2006；Naughton，2017）。根据世界银行发布的《2016 年全球商业环境报告》，2015 年中国的行政审批环境指标在全球 189 个经济体中排第 136 名，说明中国目前仍然是全球范围内政府管制程度最高的经济体之一。更为重要的是，以“行政分权”和“财政分权”相结合的“中国特色联邦主义”（Qian and Roland，1998；Jin et al.，2005）使得地方政府和地方官员对地方经济发展具有巨大的影响力和控制力，大量的关键资源以及行政审批、土地征用、贷款担保、各项政策优惠等均掌握在地方政府手中（周黎安，2007；周黎安和陶婧，2009；Xu，2011；Nee and Opper，2012）。中国特有的政府对经济资源的普遍性管制不仅决定了土地、信贷、矿藏等基础生产要素的分配，而且影响企业家才能的配置方向以及企业对创新活动的内生选择。

企业家才能被认为是一国创新从而促进长期经济增长的源泉（Schumpeter，1934）。在 Baumol（1990）的经典分析框架中，企业家的个人努力既可以配置到生产性活动（如创新）中，也可以配置于非生产性活动（如寻租）中，取决于不同经济活动的相对报酬结构。企业家经济活动的相对报酬结构则内生于特定的政治、经济、法律等制度环境（Acemoglu，1995；庄子银，2007；Dong et al.，2015）。Murphy 等（1991）详细梳理了影响企业家才能在创新与寻租活动之间进行配置的各种因素，他们认为与政府和市场关系有关的制度安排最为重要。从企业层面来看，为了获得竞争优势，企业一方面可以通过研发、创新等方式进行内部能力建设，另一方面也可以通过建立政企纽带等非生产性手段寻求政府庇护。在有限的资源范围内，企业必须在政企纽带与能力建设之间进行权衡，如果政府被授予的财力和处置权很大，并且其处置这些资源的权力得不到有效的监督，企业将更热衷于政企纽带而忽略内部能力建设（杨其静，2011）。那么，中国的政府管制环境是否扭曲了企业家才能以及企业资源的配置，从而抑制了企业的创新？进一步地，政府管制对企业创新活动的抑制效应到底有多大，这其中政府与企业的政治关联扮演了怎样的角色？政府管制对企业创新的抑制会导致怎样的经济后果或福利效应？这些问题在现有研究中均未能得到充分的关注。

近期有部分研究者探讨了我国的政府管制（扭曲）对个人创业及长期经济增长的影响。例如，陈刚（2015）认为严格的政府管制不仅扭曲了市场信号，而且提高了创业活动的成本；他基于微观调查数据的实证研究发现，政府管制显著降低了个人的创业概率。张龙鹏等（2016）也发现地区行政审批强度的提升不仅降低了当地居民的创业倾向，而且降低了创业规模。胡永刚和石崇（2016）通过理论模型和数值模拟分析表明，减少管制能促进经济增长，管制程度下降 0.1 个单位，将导致中国经济增长平均上升 0.72 个百分点。但较少有文献直接从经验上考察中国特殊的管制环境如何影响微观企业行为特别是创新行为。张峰等（2016）考察了政府管制对非正规部门与企业创新关系的调节效应，但并未直接研究政府管制对企业创新的影响。最近还有部分文献考察了政企纽带（political connections）或腐败对企业创新的影响（陈爽英等，2010；袁建国等，2015；李后建和张剑，2015），但研究结论存在较大的争议。一个可能的原因是政企纽带与企业创新之间的关系是内生的，不论是寻求政企纽带抑或是进行技术创新，都是企业针对特定的管制环境、法律制度等外部约束条件的策略性响应（杨其静，2011；Jia，2016），因而很难识别二者之间的因果关系。

从政策不确定性的视角来看，我国地方政府的主要官员频繁变换更是一种常态，这导致地方经济政策具有很强的不连续性和不稳定性（张军和高远，2007；王贤彬和徐现祥，2008；杨海生等，2014）。如前文所述，由于地方政府掌握着区域内众多的重要资源和经济发展决策权，从而拥有了较大的“权力”去自主发展经济和制定经济发展政策（傅勇和张晏，2007；周黎安，2007；Xu，2011）。同时，官员的教育背景、任职经历、发展理念等特征存在很大区别，官员在其任期内的经济行为与政策决定大多存在着明显的异质性（王贤彬和徐现祥，2008），于是官员更替、政治权利转移往往也伴随着已有政策的中断和新政策的推行，从而推高了地方层面的政策不确定性，影响了地方经济发展。由斯坦福大学和芝加哥大学联合发布的“中国经济政策不确定性指数”在 2017 年 1 月达到 694.8（1995 年为 100），为 1995 年以来的最高点。

自 2008 年全球金融危机以来，政策不确定性受到政策层、媒体和学术界的广泛关注。有不少研究认为各国政府应对危机时在财政、金融监管、货币等政策上的不确定性是危机期间实体经济加速下行并在危机后复苏乏力的主要原因之一（FOMC，2009；IMF，2012，2013；Bloom，2014；Baker et al.，2016）。国际知名机构致同会计师事务所在 2013 年的《国际商业问卷调查》显示，40% 的中国受访企业认为经济政策不确定性是影响企业发展的首要因素。2013 年“两会”期间，网易财经对来自全国各地的 40 多家企业的调查结果显示，40.91% 的受访者认为宏观经济最大的不确定性来自政策。

然而，尽管现有的研究提供了建设性的证据表明政策不确定性会通过降低产出、投资、就业及贸易等损害短期的经济增长，但政策不确定性对长期经济增长及社会福利的影响远未有定论（Bloom，2014；Atanassov et al.，2015；Hassett and Sullivan，2016）。特别地，虽然有部分研究发现不确定性会抑制企业对资本支出等短期有形资产的投资（Bernanke，1983；Alesina and Perotti，1996；Bloom et al.，2007；Julio and Yook，2012；李凤羽和杨墨竹，2015；Gulen and Ion，2016），但现有文献并不清楚不确定性究竟如何影响企业的创新投资，而后者被认为对长期经济增长具有决定性作用。因此，Bloom（2014）认为需要更多的经验研究来验证（政策）不确定性的经济效应，特别是能够建立清晰因果关系的研究。

不同于常规的有形资产投资，创新投资是一种长周期、高技术不确定性和高尾部风险的大规模无形资产投资，由于调整成本不同，创新投资对不确定性的反应可能不一样（Bloom，2007）。现有的研究发现，相同的经济因素对企业有形资产投资和创新投资的影响有很大的差异。例如关于 IPO 的文献发现公开上市便于企业进行股权融资从而提高资本支出，但 Lerner 等（2011）发现私有股权对失败的容忍度更高，非上市的私有股权而不是上市的公开股权更能促进企业创新。类似地，现有文献认为金融分析师有助于降低信息不对称性和融资成本，从而增加资本支出（Derrien and Kecskes，2013），但 Benner 和 Ranganathan（2012）、He 和 Tian（2013）则发现分析师跟踪阻碍了创新，因为公司经理人面临分析师的评级压力，不得不迎合短期的盈利目标。目前仅有少量的经验研究文献考察了政治不确定性对企业创新的影响，得到了截然不同的结论。例如，Bhattacharya 等（2015）基于跨国数据的研究发现，企业的创新活动在国家领导人选举年份显著下降。Atanassov 等（2015）基于美国州长选举数据，发现政治不确定性与企业的研发支出显著正相关。陈德球等（2016）则发现市委书记变更会降低企业的创新效率。最大的挑战可能来自政策不确定性的测度和因果关系的计量识别（Bloom，2014；Hassett and Sullivan，2016）。采用政治选举事件作为代理变量的缺陷在于不能捕捉到非选举年份的政策不确定性，这很可能会导致有偏误的统计推断结果，特别是非选举年份的企业投资和政策不确定性都有较大变化时更为严重（Gulen and Ion，2016）。

Bloom（2014）基于 12 个国家的政策不确定性指数，总结了如下的特征事实：政策不确定性在历史上波动很大，在经济衰退时急剧上升，并在经济繁荣时下降；政策不确定性跨国差异很大，发展中国家面临的政策不确定性显著高于发达国家。图 1－1 给出了 Baker 等（2016）构造的“中国经济政策不确定性指数”在 1995～2018 年的月度走势图。从图中可以看出，中国的政策不确定性在时间

上有很大的波动性，特别是在2008年金融危机后更为明显，并且伴随着实体经济持续下行，政策不确定性在近年来呈现急剧放大的趋势。在这样的大背景下，有关政策不确定性到底如何影响中国企业的创新行为从而作用于实体经济的长期增长，已成为一个亟待研究的重要理论和现实问题。

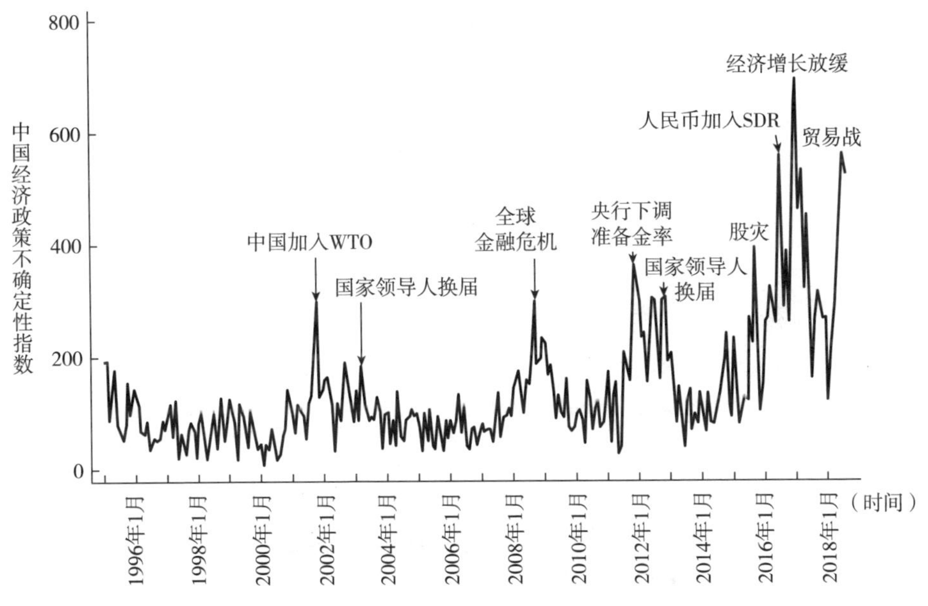

图1-1 1995~2018年中国经济政策不确定性指数走势

到底是具体的政策还是不确定的政策环境在更大程度上影响了企业的创新行为？Bhattacharya等（2015）构建了一个简约的理论模型来对比政策与政策不确定性对企业创新活动的影响，发现在左翼政党执政的国家（更不注重创新效率），政策不确定性对创新的影响要大于具体的政策，反之亦然。为此，本书同时从具体的政府（管制）政策和政策的不确定性两个互为对照的视角来研究中国特有的政府政策制度环境如何影响企业的创新行为。

1.1.2 研究意义

本书基于中国特有的政府对经济资源普遍性管制以及政府政策频繁变化的制度背景，充分利用中国不断改革变化的制度背景提供的“准自然实验”条件，同时从静态（政府管制政策）和动态（政策不确定性）两个互补的视角来研究中国特有的政府政策制度环境如何影响企业的创新行为；通过设计科学有效的实证研究方案，有效识别了政府管制和政策不确定性对企业创新行为的影响效应、作用机理及其经济后果。

本书的研究有助于从企业创新行为的微观视角回答当前中国经济面临的两大基本问题：一是政府长期以来对经济的大量管制是否兼容创新驱动的内生增长方式；二是高度不确定的政府政策环境是否会抑制企业的创新从而减损中国经济的长期增长潜力。同时，本书的研究从政府与市场关系（扭曲）的视角拓展了现有文献关于制度环境、企业家才能配置及企业创新之间关系的研究（Baumol，1990；Murphy et al.，1991；Acemoglu，1995；庄子银，2007；Sanders and Weitel，2010；胡永刚和石崇，2016），丰富了现有文献关于反腐败政策经济后果的研究并提供了微观经验证据（袁建国等，2015；李后建和张剑，2015；党力等，2015；王贤彬和王露瑶，2016；杨其静和蔡正喆，2016），丰富并有力地推进了现有文献对政策不确定性影响企业投资行为从而影响长期经济增长的讨论（Bloom，2007，2014；Baker et al.，2016）；为理解我国长期以来企业创新激励不足、创新效率低下的现象提供了新的重要视角，也为评估中共十八大以来中央政府在全面推行简政放权的同时，加强法治与市场建设力度的改革“组合拳”的政策效果提供了直接的理论参考和证据支撑。

1.2 研究内容与结构安排

本书的研究内容主要由以下四个部分构成：一是考察政府管制和政策不确定性对企业创新行为的影响；二是分别检验政府管制和政策不确定性通过怎样的机制或渠道影响企业的创新行为；三是进一步研究政府管制和政策不确定性影响企业创新的经济后果，即如何通过创新影响企业的实际经营绩效；四是进行一系列的拓展性检验和稳健性检验。具体而言，本书的研究内容主要分七个章节展开。

第1章：导论。首先通过介绍选题背景，提出本书的研究问题；其次介绍研究的主要内容和结构安排；最后梳理总结本书的研究发现和主要贡献。

第2章：文献综述。首先梳理和评述有关政府管制及其经济效应的研究文献；其次总结评述了有关政策不确定性的理论逻辑和经济后果的研究文献；最后简要回顾了有关创新行为影响因素及其经济后果的研究文献。

第3章：理论分析与研究假设。基于中国特有的政府对经济资源普遍性管制以及政府政策频繁变化的制度背景，梳理与整合企业家才能配置理论、实物期权（增长期权）投资理论等现有的相关基础理论，综合吸收国内外最新的研究成果，厘清中国背景下政府管制和政策不确定性影响企业创新行为的内在经济逻

辑，在此基础上提出可检验的理论研究假设。

第4章：政府管制与企业创新。第一，基于丰富而详实的企业微观数据，充分利用中国特有的政府对经济资源普遍性管制的制度背景，运用混合最小二乘回归（POLS）等已被证明行之有效的多种现代计量方法和识别策略来检验并建立起政府管制对企业创新活动的因果效应。第二，考察政府管制影响企业创新的作用机制，具体检验政府管制对企业政企纽带的影响。第三，进一步研究政府管制影响企业创新的经济后果，即如何通过创新影响企业的实际经营绩效。首先检验政府管制对企业创新效率（即给定R&D投入的专利产出）的影响；然后分别从全要素生产率（TFP）、盈利能力和资产周转率三个维度全面捕捉企业的经营绩效，检验政府管制如何通过创新机制影响企业的经营绩效。第四，进行其他的拓展性检验和稳健性检验。

第5章：政府管制、反腐败与企业创新。首先，基于我国的政府管制背景，利用2013年以来中央政府强力反腐败的政策性外生冲击，设计倾向得分匹配和双重差分的计量识别策略（PSM+DID）来考察反腐败对企业创新的影响；其次，检验反腐败如何通过政企纽带或寻租的内在机制作用于企业的创新行为；最后，从产权性质的角度考察反腐败影响企业创新行为的异质性。

第6章：政策不确定性与企业创新。首先，基于丰富而详实的企业微观数据，综合运用混合最小二乘回归（POLS）、工具变量法、面板固定效应模型等已被证明行之有效的多种现代计量方法和识别策略来检验并建立起政策不确定性对企业创新活动的因果效应。其次，检验政策不确定性通过怎样的机制或渠道影响企业的创新行为，分别从产品市场竞争、增长机会、创新难度和外部经济状况四个方面考察政策不确定性影响企业创新活动的异质性。再次，考察政策不确定性是否通过企业的风险承担和创新激励渠道影响了企业创新行为。又次，进一步研究政策不确定性影响企业创新的经济后果，即如何通过创新影响企业的实际经营绩效。先是检验政策不确定性对企业创新效率（即给定R&D投入的专利产出）的影响，然后从盈利能力的角度捕捉企业的经营绩效，检验政策不确定性如何通过创新机制影响企业的经营绩效。最后，进行一系列的拓展性和稳健性测试，主要包括：从行业平均层面检验政策不确定性与创新的关系；将企业面临的政策不确定性分解为来自全球层面、国家层面和地方政府层面的政策不确定性，考察不同层面（来源）的政策不确定性对企业创新活动的影响；比较政策不确定性对常规资本投资和创新投资的影响差异；等等。

第7章：结论与政策含义。总结本书的研究发现并揭示其政策含义，提出未来进一步丰富和推进研究工作的可能方向。

1.3 主要贡献

相比于已有的研究，本书的贡献主要体现在以下几个方面：

第一，本书的研究有助于回答当前中国经济面临的两大基本问题：一是政府长期以来对经济的大量管制是否兼容创新驱动的内生增长方式；二是高度不确定的政府政策环境是否会抑制企业的创新从而减损中国经济的长期增长潜力。首先，本书的研究表明，长期由政府主导的资源配置方式不利于激发企业的创新活力，也不利于企业全要素生产率的提升，从而明确了政府对经济资源和经济活动高度管制的传统无法兼容创新驱动的经济增长方式。为了实现我国经济增长动力转换，应继续推进“简政放权”，政府进一步放松对经济资源的管制，“确立市场对资源配置的决定性作用”，为企业营造一个预期稳定、竞争有序的市场环境，引导企业关注长远发展、加强创新投入以获得长期竞争优势。其次，本书的研究不仅发现了政策不确定性对创新的促进作用，还从多个渠道检验了政策不确定性对企业创新行为的作用机理，从而有助于从企业创新行为的视角增进对政策不确定性与中国长期经济增长关系的理解。

第二，本书的研究丰富和推进了已有文献关于中国制度背景下企业家才能配置从而进行企业创新行为的讨论。根据我们目前掌握的资料，本书将是少数几篇（如果不是第一篇）直接考察政府管制对企业家才能配置的结果——企业创新活动的影响的经验研究文献之一。现有的研究主要从理论上考察中国特有的制度环境如何影响企业家精神在生产性创新活动和非生产性寻租活动之间的配置。如吴敬琏和黄俊卿（2007）认为中国转型时期政府始终处于主导地位的变通性市场制度安排，既使企业家能够发挥才能，从事创新活动，又是寻租活动猖獗的根源所在。庄子银（2007）将企业家才能的配置引入内生技术创新模型，强调各类经济活动的相对报酬结构决定了企业家才能在生产性创新活动和寻租等非生产性活动之间的配置，从而决定了一个经济体的 R&D 投入水平、技术水平和经济增长率。胡永刚和石崇（2016）将对私营企业的管制引入企业家选择和才能配置模型，发现管制与法治通过企业家精神的数量效应和配置效应影响经济增长和收入差距，进一步的数值模拟发现政府管制程度下降 0.1 个单位，将导致中国经济增长率平均上升 0.72 个百分点。在实证研究方面，Dong 等（2015）检验了中国的寻租环境如何影响企业家的时间配置。陈刚（2015）和张龙鹏等（2016）考察了政府管制对个人创业决策的影响。相比之下，本书则提供稳健的经验证据表明，我国

特有的政府对经济资源的普遍性管制扭曲了企业家才能以及企业资源的配置，使得企业家更热衷于通过建立政企纽带等非生产性手段构建和维持政治关系而不是通过研发、创新等方式进行内部能力建设来获得竞争优势，从而抑制了企业的创新行为。同时，本书还利用始于2013年的反腐败政策冲击提供的“自然实验”条件来识别政府管制如何通过政企纽带或寻租的内在机制作用于企业的创新行为，从而建立起政府管制对企业创新活动的因果效应。

第三，本书丰富了现有文献关于反腐败政策经济后果的研究，为评估反腐败政策的经济效应提供了微观经验证据。尽管已有少部分文献从政企纽带（political connections）的视角考察了腐败或反腐败对企业创新的影响（袁建国等，2015；李后建和张剑，2015；党力等，2015），但是政企纽带与企业创新之间的关系是内生的；不论是寻求政企纽带抑或是进行技术创新，都是企业针对特定的管制环境、法律制度等外部约束条件的策略性响应（杨其静，2011），因而很难识别二者之间的因果关系。与已有研究不同，本书直接从企业面临的政府管制环境出发，借助反腐败政策的外生冲击以及利用PSM + DID模型有效识别了反腐败对企业创新的影响，从而有效避免了以往研究中所面临的内生性问题。本书的研究发现反腐败政策主要通过切断政企纽带利益链和抑制企业寻租支出活动正向作用于企业创新，为继续推进反腐败运动和“简政放权”措施提供了微观经验证据。

第四，本书有力地拓展了现有文献对政策不确定性如何影响企业投资行为从而影响长期经济增长的研究。尽管现有的部分理论和实证研究发现（政策）不确定性会抑制企业对资本支出等短期有形资产的投资（Bernanke，1983；Alesina and Perotti，1996；Bloom et al.，2007；Julio and Yook，2012；李风羽和杨墨竹，2015；Gulen and Ion，2016），但现有文献仍不清楚政策不确定性究竟如何影响企业对创新这种高尾部风险、长周期的大规模无形资产投资。本书利用Baker等（2016）构建的“中国经济政策不确定性指数”测度政策不确定性，发现了政策不确定性对企业创新的促进作用，还分别从产品市场竞争、增长机会、创新难度和外部经济状况四个方面考察政策不确定性影响企业创新活动的异质性，以及检验了政策不确定性影响企业创新的两个潜在渠道（风险承担和创新激励），从而拓展了现有文献对政策不确定性如何影响企业创新投资的研究。另外，政策不确定性的测度和因果关系的识别仍是现有实证研究文献面临的最大挑战（Bloom，2014；Hassett and Sullivan，2016；Baker et al.，2016）。本书基于中国特有的不断改革变化的制度背景和政府对经济活动的频繁干预的政策环境，除了采用Baker等（2016）构建的“中国经济政策不确定性指数”测度政策不确定性，还利用中国特有的“五年计划（规划）”的政策决策机制，通过实际GDP增长率与

“计划”目标 GDP 增长率的“偏离”构建了可以细分到省级层面的政策不确定性指数，并初步验证了该指数的合理性。与 Baker 等（2016）通过报刊媒体的报道间接地测度政策不确定性不同，我们利用更贴近实际政策操作的经济指标可以“更近距离地”捕捉到政府政策不确定性的变化。更为重要的是，该指数可以同时刻画政策不确定性在横截面和时间两个维度上的连续变化，从而在很大程度上改善现有研究在因果关系识别上面临的困境。同时，我们还通过控制更多宏观变量缓解了潜在的遗漏变量问题，并利用工具变量法、面板固定效应模型等计量方法，建立起了政策不确定性对企业创新活动的可靠因果效应。

第五，本书为理解我国长期以来企业创新激励不足、创新效率低下的现象提供了新的重要视角，也为理解和评估中共十八大以来中央政府在全面推行简政放权的同时，加强法治与市场建设力度的改革“组合拳”的政策效果提供了直接的理论依据和证据支撑。近期有关中国企业创新的文献主要考察产权保护（Lin et al.，2010；潘越等，2015）、产业保护政策（付明卫等，2015；黎文靖和郑曼妮，2016）、居民收入差距（安同良和千慧雄，2014）、政府补贴（张杰等，2015；杨洋等，2015）、CEO 激励（李春涛和宋敏，2010；Lin et al.，2011；温军和冯福根，2012）、融资约束（鞠晓生等，2013）等因素对中国企业创新行为的影响。本书则主要从政府与市场的关系（政府管制）、反腐败运动以及不确定的政策环境等新颖视角来研究中国企业创新活动的决定因素，丰富该领域的研究成果。

第 2 章　文献综述

与本书联系较为紧密的文献包括三个方面：一是有关政府管制及其经济效应的研究；二是有关（政策）不确定性及其经济效应的研究；三是有关企业创新行为的影响因素及其经济后果的研究。

2.1　有关政府管制及其经济效应的研究

“管制”（regulation）是一个相对宽泛的概念，不同的学者给出了不同的定义。例如，Uekusa（1992）将管制定义为政府当局依照一定的规则对企业的活动进行限制的行为。萨缪尔森则认为，管制是政府当局颁布法规，以命令的方式改变或控制企业的经营活动，从而达到控制企业价格、销售或生产决策的目的。现有的管制经济学理论主要建立在市场经济制度框架之上，假设管制的出发点是为了更好地维护市场公平竞争，以实现经济效率和社会福利的最大化（OECD，1997；张维迎和赵晓，2001）。在完备的自由市场制度下，市场通过价格机制这只“看不见的手”引导人们的经济决策，可以实现经济资源的最优配置。在现实世界中，广泛存在的信息不对称、垄断及外部性等问题会造成市场机制失灵，因此，弥补市场的缺陷成为现有西方管制经济学的理论基础。

政府管制是否有效是经济学界长期争论不休的话题。早期的公共利益理论（Pigou，1924；Posner，1974）认为，当市场机制失灵时，对经济活动实施管制能够为经济主体提供良好的制度保障，降低经济主体之间的交易成本，从而达到提高资源配置效率和实现社会福利最大化的目标。寻租理论（Tullock，1967）和公共选择学派（Rose - Ackerman，1999）则认为，政府并非天然地大公无私，政府管制很容易演变为一种创造租金和抽取租金的机制。一方面，政府可能会被在位企业俘获，并通过设置更为严苛的管制政策来遏阻潜在企业的进入，以维护在位企业的垄断地位和垄断租金（Stigler，1971）；另一方面，管制政策本身也可能成为政府官员向企业征收“过路费”的机制。公共选择理论的观点得到了现有大量经验证据的支持。这些研究发现严格的政府管制未能避免或修正市场失灵，反而抑制私人投资、将更多人推向非正规经济、提高消费产品价格、恶化环境污染，最终降低生产效率和经济增长速度（Djankov et al.，2002；世界银行，2007；Djankov，2009）。

与西方成熟市场经济国家的政府管制源于“市场失败”不同，中国的管制源于计划经济的惯性和本能，其成因与经典管制理论的分析相去甚远，很难在教科书中找到现成的解释（张维迎和赵晓，2001）。中国管制的出发点在很大程度上不是为了弥补市场的缺陷，而是源于对市场机制的不信任，试图通过政府管控代替市场配置经济资源（张维迎和赵晓，2001；吴敬琏和马国川，2013）。现有的部分文献考察了特定管制措施的经济效应。例如，陈信元和黄俊（2006）分析了政府对国有企业的管制如何影响企业的边界（垂直整合）。他们发现，由于政府官员有着不同于社会大众的私人利益及决策的信息劣势，政府管制会导致资源配置失效并提高市场交易的成本和不确定性。于李胜和王艳艳（2010）发现政府对审计市场的管制降低了审计市场的绩效。吕铁和王海成（2015）发现政府对劳工市场的管制提高了企业的创新概率。

近期国内有部分学者从整体的政府管制环境来考察管制的经济效应。例如，刘星和徐光伟（2012）发现政府对国有企业的管制降低了高管薪酬业绩的敏感性，导致高管薪酬不仅具有向下的刚性，也具有向上的刚性。王林和俞乔（2013）发现政府对基金行业的管制构成了制度环境的最重要部分，直接影响到基金业的市场深化与发展。陈刚（2015）认为严格的政府管制不仅扭曲了市场信号，而且提高了创业活动的成本，他以企业与政府打交道的时间来衡量整体的政府管制环境，发现政府管制显著降低了个人的创业概率。张龙鹏等（2016）用行政审批强度衡量政府管制，发现行政审批强度的提升不仅降低了当地居民的创业倾向，而且降低了创业规模。胡永刚和石崇（2016）将对私人企业的管制引入企业家选择和才能配置模型，发现政府管制通过企业家精神的数量效应和配置效应影响经济增长，管制程度下降 0.1 个单位，中国经济增长率平均上升 0.72 个百分点。聂辉华和李琛（2016）的理论研究发现，反腐败的同时必须去除管制，否则反腐败可能会打击实体经济。张峰等（2016）考察了政府管制对非正规部门与企业创新关系的调节效应，发现政府管制会强化非正规部门对企业创新的负面效应，但他们并未考虑政府管制对企业创新的直接效应。从现有的研究来看，目前仍较少有文献从企业微观行为（特别是企业创新行为）的视角来研究中国背景下政府管制的经济效应。与部分文献从某个具体的管制政策来检验管制的经济后果不同，本书主要以整体的政府与市场的关系为切入点来研究中国特有的政府对经济资源和经济活动的普遍性管制如何影响企业的创新策略选择。本书的研究也将丰富现有的基于西方成熟市场的管制经济学理论。

2.2 有关（政策）不确定性及其经济效应的研究

2.2.1 不确定性的经济效应：理论逻辑

不同于风险（risk）描述的是已知的有关某个事件集合发生的概率分布，Knight（1921）最早将不确定性（uncertainty）定义为“人们无法预知事件发生的可能性”。相比于风险，不确定性意味着人们拥有更少的关于未来的知识。现有理论文献从不同的渠道研究不确定性对实际经济活动的影响，并未有一致的结论。

2.2.1.1 实物期权效应

主流文献主要从实物期权（real option）的视角来解释（政策）不确定性的经济效应（Bernanke，1983；Brennan and Schwartz，1985；McDonald and Siegel，1986；Dixit and Pindyck，1994；Chen and Funke，2003；Bloom et al.，2007；Bloom et al.，2011）。这些文献认为，如果投资（或其他经济决策）不完全可逆（存在调整成本），则投资机会可看作是企业持有的一系列等待期权（options to wait），未来不确定性的上升将通过提高等待期权价值的方式增加企业投资的边际成本，从而抑制企业的投资。实物期权效应存在的关键前提是经济决策不可逆（irreversible）或存在较高的调整成本，如果决策过程完全可逆，则实物期权的价值为零（Dixit and Pindyck，1994）。另外，实物期权效应还假设企业采用规模报酬递减的生产技术和面临不完全竞争的市场环境，并且企业能够等待或推迟投资决策。如果推迟决策的成本太高，如企业就某个创意竞争申请专利或开发新的产品，则等待期权的价值会大打折扣，从而可能打破不确定性与投资之间的负向关系（Bloom，2014）。

2.2.1.2 风险厌恶与风险溢价效应

另外一个文献从风险厌恶与风险溢价的视角来探讨（政策）不确定性影响实际经济活动的作用渠道。Pastor 和 Veronesi（2012）通过构建一个一般均衡模型发现，尽管政策的变化可能提高潜在的现金流，但也同时提高折现率，因为新的政策可能使企业的盈利不确定性（风险）增加。Pastor 和 Veronesi（2013）进一步发现，一方面，政策不确定性降低了政府对市场价值的保护程度，增加了企业对未来投资前景的评估难度，从而提高企业的融资成本；另一方面，不确定性还可能通过信心效应（confidence effect）渠道影响经济决策过程。例如，在 Hansen 等（1999）、Ilut 和 Schneider（2011）的模型中，不确定性使代理人无法形成关于未来的概率分布，假设代理人具有悲观信念（pessimistic beliefs），则由于“模糊厌恶”，他们将根据最坏的可能结果进行决策。不确定性上升导致最坏的可能结果进一步恶化，因而代理人对不确定性的反应是削减投资或消费支出。Bai 等（2011）、Born 和 Pfeifer（2014）的研究就发现在全球金融危机时期政策不确定性的显著增加使得企业的借贷出现大幅度下降和投资活动收缩。

2.2.1.3　增长期权效应

增长期权（growth option）效应理论认为，不确定性如果能够增加一项投资在未来的潜在收益空间，则不确定性会激励企业增加投资（Bloom，2014）。例如 Bar－Ilan 和 Strange（1996）指出，企业执行一项投资通常需要一定的建设周期（time－to－build）或孕育期（gestation period），他们发现具有不确定性建设周期的投资项目对不确定性的反应有很大的差异，不确定性对投资的遏阻效应随着项目孕育期的加长而减弱；对于孕育期较长的项目，不确定性的上升反而可能会鼓励企业尽快进行投资。Kulatilaka 和 Perotti（1998）构造了一个不完全竞争的策略增长期权模型，发现不确定性的上升会促进企业增加当前的投资以获取未来的增长期权（或竞争优势）。Bloom（2014）指出，增长期权效应可以解释 20 世纪 90 年代美国的互联网投资热潮，互联网企业并不清楚互联网的前景如何，但这种不确定性鼓励企业进行投资，因为网站开发的周期一般比较长，建成一个网站可看成是投资于未来互联网成功的一个看涨期权。

2.2.1.4　Oi－Hartman－Abel 效应

Oi－Hartman－Abel 效应主要基于 Oi（1961）、Hartman（1972）和 Abel（1983）的研究贡献。这一文献强调所谓的“好消息与坏消息原则”（good vs. bad news principle），即企业根据好消息（坏消息）扩张（收缩）其经营规模，从而获取好消息带来的好处并规避坏消息的冲击。因此，在不确定的环境中企业更偏好风险，更倾向于增加投资。显然，Oi－Hartman－Abel 机制起作用的前提是企业能够根据好消息和坏消息的到来迅速调整生产规模，这在短期可能不太现实（因为存在调整成本），因此主要体现在中长期上（Bloom，2014）。

2.2.2 不确定性的经济效应：经验证据

2.2.2.1 不确定性对企业投资的影响

从企业投资行为来看，现有的经验研究较为一致地发现不确定性会抑制企业对短期资本的投资，从而验证了实物期权效应理论。早期的研究如 Alesina 和 Perotti（1996）发现贫富差距会提高政治不稳定性，进而降低投资水平。Bloom 等（2007）基于模拟数据的研究发现，不确定性会降低企业投资对经济刺激政策的敏感度。Nancy（2016）建立了一个投资决策模型，发现一次性税收政策产生的不确定性会使得企业采取暂时停止投资的观望决策。Kellogg（2014）利用石油期货价格波动率来捕捉不确定性，发现不确定性显著降低了石油企业的钻井投资。Gulen 和 Ion（2016）基于 Baker 等（2016）构建的经济政策不确定性指数来度量政策不确定性，发现政策不确定性能够解释 2007 ~2009 年金融危机期间企业资本投资下降的 32%，并且政策不确定性对投资的抑制效应在投资不可逆程度和对政府支出依赖程度较高的企业中更为显著。李凤羽和杨墨竹（2015）利用 Baker 等提供的“中国经济政策不确定性指数”对中国 A 股上市公司进行了研究，发现较高的经济政策不确定性会抑制上市公司的投资水平，这种抑制作用随着企业投资不可逆程度、融资约束、机构投资者持股比例和股权集中度的提高而逐渐增强，随着企业的学习能力提高而减弱。此外，国内也有学者通过其他指标衡量不确定性并探讨不确定性对企业投资的影响。比如，王义中和宋敏（2014）采用中国季度实际变化率的条件方差来衡量宏观经济不确定性，发现高度不确定的宏观经济会减弱外部需求、流动性资金需求和长期资金需求对公司投资的促进作用。

另外一个较为活跃的文献主要利用政治选举（官员变更）事件来捕捉企业面临的政治不确定性。例如，Durnev（2011）发现相比于非选举年份，选举年份的公司投资—股价敏感性下降约 40%。Julio 和 Yook（2012）基于跨国的领导人选举事件，发现企业在选举年份的投资水平低于非选举年份，大约为 4.8%，这种政治不确定性对于投资的抑制作用在大陆法系、较弱的政治制衡、政府不稳定和中央政府支出占 GDP 比重较高的国家更为显著。贾倩等（2013）利用我国省级主政官员的变更事件来检验地方层面的政策不确定性对企业投资行为的影响，发现省级主政官员的变更增加了本地政策的不确定性并抑制了企业当年的投资，这一影响对于省级层面的国企和缺乏政治关联的企业更为显著。徐业坤等（2013）则基于中国市委书记更替的数据，发现中国民营企业的投资支出在面临政治不确定性时明显下降。Jens（2016）考察了美国州长选举对投资的抑制作用，发现州长选举的不确定性导致投资下降 5% ~15%，并且这种效应随着选举时点的接近而恶化。Julio 和 Yook（2016）利用选举时点作为政策不确定性的代理变量，发现来自美国公司的外商直接投资在（东道国）选举年份显著下降，并在不确定性消除（选举结束）后显著回升。

出于对内生性问题的考虑，还有部分文献利用一些外生事件冲击来捕捉企业面临的不确定性。如，吴一平和尹华（2016）以中央政府换届作为外生事件冲击考察了政策不确定性对企业投资的影响，发现中央政府换届引发的政策不确定性显著降低了政企关系较弱企业的投资水平。Kim 和 Kung（2017）采用 1990 年海湾战争和 2001 年“9·11”恐怖袭击事件的外生冲击，发现资产不可逆程度越高的公司受外部不确定性的负面影响越大。

现有文献尽管在不确定性与企业短期资本投资的关系上具有较为一致的研究结论，但并不清楚不确定性到底如何影响创新这种长周期、大规模、高尾部风险的无形资产投资。Minton 和 Schrand（1999）采用现金流波动率作为不确定性的代理变量，发现现金流波动率与企业的研发投入强度显著负相关。Goel 和 Ram（2001）基于 OECD 国家层面的面板数据，发现来自通货膨胀率的不确定性降低了整体的 R&D 投资。Bhattacharya 等（2015）基于跨国数据的研究发现，企业的创新活动在国家领导人选举年份显著下降。郭华等（2016）发现政策不确定性的增加会抑制企业研发投入。陈德球等（2016）也发现市委书记变更会降低企业的创新效率。然而，Stein 和 Stone（2013）在充分考虑内生性问题后发现不确定性与企业的 R&D 投资显著正相关。类似地，Atanassov 等（2015）基于美国州长选举数据，发现政治不确定性显著提高了企业的研发支出水平。郭平（2016）利用世界银行的中国企业调查数据构建了企业层面的政策不确定性指标并考察了政策不确定性对企业研发投资的影响，发现生产效率更高、融资能力更强、政治关联程度更大以及处于更强知识产权保护地区的企业在受到政策不确定性冲击时反而会加大研发投资力度。顾夏铭等（2018）也发现经济政策不确定性对上市公司的创新活动有激励效应。

2.2.2.2 不确定性的其他经济效应

有部分文献研究了政策不确定性对宏观经济运行的冲击和影响。例如，Keefer 和 Knack（1995）、Alesina 和 Perotti（1996）发现不稳定的政策环境降低了整体投资水平。Hermes 和 Lensink（2001）、Julio 和 Yook（2016）则发现政策不确定性是导致对外直接投资（FDI）外流的关键因素。Gomes 等（2012）通过建立模型发现政府的税收和社会保障政策的不确定性导致了社会福利损失。Baker 等（2016）基于美国 10 大主要报纸刊发的带有特定关键词的文章数量，构建了一个新颖的政策不确定性指数，他们发现 2008 年金融危机开始后政策不确定性的急剧上升是造成投资、就业和消费大幅下降的重要原因。Shoag 和 Veuger（2014）

发现地方层面的政策不确定性增加与当地劳动力市场密切相关，较高程度的政策不确定性会导致失业增加。杨海生等（2014）以地级市官员变更比例作为政策不连续性的代理变量来考察政策不确定性对经济增长的影响效应，发现政策不稳定性对经济增长有显著的抑制作用。杨海生等（2015）进一步考察了政策不连续性对财政效率的影响，发现由地方官员变动导致的政策不连续性显著降低了地方的财政效率，这种影响在地级市市长发生变更时最为显著。

还有部分研究分析了政策不确定性对股票市场绩效的影响，发现政策不确定性与股价波动率显著正相关（Boutchkova et al.，2012）、能够显著正向地预测超额市场收益（Brogaard and Detzel，2015）、导致更高的政府债券发行成本（Gao and Qi，2013）。Pastor 和 Veronesi（2012）研究了政府政策的变化与股票价格的关系，发现股票价格在政策宣布变化后总体呈现下跌趋势，且价格下降幅度与政府政策的不确定性显著正相关。Kelly 等（2014）则从期权市场考察政治不确定性的定价效应，发现在选举期间续存从而为政治事件风险提供保护的期权更为昂贵。

此外，还有部分学者聚焦于政策性不确定性对企业避税、并购活动、现金持有和高管变更等方面的影响。例如，陈德球等（2016）研究发现地方主政官员变更导致的政策不确定性会增加企业的税收规避行为，这种关系在税收征管强度较低地区、政治关联较高企业和民营企业中更为明显。罗党论等（2016）发现官员变更导致的政策不确定性加剧了当地企业面临的市场风险。梁权熙等（2012）考察了不确定性对现金持有水平的影响，发现宏观经济不确定性对企业的现金持有水平具有显著的正向影响，并且面临高融资约束的公司的现金持有水平对宏观经济不确定性变化具有更高的敏感性。王红建等（2014）的研究也得出了类似的结论。李凤羽等（2015）进一步研究发现，A 股市场投资基金在经济政策不确定性上升时会降低持股比例并增持现金等流动性资产。

从已有的研究来看，政策不确定性与企业投资之间可能并不存在一般化的简单关系，而是取决于投资项目本身的特质（如不可逆性、投资周期、技术不确定性、策略价值等）。对于不可逆程度低、投资周期短、技术不确定性低、策略价值较低的资本性投资，政策不确定性通常表现为抑制效应，反之亦然。创新投资兼具不可逆程度高，但投资周期长、高技术不确定性和高策略价值等特点，因而政策不确定性对企业创新既可能存在抑制效应，也可能存在促进效应。因此，尽管大量的文献验证了政策不确定性与企业资本性投资的负向关系，但现有研究仍不清楚政策不确定性究竟如何影响企业的创新投资从而实现经济的长期增长（Bloom，2014；Hassett and Sullivan，2016）。

2.3 有关企业创新行为的影响因素及其经济后果的研究

2.3.1 企业创新行为的影响因素

研究企业创新行为决定因素的文献可划分为两大类：第一类文献主要考察产权保护、文化差异、产业保护政策和政府补贴等外部制度及政策环境对企业创新活动的影响；第二类文献主要从所有权结构与 CEO 激励、管理者个人特征、融资约束等企业层面的组织结构和内部特征来检验企业创新行为的影响因素。

从外部制度环境来看，现有的研究大都同意创新投资相比于其他的常规投资对制度环境有更高的要求，更高质量的制度环境有助于促进企业创新。例如，部分文献研究发现更好的产权保护能够激励企业进行创新，而不完善的产权保护制度则阻碍了企业创新。Chen 和 Puttitanun（2004）通过建立理论模型论证了发展中国家对于知识产权保护制度的选择如何影响其本土企业的创新活动，发现较弱的产权保护制度环境虽然有利于模仿国外的先进技术并使得消费者受益，但只有更高水平的知识产权保护制度才能提升发展中国家本土企业的创新水平。Czarnitzki 和 Toole（2011）发现专利保护制度作为一种机制可以有效降低企业对市场不确定性的敏感性，降低了等待价值并提高了研发投入水平。Fang 等（2017）通过我国近些年的国企私有化事件来识别知识产权保护如何影响公司创新，发现国企私有化有助于提高企业创新水平，这一正向促进作用在知识产权保护较好的城市中更为明显。潘越等（2015）则以我国高新技术行业上市公司为样本研究了司法地方保护主义对企业创新的影响，发现司法地方保护主义通过干扰公司诉讼阻碍了公司创新活动。近期还有研究发现法律对投资者的保护程度与企业创新水平显著正相关。如，Brown 等（2013）发现法律对于投资者的保护有助于企业在股票市场获得融资并用于长期性的创新投资，进而提高了企业（特别是中小型企业和初创型企业）的创新水平。Acharya 等（2014）的研究也得到了类似的结论。

近期有部分文献考察了中国的产业保护（扶持）政策对企业创新的影响。如，付明卫等（2015）发现，国产化率保护政策（DCP）显著地增加了受保护产业的发明专利申请数量。黎文靖和郑曼妮（2016）发现尽管受产业政策激励的公司专利申请数量显著增加，但只是非发明专利显著增加，追求“数量”而忽略“质量”，说明选择性产业政策只激励企业策略性创新，企业为“寻扶持”而增加创新“数量”，创新“质量”并没有显著提高。余明桂等（2016a）发现产业政策能够通过信贷、税收、政府补贴和市场竞争机制等渠道促进重点鼓励行业中企业的技术创新，尤其是民营企业的技术创新。有部分文献直接考察了政府补贴对企业创新绩效的影响，但研究结论并不一致。张杰等（2015）发现中国情境下创新补贴对中小企业私人研发并未表现出显著的效应；杨洋等（2015）则发现相比于国有企业，政府补贴对民营企业创新绩效的促进作用更大。Guo 等（2016）发现受中小型科技企业创新基金（Innofund）支持的企业具有显著更高的创新产出。李万福等（2017）发现政府的创新补助有效地激励了高科技、内部控制水平较高或所处经营法制环境较好的企业实施自主创新。Howell（2017）基于美国市场的研究发现，政府的创新补贴显著提高了企业的创新产出及其商业化。另一些文献考察了银行业管制的放松对企业创新的作用。如，Amore 等（2013）发现美国对州际银行的放松管制对于那些依赖外部融资和位置更靠近银行的企业的创新活动有显著的促进作用。Cornaggia 等（2015）则利用州际银行的放松管制来考察银行业竞争如何影响企业创新，发现银行业竞争降低了那些总部设在放松管制州内部的上市公司的创新水平，但是提高了那些依赖外部融资和从当地银行获取信贷渠道有限的小型私营企业的创新水平。还有部分研究考察了产品市场竞争对企业创新的影响。Aghion 等（2005）发现产品市场竞争与企业创新存在倒 U 形关系。对于该问题，现有研究基于中国的制度情境得出了不同的结论。聂辉华等（2008）的研究支持了 Aghion 等（2005）的观点，并且发现相比于民营企业，产品市场竞争对国有企业创新活动的促进作用更大。Lin 等（2010）则发现产品市场竞争与企业研发活动负相关。张杰等（2014）通过考察 1999～2007 年中国工业企业数据，发现产品市场竞争与民营企业创新显著正相关，但对国有企业创新没有明显影响。

产业政策实质上是政府管制的重要组成部分（张维迎，2016）。尽管部分文献验证了政府产业扶持政策对企业创新的促进作用，但这些文献通常未考虑产业政策的溢出效应。例如，政府对目标产业进行扶持可能会恶化竞争环境、扭曲价格机制，从而抑制其他产业的创新活动。因而即使受扶持产业的创新活动相对于非扶持产业显著提高，但产业政策对整体创新水平的影响并不清楚。因此，本书将考察政府管制环境对整体的企业创新水平的影响。

从企业层面来看，现有文献从机构投资者、风险资本、管理者特质、高管薪酬激励、卖空机制、董事会独立性、资本市场、融资约束和其他角度研究了企业创新行为的影响因素。其中，一些文献研究了机构投资者与企业创新行为的关系。Aghion 等（2013）发现，机构投资者在产品市场竞争激烈和企业利润下滑时仍对管理者保持了较高的失败容忍度，有效降低了管理者被解雇的职业风险，从而增加了管理者的创新激励并有效促进了企业的创新活动。Luong 等（2017）更进一步地考察了境外机构投资者与企业创新的关系，发现境外机构投资者作为长期和独立的投资者，通过更积极地扮演监督者角色、对管理层展现出更高的失败容忍度和促进跨国知识技术的交流和溢出，极大地提高了本土公司的创新水平。温军和冯根福（2012）则从我国的制度背景出发考察了异质机构投资者与企业创新的关系，发现证券投资基金显著降低了企业创新水平，这种负效应在国有企业中表现得更为明显；而 QFII 和保险基金则对民营企业的创新活动产生了积极影响。

一些文献考察了风险投资与企业创新行为的关系。Tian 和 Wang（2014）发现具有较高失败容忍度的风险资本（VC）可以促进公司创新。Chemmanur 等（2014）则分别考察了公司内部的风险投资部门（CVC）与外部独立的风险资本（IVC）对公司创新产出的差异。他们发现，由于拥有更多对母公司与初创公司之间技术契合度的行业知识、更低的盈利要求和更高的失败容忍度，公司内部风险投资部门对于公司创新的促进作用要显著高于外部风险资本。付雷鸣等（2012）利用中国上市公司数据也发现，相比于非风险投资者，风险投资者（VC）对我国企业创新投入的促进作用更为显著。陆瑶等（2017）研究了风险投资的联合投资对被投资公司创新能力的影响，发现被风险资本联合投资的公司比被单独投资的公司表现出更强的创新能力，这种创新能力随着联合投资公司的数目增多、持续时间加长而变得更强。王兰芳和胡悦（2017）则发现创业投资显著提高了企业的创新绩效，这种促进作用对于外部融资依赖度更高、高新技术密集度更高的行业以及处于产权保护更好地区的企业更为显著。

一些文献研究了管理者特质如何影响企业创新行为。Hirshleifer 等（2012）发现管理者过度自信会促使创新行业的公司更多地投资于高风险的创新项目并由此获得了更高的投资回报和专利产出。Sunder 等（2017）则发现具有驾驶飞机爱好的 CEO 能够将其追求冒险与新奇体验的个性与公司创造力结合起来，转化成公司更大的创新效率以及形成更多样化和更原始的专利产出。Yuan 和 Wen（2018）探讨了管理者的海外经历对于企业创新的影响，发现具有海外留学或工作经历的管理者显著促进了企业的创新活动，这一效应在具有海外经历的高级管理者和具有美国经历的管理者中更为明显。

一些文献则探讨了高管薪酬激励与企业创新行为的关系。李春涛和宋敏（2010）基于世界银行对中国制造业企业的调查数据研究发现 CEO 薪酬激励能促使企业更多地从事创新活动，扩大创新投资规模，并从中获得了更多的创新产出。Lin 等（2011）也得到了类似的结论，他们还发现 CEO 的教育水平、专业背景、政治关联与公司的创新努力正向相关。田轩和孟清扬（2018）则研究了股权

激励计划对企业创新的影响，发现无论是股票期权还是限制性股票都对企业创新有显著的激励作用，这种正向激励在民营企业、股价信息含量高的企业以及激励对象包含核心技术人员的企业中效果更为显著。

一些文献考察了卖空机制与企业创新行为的关系。He 和 Tian（2014）发现卖空者对企业创新活动具有正向的促进作用；在企业面临代理冲突和信息不对称的环境下，卖空者对企业创新活动的正向效应更为显著。陈怡欣等（2018）以我国融资融券交易试点这一外生冲击为背景构造了 DID 模型来研究卖空机制对上市公司创新的影响，发现融资融券标的公司在卖空机制实施后专利申请量显著提高，这一现象在行业产品市场竞争度较低、分析师跟进较少的公司中更为显著。郝项超等（2018）则发现融券导致了企业创新数量与质量的同步增加，而融资却导致了企业创新数量与质量同步下降，并且从总体上看融资融券阻碍了企业创新。

一些文献则研究了董事（会）与企业创新行为的关系。Balsmeier（2017）考察了独立董事与公司创新的关系，发现那些拥有更多独立董事的公司更专注于自身熟悉的技术领域并获得了更多的专利产出。Lu 和 Wang（2018）则研究了董事会独立性如何影响企业创新，他们发现董事会独立性对公司创新具有积极的影响，这一效应在规模较大、处于非技术性行业、处于较弱产品市场竞争和负债率较高的公司中表现更为明显。

另一些文献研究了资本市场与企业创新行为的关系。例如，He 和 Tian（2013）检验了金融分析师关注度与企业创新的关系，发现更多的分析师关注和报道会增加管理者的短期业绩压力并加剧管理者短视行为，阻碍企业对长期创新项目的投资并降低了创新产出水平。Fang 等（2014）则考察了股票流动性与公司创新的关系，发现更高的股票流动性会提高企业被敌意收购的风险和动摇管理者的创新动机，从而阻碍了公司创新。冯根福等（2017）研究了我国上市公司股票流动性与企业技术创新之间的关系，也得到了类似的结论。

还有另一些文献研究发现非上市私有股权（Lerner et al.，2011）和股权私有化（Tan et al.，2014）有助于企业进行创新；融资约束（鞠晓生等，2013；张璇等，2017；周开国等，2017）、会计稳健性（Chang et al.，2013）、企业边界（Seru，2014）、经营风险（Caggese，2012）和现金流不确定性（刘波等，2017）等抑制了企业创新行为。

近期还有部分文献考察了政企纽带（political connections）对企业创新的作用（陈爽英等，2010；蔡地等，2014；袁建国等，2015；党力等，2015），得到了截然相反的结论。一个可能的原因是政企纽带与企业创新之间的关系是内生的，不论是寻求政企纽带抑或是进行技术创新，都是企业针对特定的管制环境、法律制度等外部约束的策略性响应（杨其静，2011；Jia，2016），因而很难建立并识别二者的因果关系。因此，本书并不直接检验政企纽带与企业创新的关系，而是从外部的政府管制制度环境如何影响企业在创新与政治关联之间的权衡来识别政企纽带对企业创新行为的关系。

2.3.2 企业创新的经济后果

长期以来，企业创新被认为是经济长期增长的根本动力。例如，Griliches（1981）较早地利用美国大公司的数据验证了 R&D 支出和专利数量对公司价值的正向促进作用。类似地，Hall 等（2005）发现 R&D 与资本存量的比率、专利数量、专利引用数量均与公司市场价值显著正相关，专利引用平均每增加一项将导致公司价值上升 3%。Blundell 等（1999）采用英国的公司数据得到了类似的结论。李诗等（2012）基于中国上市公司的数据发现，上市公司专利每增加一项，公司市值将增加 223 万元，其中发明专利、实用新型专利、外观专利每增加一项，市值分别增加 309 万元、260 万元和 159 万元。Hirshleifer 等（2012）发现专利数量和质量均与股票收益率正向相关。

还有一部分文献检验了企业创新对生产效率和经济增长的影响。吴延兵（2006）基于中国四位数制造业产业层面数据，发现 R&D 对生产率有显著正向影响。吴延兵和米增渝（2011）进一步考察了独立创新、合作创新和模仿三种产品开发模式对企业技术效率的影响，发现合作创新企业的效率最高，模仿企业的效率次之，独立创新企业的效率再次之。Chang 和 Chen（2015）的跨国研究发现，创新能够显著提高全要素生产率和 GDP 增长，人均专利存量每上升一个标准差，将导致 GDP 增长率上升 0.85%。本书则重点考察政府管制和政策不确定性如何通过创新机制影响企业的经营绩效。

第3章　理论分析与研究假设

本章主要基于中国特有的政府对经济资源普遍性管制以及政府政策频繁变化的制度背景，梳理与整合企业家才能配置理论、实物期权（增长期权）投资理论等现有的相关基础理论，综合吸收国内外最新的研究成果，厘清中国背景下政府管制和政策不确定性影响企业创新行为的内在经济逻辑，在此基础上提出可检验的理论研究假设。

3.1　政府管制与企业创新

中国在由计划经济逐步向市场经济转轨的过程中，存在着广泛而深入的政府管制。与西方成熟市场经济国家的“管制”源于“市场失败”不同，中国的管制源于计划经济的惯性和本能（张维迎和赵晓，2001），其核心特征是大量的经济资源及其处置权掌控在政府手中，在很大程度上由政府而不是市场主导资源的配置，从而引致一系列问题。

3.1.1　政府管制、政企纽带与企业创新

自从熊彼特讨论企业家创新的著作《经济发展理论》（1934）面世以来，学界形成的基本共识是，企业家才能作为一种重要的生产要素，是推动一国创新及经济长期增长的根本动力。然而，企业家（或私人企业）并非自发地具有创新的倾向，企业家的唯一倾向是利润（Hobsbawm，1969）。企业家才能既可以用来从事生产性活动（如创新），也可以用来从事非生产性活动（如寻租），取决于不同经济活动的相对报酬结构。一个经济体能否实现持续增长，关键在于企业家才能（从而企业资源）是配置到创造财富的生产性创新活动中，还是配置到分配财富的非生产性寻租活动中（Baumol，1990；Murphy et al.，1991；

Sanders and Weitel, 2010)。庄子银(2007)将企业家才能的配置引入内生技术创新模型，强调各类经济活动的相对报酬结构决定了企业家才能在生产性创新活动和寻租等非生产性活动之间的配置，从而决定了一个经济的R&D投入水平、技术水平和经济增长率。政府对经济资源的管制程度显然是决定不同经济活动的相对报酬结构，从而影响企业家才能及企业资源配置的重要因素。

首先，在我国的管制环境下，各级政府掌握大量的稀缺资源及其分配权，并且对政府进行有效监督和约束的体制尚未形成（杨其静，2010），这使得非生产性的寻租活动相比于生产性的创新活动具有较高的潜在收益。Aidis等(2008)指出，在市场机制不完善的转型经济中，企业更有可能通过寻租获得进入市场及市场经营的特权，从而获取垄断租金。基于中国背景的大量经验研究表明，具有长期政企纽带的企业将会获得更多政府补贴、税收优惠、更便利的融资渠道以及更多公共资源(Claessens et al.，2008；余明桂等，2010；于蔚等，2012)。因此，为了获取政府手中稀缺资源的支配权，企业家更倾向于将更多的才能、时间及企业资源配置到与政府打交道、建立政企纽带等非生产性活动中，从而减少创新性生产活动的投入，抑制企业创新。Dong等(2015)基于世界银行对中国企业的调查数据，发现地方经济建设的财政规模越大，即寻租机会越大时，企业家交际应酬跑关系的时间会显著增加。

其次，政府管制将增加企业面临的政策不确定性，降低创新的预期收益。管制的另一个主要方面为政府对项目审批、市场准入、行政许可以及价格等方面的干预。政府目标的多元化以及宏观经济环境的复杂多变性决定了政府管制政策、手段甚至目的频繁变动，管制政策的不确定性给企业的投资决策带来很高的政策性风险（张维迎，2001；吴晓波，2007）。管制政策不确定性将提高投资项目的折现率及程序成本，降低未来现金流的现值(Braeutigam，1979)，甚至导致企业在投资新技术时难以准确评估风险和机遇并做出权衡，因此被认为是阻碍技术革新的重要因素(Knight et al.，1976；Marcus，1981)。已有的理论研究(Bernanke，1983；Bloom et al.，2007；Bloom et al.，2011)表明，如果一项投资不完全可逆，则企业的投资决策在面对不确定性时会更为谨慎和保守，因为不确定性提高了等待期权(option to wait)的价值。创新的本质是探索未知的路径或未经检验的方法(Holmstrom，1989；Aghion and Tirole，1994)，通常需要大量地投资于长期的无形资产，这意味着相比于常规的有形资产投资，等待期权的价值对创新投资决策显得尤为重要，因而创新投资受政策不确定性的负面影响更为显著

(Bhattacharya et al., 2015)。[①]

最后，在管制环境下，为了保护创新等生产性活动的收益不被侵占，企业家不得不将更多的才能和企业资源配置于建立和维护与政府的纽带关系。高度的政府管制通常导致产权保护和契约执行得不到有效实施（Chen and Qian，1998；Cull and Xu，2005）。企业建立政企纽带可能并非纯粹为了寻求租金收益，而是为了突破某种障碍（Dong et al.，2015）。为了顺利通过政府设置的一系列行政（审批）程序，企业必须承受很多经商的额外成本，这些成本很多是一次性的固定费用，是企业获得正常经营必须跨过的门槛。Du 等（2015）将这些成本归纳为两个方面：其一，政府设定的那些繁文缛节以及复杂的不透明的行业进入管制会让企业家既耗费金钱又耗费时间成本；其二，行业进入以及行政审批具有很强的主观性，政府官员的相机抉择型管理方式导致企业家必须耗时与官员建立紧密关系，而这期间会耗费巨大的成本。因此，企业（家）一旦被迫将有限的精力和资源用于构建和维持关系，则必然会挤掉创新等核心竞争力建设的投入，抑制企业的创新（杨其静，2010）。

综合以上的分析，本节提出如下两个研究假设：

假设 H1a：政府管制会抑制企业的创新活动，在政府管制越强的地区，企业的平均创新水平越低。

假设 H1b：政府管制会导致企业通过建立政企纽带来进行响应，在政府管制越强的地区，平均而言企业越有可能与政府发展联系，政企纽带越紧密。

3.1.2 管制成本、资源错配与企业绩效

在前文的分析中，我们认为政府对经济资源的大量管制将提高非生产性寻租活动的相对收益，同时降低生产性创新活动的相对收益，诱导企业家花费更多的精力和企业资源构建并维护与政府的纽带关系，从而挤占创新投入，抑制企业的创新能力。这意味着，相比于政府管制较弱的地区，政府管制较强地区的资源错配更为严重，企业用于创新等内部能力建设的资源投入会更少。较少的创新投入或创新能力的缺失将最终削弱企业的核心竞争能力，降低企业的生产效率（吴延兵，2006；吴延兵和米增渝，2011）。因此，从地区层面来看，我们预期政府管制将在平均意义上削弱企业的竞争能力，降低企业的经营绩效，在政府管制越强的地区，企业的平均经营绩效越低。

在管制环境下，即使有部分企业通过政企纽带获取了优势资源，但政企纽带往往会扭曲企业的行为（杨其静，2010）。一方面，企业通常会围绕其所能

① 现有的研究发现，政策不确定性显著地抑制了企业的有形资产投资（Alesina and Perotti，1996；Bloom et al.，2007；Julio and Yook，2012；Gulen and Ion，2015；李凤羽和杨墨竹，2015）。

获取的资源构建经营战略，并逐渐形成资源诅咒、路径依赖和锁定效应，从而降低企业的创新成长能力和经营绩效（潘红波等，2008；张敏等，2010；Du et al.，2015）；另一方面，依赖于政企纽带的资源获取方式会扭曲企业内部的治理机制，增加代理成本（杨其静，2010）。所以，政企纽带给企业带来的利益可能只是短期的，难以提升企业的长期价值。此外，寻租与管制存在相互强化的特征，在位厂商有激励通过政企纽带寻求更强的行政性壁垒，进而弱化所在行业的市场竞争（汪伟和史晋川，2005）。行政垄断所带来的设租权强化了政企纽带对于企业发展的重要性，即使政府直接干预受到遏制，市场竞争也无法配置资源而只能提高租金并放大企业内生激励对效率的扭曲（钱宁宇和郑长军，2015）。

值得注意的是，尽管也有部分文献发现政企纽带有助于提升企业的经营绩效（田利辉和张伟，2013），但这与政府管制降低企业绩效的逻辑并不冲突。然而，这些研究通常在外部扭曲程度给定（如所有的企业面临相同的政府管制环境）假设前提下考虑政企纽带或寻租的效应。本书则主要考察不同的外部扭曲程度或政府管制程度如何影响企业在寻租和创新之间的权衡，从而影响资源配置效率和企业经营绩效。对于每个地区而言，在给定的管制条件下，即使企业通过政企纽带降低扭曲的成本，实现了经济的次优效率，但相比于政府管制程度低的地区，政府管制程度高的地区的资源错配依然更为严重，经济效率更低，因而企业的平均经营绩效依然较低。

根据以上的分析，本书提出第三个研究假设：

假设 H1c：政府管制会降低企业的经营绩效，在政府管制越强的地区，企业的平均经营绩效越低（见图 3-1）。

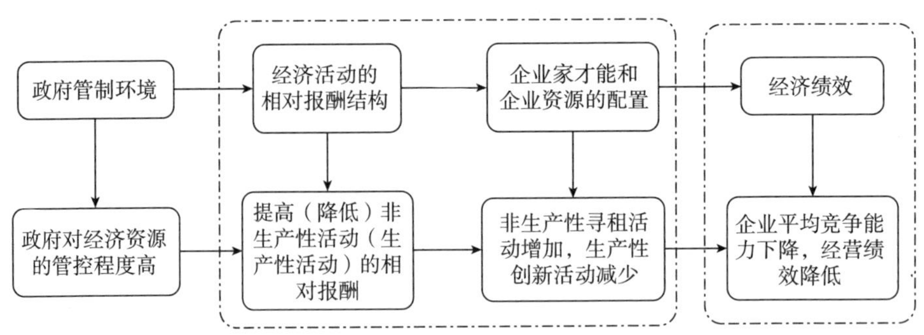

图 3-1 管制、创新与经济绩效传导机制框架

3.2 政府管制、反腐败与企业创新

根据上一节的理论分析逻辑，企业家才能（从而企业资源）的配置取决于企业家对生产性创新活动和非生产性寻租活动之间的相对报酬结构的权衡，而企业家经济活动的相对报酬结构则内生于特定的政治、经济、法律等制度环境（Acemoglu，1995；庄子银，2007）。我国的政府管制环境和法律环境决定了企业家更热衷于把非生产性寻租活动而非自主创新活动作为占优的策略选择。

一方面，中国经济仍然是一个被政府高度管制（管控）的经济（张维迎，2006；陈信元和黄俊，2006；Naughton，2017）。根据世界银行发布的《2016年全球商业环境报告》，2015年中国的行政审批环境指标在全球189个经济体中排第136名，说明中国目前仍然是全球范围内政府管制程度最高的经济体之一。特别是在“行政分权”和“财政分权”相结合的“中国特色联邦主义”体制下（Qian and Roland，1998；Jin et al.，2005），地方政府仍在很大程度上主导着经济资源的配置，比如掌控着地方国企的管理决策权以及区域内土地征用、行政审批以及政策补贴等重要稀缺资源（周黎安，2007）。余明桂等（2010）就发现，民营企业通过与政府搞好关系而建立起来的政企纽带更多是出于寻租目的，从而从政府手中获得更多的财政补贴等关键资源。另一方面，我国法制建设不够完善，对政府进行有效监督的机制尚未形成（杨其静，2011）。

总的来说，高度管制的经济环境改变了企业家对生产性创新活动和非生产性寻租活动之间的相对报酬结构的权衡。由于在政府管制程度较高的地区进行非生产性寻租活动的相对报酬更高，因而企业家更倾向于将更多的企业家才能和企业资源配置于寻租活动而不是创新活动中，从而扭曲了企业家才能和企业资源的配置，造成企业的创新激励不足。Aidis等（2008）的研究表明，处于市场机制运行不健全的经济环境中的企业更倾向于通过支付政治租金获得垄断市场的特权，造成企业创新意愿不足。陈爽英等（2010）发现，民营企业家的政治关系资本显著降低了企业的研发投资倾向和研发投资强度。袁建国等（2015）也发现企业的政治关联通过弱化市场竞争、助长过度投资等渠道分散了企业资源，抑制了企业的创新活动。

中共十八大以来，新一届政府以空前的力度严厉打击腐败行为，大批官员及国企高管因腐败问题而被查处。Nie等（2016）统计了2000~2015年因腐败问题被查处的副厅级以上官员数量，发现被查处官员数量在2013年后急剧上升，

2014年和2015年甚至超过了2000~2010年的总和。反腐败的空前强化将在很大程度上切断政企纽带的利益链，意味着寻租的成本急剧上升。对政府官员而言，反腐败运动是对市场机制不健全、法律制度不完善的有力补充，具有惩戒性和问责性的震慑作用，不仅增加了政府官员被查处的概率，也极大地提高了政府官员的设租成本（李追阳和余明桂，2018）。同时，本轮反腐败运动与政府“简政放权”相结合，迫使政府官员提高政府服务质量，为企业进行创新性活动提供了较为宽松的管制环境和公平竞争环境。

对企业而言，反腐败运动的持续高压态势有效压缩了企业与政府官员进行“权钱交易”的空间，极大地提高了企业的寻租成本（钟覃琳等，2016），进而改变企业家不同经济活动的相对报酬结构。这将在很大程度上削弱企业谋求非生产性寻租活动的内在激励，有利于营造激励创新的报酬结构，从而激励企业家将更多的才能及企业资源重新配置到创新性生产活动中。同时，反腐败运动也使得从事寻租活动的企业失去了政企纽带的“保护伞”和市场垄断特权，重新面临激烈的市场竞争环境。这意味着这些企业要么转变生产方式，要么将被市场淘汰。市场竞争压力客观上有利于倒逼企业家重新回到创新性生产活动中，从而提高企业的创新水平。

综合以上分析，本节提出如下研究假设：

假设H2：给定其他条件不变，反腐败有助于提高企业的创新产出水平。

3.3 政策不确定性与企业创新

目前已有不少理论文献从不同的视角（或渠道）考察了不确定性对企业的投资行为的影响，但研究结论仍然模糊不清。一些研究认为不确定性会抑制企业投资，另一些文献则发现不确定性有可能会促进企业投资。基于实物期权理论的研究认为不确定性叠加资本不可逆会衍生一个价值为正的推迟投资决策的期权（option to wait）（Bernanke，1983；McDonald and Siegel，1986；Dixit and Pindyck，1994；Chen and Funke，2003；Bloom et al.，2007）。其基本逻辑是：如果投资决策不完全可逆（可能存在沉没成本或存在回撤成本），那么拥有投资机会可以看作是企业持有一系列的等待期权（options to wait）。当企业面临不确定性时，推迟项目的投资并等待，可能会错失当前的利润，但通过等待更多关于未来不确定的信息到来也能够避免决策造成的巨大损失。也就是说，持有等待期权可以在一定程度上消解不确定性，未来不确定性的上升将通过提高等待期权价值的方式增加企业投资的边际成本，从而抑制企业的投资。上述实物期权效应逻辑成立的关键在于投资决策的不可逆性（irreversibility），即投资决策的不可逆程度越高，不确定性对企业投资决策的抑制作用越强。现有的经验研究也验证了投资决策不可逆程度对政策不确定性与企业资本投资之间关系的调节效应（李凤羽和杨墨竹，2015；Gulen and Ion，2016；Kim and Kung，2017）。

创新投资属于长周期的大规模无形资产投资，相比于常规的有形资产投资，创新投资具有更强的投资不可逆性和更高的调整成本（Grabowski，1968；Dixit and Pindyck，1994）。一方面，创新投入形成的（无形）资产具有很强的资产专用性，通常只适用于某个行业（industrial - specific）甚至某个具体的项目（project - specific），因而其回收再售的价值可能比较低；另一方面，创新投资中有很大一部分的研发费用主要用于支付研究人员（如科学家、工程师等）的劳务费，一旦研发项目失败，这些投入都难以收回。因此，从实物期权效应的渠道来看，相比于其他的常规投资，政策不确定性对企业的创新投资应具有更强的抑制作用。

尽管实物期权效应理论预期政策不确定性会抑制企业的创新投资，但也有不少的文献认为政策不确定性可能会通过其他渠道促进企业的创新投资。与常规投资不同的是，除了未来收益的不确定性外，创新投资还具有高度的技术不确定性（Grossman and Shapiro，1986）。例如，研发项目能否最终获得成功事前无法预料，并且项目需要持续多长时间才能获得成功事前也不可预知。Pindyck（1993）、Bar - Ilan 和 Strange（1996）的研究表明，对于研发难度及项目持续周期带来的不确定性，难以坐等其消失，只能通过尽早研发以获得经验来提高成功的概率，从而降低项目的技术不确定性。Oi（1961）、Hartman（1972）和 Abel（1983）提出的"好消息与坏消息准则"（good vs. bad news principle）也预期不确定性会促使企业尽早投资。该理论认为，企业根据好消息（坏消息）扩张（收缩）其经营规模，从而获取好消息带来的好处并规避坏消息的冲击，因而在不确定的环境中，企业更偏好风险，更倾向于增加投资。此外，Bloom 和 Van Reenen（2010）强调创新产出的专利也可看作是一项期权，因为专利受到法律保护，可以防止被复制和模仿，从而阻止其他竞争者进入市场；另外，创新投资还可以通过专利等知识产权的转让获得收益，这也会部分抵消创新投资的不可逆性。因此，获得专利授权可看作赋予创新投资的一项可逆期权（a reversibility option），从而促使企业在不确定环境下加快而不是延迟创新投入。

还有部分文献从增长期权的视角考虑了创新投资的策略价值（strategic value）。Kulatilaka 和 Perotti（1998）构建的策略增长期权模型表明，在不确定的竞争性市场环境中，企业进行初始的 R&D 投资是为了获得未来的增长期权，占先

（preemption）进入将赋予企业充分利用未来成长机会的能力，可以阻止竞争者进入或诱使竞争者做出让步，从而获得竞争优势。在 Weeds（2002）的模型中，他考虑了研发竞争的影响，构建了一个基于 R&D 竞争的实物期权模型，发现当策略占先（strategic preemption）的预期价值超出等待期权的价值时，不确定性确实能够鼓励企业尽早执行 R&D 投资。因此，基于策略价值考量的理论预期政策不确定性将促进企业的创新投资。

在实证研究方面，由于在不确定性的度量和因果关系识别上都存在巨大的挑战（Bloom，2014），现有的少量经验研究文献得到的研究结论并不一致。例如，Minton 和 Schrand（1999）采用现金流波动率作为不确定性的代理变量，发现现金流波动率与企业的研发投入强度显著负相关。Goel 和 Ram（2001）基于 OECD 国家层面的面板数据，发现来自通货膨胀率的不确定性降低了整体的 R&D 投资。Bhattacharya 等（2015）基于跨国数据的研究发现，企业的创新活动在国家领导人选举年份显著下降。陈德球等（2016）也发现市委书记变更会降低企业的创新效率。然而，Stein 和 Stone（2013）在充分考虑内生性问题后发现不确定性与企业的 R&D 投资显著正相关。类似地，Atanassov 等（2015）基于美国州长选举数据，发现政治不确定性显著提高了企业的研发支出水平。

综合上述的分析，本节提出如下两个相互对立的研究假设：

假设 H3a：给定其他条件不变，政策不确定性会抑制企业的创新活动，政策不确定性越高，企业的创新水平越低。

假设 H3b：给定其他条件不变，政策不确定性能够促进企业的创新活动，政策不确定性越高，企业的创新水平越高。

第4章 政府管制与企业创新

4.1 引言

近年来，政府管制对企业创新及经济效率的影响受到社会各界的广泛关注。中国新一届政府大力推行“简政放权”改革，力图通过放松政府管制激活“大众创业、万众创新”，以促进经济增长。曜中集团总裁、斯米克集团副总裁王其鑫在2014年博鳌亚洲论坛上指出，“亚洲创新率不足的主因，还是市场效率不足所致，而市场效率不彰的关键，还是在于政府的过度管制所致”。中国在由计划经济逐步向市场经济转轨的过程中，存在着广泛而深入的政府管制。根据世界银行发布的《2016年全球商业环境报告》，2015年中国的行政审批环境指标在全球189个经济体中排第136名，说明中国目前仍然是全球范围内政府管制程度最高的经济体之一。

近期有部分研究者探讨了政府管制对个人创业及长期经济增长的影响。例如，陈刚（2015）认为严格的政府管制不仅扭曲了市场信号，而且提高了创业活动的成本，他基于微观调查数据的实证研究发现，政府管制显著降低了个人的创业概率。张龙鹏等（2016）也发现地区行政审批强度的提升不仅降低了当地居民的创业倾向，而且降低了创业规模。胡永刚和石崇（2016）通过理论模型和数值模拟分析表明，减少管制能促进经济增长，管制程度下降0.1个单位，将导致中国经济增长平均上升0.72个百分点。但较少有文献直接从经验上考察中国特殊的管制环境如何影响微观企业行为特别是创新行为。张峰等（2016）考察了政府管制对非正规部门与企业创新关系的调节效应，但并未直接研究政府管制对企业创新的影响。

最近还有部分文献考察了政企纽带（political connections）对企业创新的影

响（陈爽英等，2010；袁建国等，2015；李后建和张剑，2015），但研究结论存在较大的争议。一个可能的原因是政企纽带与企业创新之间的关系是内生的，不论是寻求政企纽带抑或是进行技术创新，都是企业针对特定的管制环境、法律制度等外部约束条件的策略性响应（杨其静，2011；Jia，2016），因而很难识别二者之间的因果关系。

本章基于我国特殊的管制环境，试图从政府与市场关系的视角来考察中国企业缺乏创新动力的内在原因、作用机理及经济后果。具体而言，主要运用2003～2013 年的上市公司样本，首先，考察政府管制是否扭曲了企业家才能以及企业资源的配置从而抑制了企业的创新；其次，进一步考察政府管制是否通过企业的政企纽带影响了企业创新行为；最后，考察政府管制对企业创新的抑制所导致的经济后果或福利效应。

本章余下的结构安排为：第二部分为实证研究方案设计，包括数据说明、变量测度以及计量模型的设定；第三部分报告主要的实证检验结果；第四部分为稳健性测试；第五部分对本章的主要发现做一个简要的总结。

4.2 研究设计

4.2.1 主要变量的度量方法

（1）企业创新。

现有文献主要从创新投入和创新产出两个方面来度量企业的创新活动。创新投入通常用研发（R&D）支出来度量（Coles et al.，2006；潘越等，2015）。创新产出主要包括专利申请数量和专利授权数量（Hall and Hardoff，2012；Tan et al.，2014；Fang et al.，2014；黎文靖和郑曼妮，2016；Luong et al.，2017）、专利存量（Fang et al.，2017）、专利前向引用（Hall et al.，2011；Hall and Hardoff，2012）以及新产品销售比例（Cassiman and Veugelers，2006；Lin et al.，2011）等。由于部分创新投入是不可观测的（Fang et al.，2014），并且研发投入并不一定能形成创新产出，而专利成果恰好可以捕捉到公司将创新投入转化为创新产出的效率，所以专利数量更能反映出公司真实的创新能力和水平（Luong et al.，2017）。参考已有文献的做法，并考虑到我国上市公司在 2008 年之后才开始披露较为完整的研发支出数据，本章主要采用专利数量来度量企业的创新活动。在稳健性测试部分，本章也将用研发投入和专利存量等方法来度量公司的创

新活动。

参照国际分类标准，我国的《专利法》将专利分为发明、实用新型和外观设计三种类型。遵循现有文献的做法，本章度量创新产出的主要指标为公司当年申请并最终被授权的专利总数（*Patent*），包括发明、实用新型和外观设计三种专利数量之和。由于专利申请时即代表创新产出的实现，使用专利的申请年份而不是授予年份更能准确地捕捉真实的创新活动产出（He and Tian，2013；Luong et al.，2017），因此，本章还以公司当年申请的专利总数（*PatentA*）作为另外一个度量创新产出的主要变量（Griliches et al.，1988）。为了更好地反映创新活动的长期性，本章在所有的回归分析中采用专利变量领先一期的做法（Fang et al.，2014）。参照 He 和 Tian（2013）、Tian 和 Wang（2014）的做法，本章将缺失专利数据信息的样本赋值 0。由于本章所使用的样本中公司专利数量的分布是右偏的（right skewness），在 50% 分位数上专利数量仍然为 0。为了克服数据的有偏性，本章在后面的实证分析中对专利变量进行 99 分位缩尾处理（Winsorize）并将领先一期的专利数量加 1 再取自然对数（$LnPatent_{t+1}$和 $LnPatentA_{t+1}$）作为创新活动的代理变量。

（2）政府管制。

本章综合张维迎和赵晓（2001）、张维迎（2016）、聂辉华和李琛（2016）、胡永刚和石崇（2016）的观点，并参照世界银行（2012）、陈刚（2015）、胡永刚和石崇（2016）、张峰等（2016）的做法，从政府对社会经济资源的总体管控程度来捕捉政府管制的经济内涵。更具体地，我们主要利用政府配置资源的比重来度量政府管制。计划经济是政府管制的一种极端情形，政府对经济活动进行全面的管制，绝大部分的社会经济资源均由政府进行配置。中国的政府管制制度由计划经济演变而来，带有强烈的直接干预市场，以政府选择代替市场机制和限制竞争的计划经济色彩（张维迎和赵晓，2001；江飞涛和李晓萍，2010）。因而，“政府配置资源的比重”可以有效反映出政府与市场关系以及政府的管制程度（樊纲等，2011）。

借鉴樊纲等（2011）的做法，本章主要采用城市层面单位 GDP 对应的公务员数量的自然对数（*Reg*）作为政府管制的代理变量。政府管制越强，意味着政府配置资源的比重越高，单位 GDP 对应的公务员数量越多。采用该指标的优势在于可以捕捉到政府管制在时间上的连续变化，有助于因果关系的计量识别。在本章的稳健性检验部分，还进一步利用城市层面每单位 GDP 对应的财政支出（樊纲等，2011）、各地区企业处理政府管制要求事项花费的时间（世界银行，2012；陈刚，2015；胡永刚和石崇，2016）等指标来捕捉政府对经济的管制程度。

（3）企业的政企纽带。

中国的行政体系有严格的行政级别划分，从普通办事员、科员到国家级官员不等。沿袭 Fan 等（2007）、于蔚等（2012）的做法，本章将企业高管的政治背景划分为两类：一是曾在政府部门任职的经历；二是曾任人大代表、政协委员等非政府职位却有较大政治影响力的经历。首先，按照政治背景的级别及影响力进行打分：副部级及以上 7 分，正厅级 6 分，副厅级 5 分，正处级 4 分，副处级 3 分，正科级 2 分，副科级及以下 1 分；全国人大代表、政协委员 6 分；省级人大代表、政协委员 4 分；市级以下人大代表、政协委员 2 分。其次，将每个企业在每一年所有高管的政企纽带得分加总得到企业的政企纽带总得分（*PC_ all*）。在此基础上，本章还进一步细分成了只考虑 CEO 和董事长的政企纽带（*PC_ top*）、只考虑独立董事的政企纽带（*PC_ outd*）和有政治关联的高管占所有高管的比重（*PC_ pcent*）这三个指标。最后，将以上四个政企纽带变量标准化为 $(P_i - P_{min})/(P_{max} - P_{min})$，使其取值范围介于 0 ~ 1，从而得到企业的政企纽带指数。这些指数取值越大，表示政企纽带越紧密。

（4）企业的经营绩效。

参考 Giannetti 等（2015），本章分别从资产周转率（*Turnover*）、盈利能力（*Roa*）和全要素生产率（*TFP*）三个维度来度量企业的经营绩效。其中，资产周转率（*Turnover*）等于公司当年的营业收入除以年初的总资产。盈利能力（*Roa*）用资产收益率表示，等于公司当年的净利润除以年初总资产。全要素生产率的计算参照 Schoar（2002）和 Giannetti 等（2015）的计算方法，对每个行业—年度，用企业总收入的自然对数对总资产的自然对数、员工总人数的自然对数、购买原材料、商品和服务所支付现金的自然对数进行回归，用回归得到的残差来表示 *TFP*，*TFP* 值越大，表示全要素生产率越高。

4.2.2 样本数据

本章主要以 2003 ~ 2013 年沪深两市上市公司作为研究样本。以 2003 ~ 2013 年作为样本区间是因为本章度量政府管制的指标 *Reg* 所能获得的数据只披露到 2013 年。由于本章使用的是领先一期的专利变量，并在稳健性部分考虑将创新变量领先到 2 期和 3 期，因此专利数据的样本区间为 2004 ~ 2016 年。上市公司的专利数据主要来自国家知识产权局网站的专利数据库，从该数据库可以检索到 1985 年以来公布的全部中国专利信息，包括每一项专利的申请日期、申请号码、发布号码、授予日期、专利类型、专利号码、发明人及申请机构等。本章通过国家知识产权局网站手工收集整理了沪深两市所有上市公司在 2004 ~ 2016 年间的专利数据，若未检索到相关数据，则用 0 代替。另外，CSMAR 数据库提供了

1990年至今上市公司专利申请及授予的详细信息。我们利用该数据库与手工收集的专利数据进行对照、核实和补漏。

本章所使用的企业研发支出数据的样本区间为2006~2013年，主要从CSMAR的中国上市公司数据库获得。其中，上市公司从2007年年报开始披露规范的研发数据，参照王义中等（2016）的做法，我们将通过分析上市公司年度报表手工收集研发支出数据。具体而言，如果公司在“董事会报告”部分有披露研发费用，则可以直接采用。对于“董事会报告”中未披露该信息的公司，根据2006年新会计准则第6号准则《公司会计准则——无形资产》中关于研发费用化处理的新规定，将无形资产开发分为研究和开发阶段，研发费用分别进行费用化和资本化处理。因此，对于2007年之后的样本，我们将“研究阶段”的支出加上“开发阶段”的支出，扣减“开发阶段”计入当期损益的部分得到当期的研发金额。2007年之前则依照旧会计准则中的公司研发支出全部计入当期损益的规定，根据“管理费用”中所披露的研发费用作为公司实际的R&D支出。同时，为避免样本选择性偏误的问题，我们将2006年及以后缺失研发支出数据的样本赋值为0（Hirshleifer et al.，2012；Faleye et al.，2014；Seru，2014）。

城市层面的GDP、公务员人数、人口规模等数据来自于各年的《中国城市统计年鉴》。上市公司高管政治背景的数据根据Wind数据库记录的高管个人背景信息，并借助百度等搜索引擎手工收集整理而成。上市公司的其他财务数据均来自CSMAR数据库。本章剔除了金融保险行业和主要变量有缺失的公司样本，最终样本包含分布在204个城市的2178家公司共15207个公司—年观测值。为了消除异常值的影响，本章对所有连续变量进行了1%的Winsorize缩尾处理。

表4-1报告了本章样本的年度和行业分布情况。其中，Panel A为样本的年度分布表。在样本区间2003~2013年中，样本量逐年增大，这与我国股票市场上市公司数量逐年增加的趋势相一致。Panel B为样本的行业分布表，从中可以看出超过一半的样本来自于制造业，占比为56.47%；其次是批发零售业和房地产业，分别占7.96%和7.33%；教育行业的样本量最小，仅占全部样本量的0.06%。

表4-1 样本的年度和行业分布

Panel A：年度分布表

年份	2003	2004	2005	2006	2007	2008	2009	2010	2011	2012	2013	合计
年—样本	986	1032	1110	1094	1119	1267	1311	1441	1761	1996	2090	15207
占比（%）	6.48	6.79	7.30	7.19	7.36	8.33	8.62	9.48	11.58	13.13	13.74	100.00

续表

Panel B：行业分布表		
行业	样本数量	占比（%）
A. 农、林、牧、渔业	231	1.52
B. 采矿业	474	3.12
C. 制造业	8588	56.47
D. 电力、热力、燃气及水生产和供应业	838	5.51
E. 建筑业	453	2.98
F. 批发零售业	1210	7.96
G. 交通运输、仓储和邮政业	629	4.14
H. 住宿和餐饮业	16	0.11
I. 信息传输、软件和信息技术服务业	727	4.78
K. 房地产业	1115	7.33
L. 租赁和商务服务业	208	1.37
M. 科学研究和技术服务业	59	0.39
N. 水利、环境和公共设施管理业	172	1.13
P. 教育	9	0.06
Q. 卫生和社会工作	30	0.20
R. 文化、体育和娱乐业	215	1.41
S. 公共管理、社会保障和社会组织	233	1.53
合计	15207	100.00

4.2.3 基准回归模型的设定

为了检验政府管制对企业创新活动的影响，本章设定如下的多元回归模型并运用混合最小二乘法（Pooled OLS）进行回归：

$$Innovation_{i,t+1} = \beta_0 + \beta_1 Reg_{i,t} + \sum_k \gamma_k CONTROL^k_{i,t} + YearDum + IndustryDum + \xi_{i,t} \quad (4-1)$$

其中，下标 i 和 t 分别表示公司和年份。*Innovation* 表示企业的创新活动，用公司 $t+1$ 年申请并最终授权的专利总数的自然对数（$LnPatent_{t+1}$）和公司 $t+1$ 年申请的专利总数的自然对数（$LnPatentA_{t+1}$）来表示。*Reg* 为政府管制变量，用单位 GDP 所对应的公务人员数量的自然对数来表示。根据前文的分析，我们预期系数 $\beta_1<0$。$CONTROL^k$ 为第 k 个控制变量，$\xi_{i,t}$ 为随机误差项。

考虑到专利数量的计数性质，我们还将参考 Acemoglu 等（2016）和陈怡欣等（2018）的做法，用泊松回归（Poisson Regression）和负二项回归（Negative Binomial Regression）进行稳健性测试。另外，参考创新相关文献的做法（李春涛和宋敏，2010；Lin et al.，2010，2011；潘越等，2015；王义中等，2016），当采用研发支出/销售收入和研发支出/总资产为因变量时，使用 Tobit 回归方法进行稳健性测试。

参考已有的相关文献（Lin et al.，2011；He and Tian，2014；潘越等，2015；张杰等，2015；Luong et al.，2017），模型（4－1）控制了一系列企业层面和城市层面的变量，具体包括：企业规模（*LnSize*）、财务杠杆比率（*Lev*）、盈利能力（*Roa*）、企业年龄（*LnAge*）、产品市场竞争（*HHI*）、资本投资支出与总资产比值（*CPXTA*）、托宾 *Q* 值（*TobinQ*）、营业收入增长率（*Growth*）、城市人口规模（*Lnpop*）和经济增长率（*GDP_ growth*），以及直辖市固定效应和省会城市固定效应。在所有回归中，本章还引入了年度和行业虚拟变量来控制年度和行业固定效应的影响，其中行业类别的划分依据证监会2012年发布的《上市公司行业分类指引》，最终将样本划分为18个行业。主要变量的具体定义如表4－2所示。

表4－2 主要变量的具体定义

变量	变量定义
$LnPatent_{t+1}$	公司 $t+1$ 年申请并最终被授予的专利总数的自然对数 log（$Patent_{t+1}+1$），其中 $Paten_{t+1}$ 为企业 $t+1$ 年申请并最终被授予的专利总数，包括发明专利、实用新型专利和外观设计专利三种类型
$LnPatentA_{t+1}$	公司 $t+1$ 年申请的专利总数的自然对数 log（$PatentA_{t+1}+1$），其中 $PatentA_{t+1}$ 为企业 $t+1$ 年申请的专利总数，包括发明专利、实用新型专利和外观设计专利三种类型
Reg	政府管制变量，等于城市层面单位GDP对应的公务人员数量的自然对数
PC_ all	政企纽带指数，首先按照政治背景的级别及影响力进行打分：副部级及以上7分，正厅级6分，副厅级5分，正处级4分，副处级3分，正科级2分，副科级及以下1分；全国人大代表、政协委员6分；省级人大代表、政协委员4分；市级以下人大代表、政协委员2分。然后将每年每个企业所有高管的政企纽带得分进行加总得到企业的政企纽带总得分。最后，将企业的政企纽带总得分进行标准化，使其取值范围介于0～1之间
PC_ top	只考虑董事长和CEO的政企纽带指数
PC_ outd	只考虑独立董事的政企纽带指数
PC_ pcent	具有政企纽带的高管占所有高管的比例
Turnover	资产周转率，等于营业收入除以年初总资产

续表

变量	变量定义
Roa	资产收益率，等于净利润除以年初总资产
TFP	企业全要素生产率，参照 Schoar（2002）和 Giannetti 等（2015），对每个行业—年度，用企业总收入的自然对数对总资产的自然对数、员工总人数的自然对数，以及购买原材料、商品和服务所支付现金的自然对数进行回归，用回归得到的残差来表示 *TFP*
LnSize	企业规模，用公司当年营业收入的自然对数表示
Lev	资产负债率，等于总负债除以总资产
LnAge	企业年龄的自然对数
CPXTA	资本性支出比重，等于当年购进的固定资产、无形资产和其他长期资产除以年末总资产
HHI	产品市场竞争，用所有上市企业营业收入行业占比的赫芬达尔指数来表示，*HHI* 越小，表示市场竞争程度越高
TobinQ	托宾 *Q* 值，等于公司年末市场价值除以重置成本。其中，年末市场价值等于年末流通股市值、非流通股账面价值（净资产）与负债账面价值之和；重置成本用年末总资产来代替
Growth	营业收入增长率，*Growth* =（当年营业收入 - 上年营业收入）/上年营业收入
Lnpop	人口规模，等于城市人口总数的自然对数
GDP_ growth	经济增长率，等于城市 *GDP* 的实际增长率

4.3 回归结果分析

4.3.1 描述性统计分析

（1）描述性统计。

表4-3汇报了主要变量的描述性统计结果。平均而言，一家样本公司每年的专利授权数量为13.19个，每年申请的专利数量为17.88个。另外，专利授权数量和专利申请数量的中位数均为0，说明样本公司的专利数量是右偏的。未报告的结果显示，样本公司中总共有6112个公司—年观测（占40.19%）的专利授权数量大于0，有6375个公司—年观测（占41.92%）的专利申请数量大于0。政府管制变量 *Reg* 的均值为3.271，标准差为0.670，说明在不同城市的公司面临的政府管制存在明显的差异。其他公司层面变量中，样本公司平均资产收益率为3.3%，平均全要素生产率为0.7%，平均销售收入取自然对数后为21.03，平

均资产负债率为49%，托宾Q均值为1.757，资本性支出占总资产的平均比例为6%，平均销售增长率为23.2%。另外，各个城市GDP的年均真实增长率为15.3%，这与我国在2001年加入WTO后经济快速发展的实际情况相符。

表4-3　主要变量描述性统计

变量	样本量	均值	标准差	最小值	25%分位数	中位数	75%分位数	最大值
Patent	15207	13.190	94.310	0.000	0.000	0.000	5.000	4033.000
PatentA	15207	17.880	147.800	0.000	0.000	0.000	7.000	6327.000
Reg	15207	3.271	0.670	2.040	2.738	3.224	3.746	4.889
PC_ all	15207	0.220	0.183	0.000	0.091	0.182	0.309	1.000
PC_ top	15207	0.184	0.260	0.000	0.000	0.000	0.429	1.000
PC_ outd	15207	0.207	0.208	0.000	0.000	0.179	0.286	1.000
PC_ pcent	15207	0.286	0.207	0.000	0.129	0.258	0.412	1.000
Roa	15207	0.033	0.068	-0.317	0.012	0.034	0.063	0.213
TFP	15207	0.007	0.525	-1.518	-0.299	-0.004	0.311	1.502
LnSize	15207	21.030	1.491	16.630	20.080	20.950	21.880	25.170
Lev	15207	0.490	0.236	0.051	0.323	0.492	0.639	1.492
LnAge	15207	2.414	0.461	0.000	2.197	2.485	2.773	3.258
HHI	15207	0.071	0.112	0.011	0.014	0.027	0.066	0.508
CPXTA	15207	0.060	0.057	0.000	0.017	0.044	0.085	0.263
TobinQ	15207	1.757	1.647	0.165	0.739	1.277	2.154	11.680
Growth	15207	0.232	0.587	-0.741	-0.004	0.142	0.318	4.429
LnPop	15207	6.325	0.724	4.147	5.843	6.425	6.876	8.061
GDP_ growth	15207	0.153	0.064	0.000	0.112	0.150	0.187	0.441

（2）变量相关性分析。

表4-4报告了主要变量的相关系数矩阵，其中左下角为Pearson相关系数，右上角为Spearman相关系数。结果显示，企业专利授权数量（*LnPatent*）与专利申请数量（*LnPatentA*）高度显著正相关（相关系数高达0.968或0.973），表明这两个指标捕捉了有关企业创新产出的绝大部分相同信息。政企纽带变量（*PC_ all*、*PC_ top*、*PC_ outd*和*PC_ pcent*）之间的系数相关性也较高，表明我们用这四个指标可以较为有效、全面地捕捉到企业的政企纽带关系。除此之外，各个变量之间的相关性系数都小于0.5，表明本章所选用的变量之间不存在多重共线性问题。创新变量（*LnPatent*、*LnPatentA*）都与政府管制变量（*Reg*）在5%

表 4-4　变量相关系数矩阵

变量	LnPatent	LnPatentA	Reg	PC_ all	PC_ top	PC_ outd	PC_ prent	Turnover	Roa	TFP	LnSize	Lev	LnAge	HHI	CPXTA	TobinQ	Growth	LnPop	GDP_ growth
LnPatent		0.968**	-0.157**	0.046**	0.041**	0.088**	-0.026**	0.205**	0.177**	0.004	0.167**	-0.171**	-0.172**	-0.347**	0.195**	0.103**	0.064**	-0.014	-0.067**
LnPatentA	0.973**		-0.184**	0.051**	0.042**	0.097**	-0.027**	0.201**	0.188**	0.005	0.165**	-0.193**	-0.160**	-0.354**	0.206**	0.119**	0.060**	-0.001	-0.101**
Reg	-0.169**	-0.198**		-0.056**	-0.024**	-0.136**	-0.050**	-0.044**	-0.141**	-0.059**	-0.149**	0.103**	-0.238**	0.002	0.035**	-0.078**	0.055**	-0.170**	0.269**
PC_ all	0.059**	0.063**	-0.047**		0.569**	0.715**	0.869**	0.002	0.091**	0.024**	0.213**	0.001	0.029**	0.042**	0.073**	-0.078**	0.027**	0.077**	-0.057**
PC_ top	0.057**	0.058**	-0.012	0.573**		0.151**	0.514**	-0.020**	0.097**	0.012	0.086**	-0.038**	-0.012	0.013	0.070**	-0.015	0.029**	0.014	-0.055**
PC_ outd	0.097**	0.106**	-0.118**	0.721**	0.154**		0.585**	0.044**	0.070**	0.017**	0.211**	0.011	0.109**	0.002	0.039**	-0.045**	-0.005	0.099**	-0.080**
PC_ pcent	-0.038**	-0.040**	-0.035**	0.833**	0.497**	0.525**		-0.060**	0.057**	0.004	0.068**	-0.018**	0.039**	0.061**	0.023**	-0.030**	0.004	0.025**	-0.045**
Turnover	0.134**	0.125**	-0.057**	-0.006	-0.007	0.040**	-0.065**		0.159**	0.686**	0.546**	0.093**	-0.027**	-0.201**	0.083**	-0.005	0.159**	0.01	0.041**
Roa	0.162**	0.172**	-0.137**	0.104**	0.101**	0.079**	0.065**	0.122**		0.212**	0.158**	-0.427**	-0.092**	-0.029**	0.231**	0.411**	0.315**	0.036**	-0.017**
TFP	0.017**	0.017**	-0.070**	0.018**	0.018**	0.018**	-0.007	0.684**	0.213**		0.327**	-0.020**	0.001	-0.004	-0.012	0.060**	0.162**	0.050**	0.003
LnSize	0.240**	0.238**	-0.167**	0.254**	0.109**	0.256**	0.079**	0.521**	0.218**	0.357**		0.303**	0.113**	-0.074**	0.127**	-0.401**	0.172**	0.080**	-0.043**
Lev	-0.139**	-0.162**	0.109**	-0.011	-0.051**	0.011	-0.024**	0.098**	-0.450**	-0.059**	0.177**		0.213**	0.071**	-0.185**	-0.509**	0.019**	-0.013	0.095**
LnAge	-0.139**	-0.129**	-0.209**	0.001	-0.034**	0.081**	0.017**	0.014	-0.077**	-0.005	0.074**	0.223**		0.078**	-0.227**	-0.062**	-0.125**	0.068**	-0.169**
HHI	-0.108**	-0.089**	0.014	0.009	-0.039**	0.018**	-0.007	-0.087**	0.016**	-0.027**	-0.098**	-0.028**	-0.015		-0.113**	-0.046**	-0.011	0.094**	0.011
CPXTA	0.108**	0.116**	0.045**	0.052**	0.062**	0.022**	0.018**	-0.027**	0.182**	-0.033**	0.085**	-0.148**	-0.208**	-0.005		0.048**	0.149**	-0.066**	0.034**
TobinQ	0.026**	0.039**	-0.047**	-0.076**	-0.028**	-0.047**	-0.038**	-0.032**	0.221**	0.033**	-0.353**	-0.229**	-0.01	0.118**	-0.004		0.067**	0.011	-0.026**
Growth	-0.026**	-0.031**	0.037**	0.008	0.015	-0.011	0.001	0.076**	0.198**	0.138**	0.087**	0.040**	-0.015	0.022**	0.025**	0.061**		-0.027**	0.154**
LnPop	-0.008	0.005	-0.164**	0.091**	0.015	0.103**	0.037**	0.015	0.034**	0.048**	0.079**	-0.028**	0.051**	0.025**	-0.059**	0.009	-0.009		-0.160**
GDP_ growth	-0.059**	-0.092**	0.223**	-0.052**	-0.050**	-0.075**	-0.041**	0.033**	-0.022**	0.003	-0.047**	0.086**	-0.133**	-0.011	0.040**	-0.030**	0.067**	-0.176**	

注：左下角报告的是 Pearson 相关系数，右上角报告的是 Spearman 相关系数，** 表示 p<5%。

水平上显著负相关，从而与本书的研究假设 H1a 相一致。这表明政府管制程度越高，公司的创新产出水平越低。四个政企纽带变量（*PC_ all*、*PC_ top*、*PC_ outd* 和 *PC_ pcent*）都与政府管制（*Reg*）呈显著负相关关系，这与研究假设 H1b 相反。这可能是由于政企纽带通常受到太多因素的影响，简单的相关性分析无法捕捉到它们之间真实的因果关系。因此我们将在后面回归中放入一系列控制变量，以得到政府管制（*Reg*）影响政企纽带的净效应。另外，经营业绩变量（*Turnover*、*Roa* 和 *TFP*）均与政府管制（*Reg*）呈显著负相关，与研究假设 H1c 相一致，说明政府管制程度越高，公司的经营绩效水平越低。其他控制变量与创新变量的相关系数方向与 Luong 等（2017）报告的结果基本一致，如公司规模（*LnSize*）、公司成长性（*TobinQ*）、资产收益率（*Roa*）和资本支出（*CPXTA*）与 *LnPatent*（或 *LnPatentA*）呈显著正相关；公司年龄（*LnAge*）、财务杠杆比率（*Lev*）和赫芬达尔指数（*HHI*）与 *LnPatent*（或 *LnPatentA*）呈显著负相关。

4.3.2　政府管制与企业创新

表 4 – 5 给出了模型（4 – 1）关于政府管制与企业创新关系的 OLS 基准回归结果。在所有的回归中，我们均控制了前文提到的影响企业创新活动的其他主要因素，并同时控制了年度效应、行业效应、省会城市效应和直辖市效应。在本章所有回归中估计系数的标准误均采用根据公司个体进行分组的异方差和截面相关稳健的 Cluster 估计量（Cameron et al.，2009；Petersen，2009；Gow et al.，2010）。

表 4 – 5 第（1）列为政府管制变量（*Reg*）与公司专利授权数量（$LnPatent_{t+1}$）进行回归得到的结果。从中可以看出，在控制了一系列企业层面和城市层面的影响因素后，*Reg* 的边际效应为 –0.270，且在 1% 的水平上高度统计显著（*t* 值为 –6.50）。该结果意味着，平均而言，当年政府管制程度提高一个标准差（0.670），将使得公司下一年专利授权数量的自然对数平均下降 6.65%（$-0.27 \times 0.67/e = 0.0665$）。表中第（2）列为政府管制变量（*Reg*）与公司专利申请数量（$LnPatentA_{t+1}$）进行回归得到的结果。与第（1）列得到的结果相类似，政府管制（*Reg*）的系数为 –0.288，并且统计显著性水平高达 1%（*t* 值为 –6.51），即政府管制程度提高一个标准差（0.670），公司下一年度的专利申请量的自然对数平均下降 7.10%（$-0.288 \times 0.67/e = 0.0710$）。上述结果提供的证据有力地表明，政府对经济的管制抑制了企业的创新活动，这种抑制作用不仅在统计意义上是显著的，而且在经济意义上也是非常显著的，从而验证了研究假设 H1a。

表 4－5 政府管制与企业创新

变量	$LnPatent_{t+1}$	$LnPatentA_{t+1}$
	(1)	(2)
Reg	−0.270*** (−6.50)	−0.288*** (−6.51)
LnSize	0.214*** (9.23)	0.227*** (9.19)
Lev	−0.257*** (−2.79)	−0.322*** (−3.20)
Roa	0.662*** (2.59)	0.675** (2.41)
LnAge	−0.414*** (−8.11)	−0.441*** (−8.08)
HHI	−0.617 (−1.26)	−0.831 (−1.58)
CPXTA	0.200 (0.69)	0.463 (1.51)
TobinQ	0.028** (2.23)	0.033** (2.45)
Growth	−0.090*** (−6.33)	−0.100*** (−6.41)
LnPop	0.080* (1.82)	0.087* (1.86)
GDP_ growth	−0.101 (−0.39)	−0.151 (−0.55)
Constant	−2.446*** (−4.02)	−2.344*** (−3.62)
省会城市	Yes	Yes
直辖市	Yes	Yes
行业效应	Yes	Yes
年度效应	Yes	Yes
R－squared	0.298	0.329
No. of Obs.	15207	15207

注：系数下方报告的是根据公司层面聚类调整的稳健性 *t*－统计量。*、** 和 *** 分别表示检验统计量在 10%、5% 和 1% 的水平统计显著。

控制变量的系数估计结果与现有研究的发现基本一致（He and Tian，2014；Fang et al.，2014；Luong et al.，2017）。具体地，公司规模 *LnSize* 的系数在1%的水平上显著为正，说明规模越大的公司越具有创新研发投入的实力，从而获得更多的创新产出；财务杠杆比率（*LEV*）的系数显著为负，表明负债率越高的企业越倾向于保守从而缺乏创新；资产收益率（*Roa*）的系数为负值并在1%水平上统计显著，表明盈利能力越强的企业，创新能力越强；公司年龄（*LnAge*）的系数在1%的水平上显著为负，说明成立时间较短的年轻企业更具创新活力与动力；公司成长性（*TobinQ*）的系数显著为正，说明成长性越高的公司，越具备高创新产出的能力。从城市层面的控制变量看，城市人口规模（*Lnpop*）的系数在10%水平上显著为正，表明更大的城市人口规模有助于促进企业创新。其他控制变量，如产品市场竞争程度（*HHI*）、资本支出（*CPXTA*）和城市GDP增长率（*GDP_ growth*），对企业创新的影响不具有统计显著性。

4.3.3 政府管制与企业的政企纽带

为了检验政府管制对政企纽带的影响，我们估计如下的回归模型：

$$PC_{i,t} = \phi_0 + \phi_1 Reg_{i,t} + \sum_k \varphi_k CONTROL_{i,t-1}^k + YearDum + IndustryDum + \xi_{i,t} \tag{4-2}$$

其中，下标 i 和 t 分别表示公司和年份。*PC* 为企业的政企纽带，分别用包括企业主要高管（董事会成员、CEO 和 CFO）的政企纽带指数（*PC_ all*）、只考虑董事长和CEO的政企纽带指数（*PC_ top*）、只考虑独立董事的政企纽带指数（*PC_ outd*）和具有政企纽带的高管占所有高管的比例（*PC_ pcent*）来代理。根据前文的分析，我们预期政府管制（*Reg*）的系数 $\phi_1>0$。企业层面、城市层面的控制变量以及年度、行业固定效应的设定与模型（4-1）相同。

表4-6为按照模型（4-2）检验政府管制如何影响企业的政企纽带关系后得到的回归结果。其中，第（1）列以考虑企业所有高管政治背景的政企纽带指标（*PC_ all*）作为因变量，与预期相一致，政府管制变量（*Reg*）的系数估计值在1%的水平上显著为正（t 值为4.12），表明企业所在城市的政府管制越强，企业越有可能聘请有政治背景的高级管理人员、与政府建立更为紧密的联系以寻求政府的帮助。第（2）列回归以只考虑CEO和董事长的政企纽带（*PC_ top*）作为因变量，*Reg* 的系数仍然在1%的水平上显著为正值（t 值为3.54）。对于某些高管而言，企业可能并没有选择的余地，例如企业的CEO或董事长可能是企业的创始人，创始人在创办企业之前可能曾任职于政府部门，因而政府管制与政企纽带正相关可能反映的是在政府管制越强的地区，具有政治背景的个人更有可能创办企业的事实。相比之下，企业在选择独立董事时有更大的裁量权，因而独立

董事的政企纽带更为直接地反映企业寻求政治联系的意图。第（3）列回归只考虑独立董事的政企纽带，结果显示，*Reg* 的系数依然保持在 1% 的水平统计显著为正（*t* 值为 2.53），表明政府管制程度越高，企业越倾向于聘请具有政企纽带背景的人员担任独立董事。进一步地，第（4）列回归以具有政企纽带的高管占全部高管比例作为因变量考察政府管制与政企纽带的关系，发现 *Reg* 的系数依然在 1% 的水平上显著为正（*t* 值为 2.28），表明在政府管制程度越高的地区，企业高管具有政企纽带关系的比例越高。上述结果均验证了本书的研究假设 H1b。

表 4-6　政府管制与企业的政企纽带

变量	*PC_ all*	*PC_ top*	*PC_ outd*	*PC_ pcent*
	(1)	(2)	(3)	(4)
Reg	0.026***	0.034***	0.016***	0.017***
	(4.12)	(3.54)	(2.53)	(2.28)
LnSize	0.031***	0.017***	0.032***	0.009***
	(10.59)	(4.20)	(10.41)	(2.63)
Lev	-0.022*	-0.030	-0.011	-0.019
	(-1.68)	(-1.55)	(-0.75)	(-1.08)
Roa	0.070*	0.229***	0.007	0.132***
	(1.88)	(4.27)	(0.17)	(2.98)
LnAge	-0.022***	-0.039***	-0.000	-0.012
	(-2.85)	(-3.37)	(-0.06)	(-1.29)
HHI	0.012	0.187*	-0.125	0.077
	(0.15)	(1.72)	(-1.52)	(0.73)
CPXTA	0.055	0.158**	0.026	0.009
	(1.21)	(2.45)	(0.57)	(0.17)
TobinQ	-0.000	-0.002	-0.000	-0.003
	(-0.15)	(-0.73)	(-0.10)	(-1.47)
Growth	-0.007***	-0.002	-0.010***	-0.005*
	(-2.92)	(-0.52)	(-3.76)	(-1.70)
LnPop	0.016**	0.020**	0.018**	0.012
	(2.47)	(1.98)	(2.51)	(1.57)
GDP_ growth	0.011	-0.089	0.067	-0.052
	(0.29)	(-1.57)	(1.64)	(-1.16)

续表

变量	$PC\_\ all$	$PC\_\ top$	$PC\_\ outd$	$PC\_\ pcent$
	(1)	(2)	(3)	(4)
Constant	-0.453***	-0.181	-0.572***	0.132
	(-4.95)	(-1.44)	(-6.67)	(1.31)
省会城市	Yes	Yes	Yes	Yes
直辖市	Yes	Yes	Yes	Yes
行业效应	Yes	Yes	Yes	Yes
年度效应	Yes	Yes	Yes	Yes
R-squared	0.122	0.048	0.132	0.065
No. of Obs.	15207	15207	15207	15207

注：系数下方报告的是根据公司层面聚类调整的稳健性 t-统计量。*、** 和 *** 分别表示检验统计量在 10%、5% 和 1% 的水平统计显著。

4.3.4　政府管制与企业经营绩效

在本部分，我们将主要从企业层面的实际经营绩效（包括资产周转率、盈利能力和全要素生产率等）考察政府管制影响企业创新行为的经济后果。具体而言，我们借鉴 Hirshleifer 等（2012）的分析思路，分两个部分进行，首先考察政府管制对企业创新效率的影响；然后检验政府管制如何通过企业创新影响其经营绩效。首先，参考 Hirshleifer 等（2012）的识别方法，为了检验政府管制是否影响企业的创新效率，我们在本章基准模型（4-1）的基础上加入研发投入变量，显性地控制企业的 R&D 规模的影响。具体地，我们建立如下计量检验模型：

$$Innovation_{i,t+1} = \beta_0 + \beta_1 Reg_{i,t} + \beta_2 RD_{i,t} + \sum_k \gamma_k CONTROL_{i,t-1}^k + YearDum + IndustryDum + \xi_{i,t} \quad (4-3)$$

其中，下标 i 和 t 分别代表公司和年份。*RD* 为研发投入变量，参照刘国运和刘雯（2007）、李春涛和宋敏（2010）、倪骁然和朱玉杰（2016）、田轩和孟清扬（2018）的做法，我们同时考虑从研发强度（*RD_ Asset*、*RD_ Sale*）、研发的绝对规模（*LnRD*）和研发决策（*RD_ dum*）三个角度来度量企业的研发投入。具体地，我们用研发支出分别除以年末总资产和营业收入得到两个研发强度变量（*RD_ Asset* 和 *RD_ Sale*）。研发的绝对规模（*LnRD*）由研发支出加 1 取自然对数得到。研发决策（*RD_ dum*）为虚拟变量，若公司当年存在研发支出则取值 1，否则取值 0。其他变量设定与基准模型（4-1）相同。相比于基准模型（4-1），控制研发投入规模的影响后，政府管制（*Reg*）的系数捕捉的是 R&D 投入水平相同的情况下，政府管制强度对创新产出（及专利）数量的影响。给定 R&D 投入水平相同，创新产出（专利数量）越高，说明企业的创新效率越高。

其次，我们参考 Desyllas 和 Hughes（2010）、Hirshleifer 等（2012）的做法，直接构造创新效率变量并建立如下的计量检验模型：

$$INNOV\_EFFCT_{i,t+1} = \beta_0 + \beta_1 PU_{i,t} + \sum_k \gamma_k CONTROL_{i,t}^k + YearDum + IndustryDum + \varepsilon_{i,t} \quad (4-4)$$

其中，下标 i 和 t 分别表示公司和年份。$INNOV\_EFFCT$ 表示企业创新效率，分别用 $Patent_{t+1}/LnRD$ 和 $PatentA_{t+1}/LnRD$ 两个变量来代替，这两个变量由企业 $t+1$ 年的专利授权数量和企业 $t+1$ 年申请的专利数量分别除以研发支出绝对值的自然对数得到。其他变量设定与基准回归模型（4-1）相同。

最后，为了检验政府管制对企业经营绩效的影响，参考 Giannetti 等（2015）的分析框架，设定如下的多元回归模型：

$$Performance_{i,t+l} = \alpha_0 + \alpha_1 Reg_{i,t} + \sum_k \theta_k CONTROL_{i,t}^k + YearDum + IndustryDum + \xi_{i,t} \quad (4-5)$$

其中，下标 i 和 t 分别代表公司和年份；*Performance* 为企业经营绩效，分别用资产周转率（*Turnover*）、盈利能力（*Roa*）和全要素生产率（*TFP*）来表示。$l \in \{0, 1, 2, 3\}$，用于考虑政府管制对当期、$t+1$ 期、$t+2$ 期和 $t+3$ 期经营业绩的动态影响。在前文的分析中，我们认为政府管制将降低企业的经营绩效。因此，我们预期 *Reg* 的系数 $\alpha_1 < 0$。参考 Giannetti 等（2015），企业层面的控制变量包括：企业规模（*LnSize*）、资产负债率（*Lev*）、企业年龄（*LnAge*）、产品市场竞争（*HHI*）、股票收益波动率（*Volatility*）和现金流量（*Cashflow*）。其中，股票收益波动率（*Volatility*）用企业股票在每一年的月度收益率标准差的自然对数来表示；现金流量（*Cashflow*）用经营活动产生的现金流量净额除以年末总资产来表示；城市层面的控制变量仍与模型（4-1）相同。在所有回归中，我们仍然控制了年度、行业、省会城市和直辖市固定效应的影响。

（1）政府管制对企业创新效率的影响。

表4-7 给出了模型（4-3）和模型（4-4）的回归结果。其中，Panel A 是控制了研发强度（*RD_Asset* 和 *RD_Sale*）后得到的回归结果。以专利授权数量（$LnPatent_{t+1}$）为因变量的回归（1）、回归（2）中，研发强度变量（*RD_Asset* 和*RD_Sale*）的系数都在1%水平上显著为正，说明研发投入强度越大，公司的专利产出越多。更为重要的是，在控制了研发强度之后，政府管制（*Reg*）的系数估计值仍在 1% 水平上显著为负。第（3）和第（4）列是以专利申请数量（$LnPatentA_{t+1}$）为因变量，政府管制（*Reg*）的系数估计值依然为负值，并在

1% 水平上统计显著。这说明，在研发强度相同的情况下，在政府管制越强的地区，企业的专利产出越低。Panel B 的第（1）～第（4）列是分别控制了研发决策和研发绝对规模后得到的回归结果。以专利授权数量（$LnPatent_{t+1}$）为因变量的第（1）和第（2）列回归结果显示，无论是控制企业的研发决策变量（*RD_dum*）还是控制住研发支出的绝对规模（*LnRD*），政府管制（*Reg*）的系数估计值都在 1% 水平上显著为负。以专利申请数量（$LnPatentA_{t+1}$）为因变量的第（3）和第（4）列回归也得到了类似的结果。Panel B 的第（5）、第（6）列是以 $Patent_{t+1}/LnRD$ 和 $PatentA_{t+1}/LnRD$ 作为创新效率的代理变量得到的回归结果。结果显示，*Reg* 的系数估计值分别为 -0. 236 和 -0. 207，并且至少在 10% 水平上统计显著。以上结果均表明，政府管制显著降低了企业的创新效率。

表 4-7　政府管制对企业创新效率的影响

Panel A：控制研发强度的影响				
变量	$LnPatent_{t+1}$		$LnPatentA_{t+1}$	
	(1)	(2)	(3)	(4)
Reg	-0. 223 *** (-5. 22)	-0. 237 *** (-5. 51)	-0. 227 *** (-5. 01)	-0. 243 *** (-5. 32)
RD_ Asset	19. 333 *** (11. 18)		25. 529 *** (13. 98)	
RD_ Sale		8. 626 *** (10. 29)		12. 132 *** (13. 61)
LnSize	0. 216 *** (9. 50)	0. 242 *** (10. 48)	0. 230 *** (9. 55)	0. 267 *** (10. 95)
Lev	-0. 151 (-1. 52)	-0. 092 (-0. 90)	-0. 180 * (-1. 66)	-0. 085 (-0. 78)
Roa	0. 684 ** (2. 36)	0. 892 *** (3. 02)	0. 657 ** (2. 09)	0. 928 *** (2. 90)
LnAge	-0. 353 *** (-6. 57)	-0. 352 *** (-6. 49)	-0. 355 *** (-6. 20)	-0. 345 *** (-5. 99)
HHI	-0. 370 (-0. 60)	-0. 422 (-0. 68)	-0. 632 (-0. 98)	-0. 681 (-1. 05)
CPXTA	0. 282 (0. 88)	0. 227 (0. 70)	0. 541 (1. 60)	0. 454 (1. 33)

续表

Panel A：控制研发强度的影响

变量	$LnPatent_{t+1}$		$LnPatentA_{t+1}$	
	(1)	(2)	(3)	(4)
TobinQ	0.004 (0.28)	0.011 (0.84)	0.003 (0.19)	0.012 (0.85)
Growth	-0.085 *** (-5.13)	-0.087 *** (-5.16)	-0.095 *** (-5.27)	-0.097 *** (-5.31)
LnPop	0.103 ** (2.27)	0.097 ** (2.14)	0.116 ** (2.42)	0.109 ** (2.26)
GDP_ growth	-0.273 (-0.68)	-0.371 (-0.91)	-0.262 (-0.63)	-0.389 (-0.91)
Constant	-3.117 *** (-5.06)	-3.598 *** (-5.69)	-3.247 *** (-5.00)	-3.974 *** (-5.97)
省会城市	Yes	Yes	Yes	Yes
直辖市	Yes	Yes	Yes	Yes
行业效应	Yes	Yes	Yes	Yes
年度效应	Yes	Yes	Yes	Yes
R-squared	0.324	0.317	0.367	0.360
No. of Obs.	12053	12053	12053	12053

Panel B：控制研发决策、研发绝对规模的影响以及更换创新效率指标

变量	$LnPatent_{t+1}$		$LnPatentA_{t+1}$		$Patent_{t+1}/LnRD$	$PatentA_{t+1}/LnRD$
	(1)	(2)	(3)	(4)	(5)	(6)
Reg	-0.251 *** (-5.76)	-0.243 *** (-5.60)	-0.266 *** (-5.71)	-0.256 *** (-5.53)	-0.236 *** (-2.59)	-0.207 * (-1.73)
RD_ dum	0.438 *** (8.49)		0.521 *** (9.34)			
LnRD		0.033 *** (9.95)		0.039 *** (11.04)		
LnSize	0.211 *** (9.04)	0.200 *** (8.60)	0.224 *** (9.02)	0.211 *** (8.52)	0.595 *** (6.67)	0.840 *** (6.45)

续表

Panel B：控制研发决策、研发绝对规模的影响以及更换创新效率指标						
变量	$LnPatent_{t+1}$		$LnPatentA_{t+1}$		$Patent_{t+1}/LnRD$	$PatentA_{t+1}/LnRD$
	(1)	(2)	(3)	(4)	(5)	(6)
Lev	-0.198**	-0.180*	-0.252**	-0.230**	-0.371	-0.705*
	(-1.99)	(-1.83)	(-2.33)	(-2.14)	(-1.44)	(-1.81)
Roa	0.869***	0.823***	0.910***	0.855***	-0.415	-0.574
	(2.95)	(2.82)	(2.82)	(2.68)	(-0.42)	(-0.41)
LnAge	-0.390***	-0.367***	-0.411***	-0.383***	-0.313***	-0.273**
	(-7.21)	(-6.81)	(-7.07)	(-6.62)	(-2.84)	(-2.01)
HHI	-0.428	-0.328	-0.738	-0.617	0.565	1.357
	(-0.68)	(-0.53)	(-1.11)	(-0.94)	(0.43)	(0.60)
CPXTA	0.288	0.263	0.564	0.533	0.062	1.130
	(0.88)	(0.81)	(1.61)	(1.54)	(0.08)	(1.21)
TobinQ	0.020	0.018	0.024*	0.022*	0.071***	0.156***
	(1.54)	(1.46)	(1.76)	(1.68)	(2.61)	(4.15)
Growth	-0.083***	-0.080***	-0.092***	-0.090***	-0.194***	-0.291***
	(-4.89)	(-4.78)	(-5.00)	(-4.88)	(-3.66)	(-4.09)
LnPop	0.086*	0.084*	0.095*	0.093*	0.179*	0.218*
	(1.88)	(1.86)	(1.95)	(1.92)	(1.94)	(1.85)
GDP_ growth	-0.316	-0.270	-0.330	-0.275	0.116	0.545
	(-0.79)	(-0.68)	(-0.79)	(-0.66)	(0.12)	(0.47)
Constant	-2.868***	-2.799***	-2.874***	-2.793***	-11.829***	-17.372***
	(-4.64)	(-4.56)	(-4.36)	(-4.28)	(-5.67)	(-5.72)
省会城市	Yes	Yes	Yes	Yes	Yes	Yes
直辖市	Yes	Yes	Yes	Yes	Yes	Yes
行业效应	Yes	Yes	Yes	Yes	Yes	Yes
年度效应	Yes	Yes	Yes	Yes	Yes	Yes
R-squared	0.311	0.318	0.343	0.352	0.135	0.184
Observations	12053	12053	12053	12053	6395	6395

注：系数下方报告的是根据公司层面聚类调整的稳健性 t-统计量。*、** 和 *** 分别表示检验统计量在 10%、5% 和 1% 的水平统计显著。

（2）政府管制对企业经营绩效的影响。

表4－8给出了政府管制对企业资产周转率影响的回归结果。其中，第（1）～第（4）列分别以t期、$t+1$期、$t+2$期和$t+3$期的企业资产周转率为因变量。从第（1）列的回归结果可以看出，政府管制（*Reg*）的系数估计值为－0.030，并在5%水平上显著（t值为－2.09），表明t期的政府管制程度提高1个标准差（0.670），t期的企业资产周转率下降2.01%（$-0.030 \times 0.670 = -0.0201$）。类似地，从第（2）～第（4）列的估计结果可知，政府管制（*Reg*）的系数仍然显著为负（系数估计值都为－0.031），表明t期的政府管制程度提高1个标准差，$t+1$期、$t+2$期和$t+3$期的企业资产周转率都下降2.08%（$-0.031 \times 0.670 = -0.0208$）。综合以上回归结果，我们可以发现政府管制显著降低了企业的营运能力（资产周转率），并且这一负面效应在两三年后依然显著存在。

表4－8　政府管制对企业资产周转率的影响

变量	$Turnover_t$	$Turnover_{t+1}$	$Turnover_{t+2}$	$Turnover_{t+3}$
	(1)	(2)	(3)	(4)
Reg	－0.030**	－0.031**	－0.031**	－0.031**
	(－2.09)	(－2.12)	(－2.05)	(－2.05)
LnSize	0.166***	0.152***	0.139***	0.127***
	(24.51)	(22.18)	(20.19)	(18.12)
Lev	0.009	0.071*	0.081**	0.092**
	(0.25)	(1.88)	(2.10)	(2.28)
LnAge	0.016	－0.000	－0.003	－0.004
	(0.96)	(－0.01)	(－0.15)	(－0.24)
HHI	0.284	0.450*	0.577**	0.613**
	(1.23)	(1.76)	(2.12)	(2.14)
Volatility	1.539***	1.499***	1.195***	1.044***
	(5.81)	(5.26)	(4.41)	(3.98)
Cashflow	0.372***	0.323***	0.249***	0.167**
	(5.77)	(4.84)	(3.77)	(2.55)
LnPop	0.005	0.003	0.002	0.001
	(0.36)	(0.22)	(0.14)	(0.05)
GDP_ growth	0.027	－0.047	－0.014	－0.054
	(0.32)	(－0.55)	(－0.16)	(－0.58)

续表

变量	$Turnover_t$	$Turnover_{t+1}$	$Turnover_{t+2}$	$Turnover_{t+3}$
	(1)	(2)	(3)	(4)
Constant	-3.047*** (-15.49)	-2.757*** (-13.70)	-2.532*** (-12.42)	-2.280*** (-11.03)
省会城市	Yes	Yes	Yes	Yes
直辖市	Yes	Yes	Yes	Yes
行业效应	Yes	Yes	Yes	Yes
年度效应	Yes	Yes	Yes	Yes
R - squared	0.426	0.390	0.372	0.358
No. of Obs.	15207	15175	15144	15112

注：系数下方报告的是根据公司层面聚类调整的稳健性 t-统计量。*、** 和 *** 分别表示检验统计量在 10%、5% 和 1% 的水平统计显著。

表 4-9 给出了政府管制对企业盈利能力影响的回归结果。从第（1）列的估计结果可以看出，当用 t 期的资产收益率度量企业盈利能力时，政府管制（*Reg*）的系数估计值为 -0.004，并在 5% 的水平上统计显著（t 值为 -2.58）。这意味着，政府管制程度提高 1 个标准差（0.670），当期的资产收益率降低 0.27%（-0.004×0.67 = -0.0027）。考虑到本章所用样本的 *Roa* 均值仅为 3.3%，政府管制对于企业盈利能力的负面冲击仍然具有十分显著的经济含义（-0.27%/3.2% = -8.12%）。从第（2）～第（4）列的估计结果可知，政府管制（*Reg*）的系数仍然显著为负（系数估计值均为 -0.005），表明政策不确定性变动 1 个标准差，$t+1$ 期、$t+2$ 期和 $t+3$ 期的资产收益率均下降了 0.34%（-0.004×0.67 = -0.004）。该结果表明了较高程度的政府管制降低了企业的创新能力，从而使得企业的长期盈利能力受损。

表 4-9 政府管制对企业盈利能力的影响

变量	Roa_t	Roa_{t+1}	Roa_{t+2}	Roa_{t+3}
	(1)	(2)	(3)	(4)
Reg	-0.004** (-2.58)	-0.005*** (-3.21)	-0.005*** (-2.93)	-0.005*** (-2.92)
LnSize	0.011*** (15.40)	0.006*** (9.38)	0.003*** (4.79)	0.001* (1.91)

续表

变量	Roa_t	Roa_{t+1}	Roa_{t+2}	Roa_{t+3}
	(1)	(2)	(3)	(4)
Lev	-0.133***	-0.073***	-0.057***	-0.044***
	(-22.54)	(-14.82)	(-12.02)	(-8.97)
LnAge	-0.002	-0.007***	-0.006***	-0.003*
	(-1.60)	(-4.42)	(-3.63)	(-1.93)
HHI	0.007	0.003	0.029	0.042*
	(0.37)	(0.11)	(1.13)	(1.70)
Volatility	-0.006	-0.063	-0.127***	-0.074**
	(-0.16)	(-1.62)	(-3.03)	(-2.02)
Cashflow	0.193***	0.201***	0.170***	0.147***
	(18.38)	(18.43)	(16.36)	(15.21)
LnPop	0.000	0.001	0.001	0.001
	(0.14)	(0.81)	(0.47)	(0.77)
GDP_ growth	0.039***	0.009	0.001	-0.020
	(3.78)	(0.77)	(0.09)	(-1.63)
Constant	-0.146***	-0.046**	0.004	0.034*
	(-6.69)	(-2.26)	(0.20)	(1.65)
省会城市	Yes	Yes	Yes	Yes
直辖市	Yes	Yes	Yes	Yes
行业效应	Yes	Yes	Yes	Yes
年度效应	Yes	Yes	Yes	Yes
Pseudo R^2	0.358	0.192	0.133	0.089
No. of Obs.	15207	15175	15146	15115

注：系数下方报告的是根据公司层面聚类调整的稳健性 t-统计量。*、** 和 *** 分别表示检验统计量在 10%、5% 和 1% 的水平统计显著。

表 4-10 给出了政府管制对企业全要素生产率影响的回归结果。从第（1）列的估计结果可以看出，当用 t 期的全要素生产率对政府管制（*Reg*）进行回归时，政府管制（*Reg*）的系数估计值为 -0.050，并在 1% 的水平上统计显著（t 值为 -2.95）。这意味着，政府管制程度提高 1 个标准差（0.670），当期的全要素生产率降低 3.35%（$-0.050\times0.67=-0.0335$）。从第（2）~第（4）列的估计结果可知，政府管制（*Reg*）的系数依然在 1% 水平上显著为负（系数估计

值分别为 -0.061、-0.065 和 -0.064），表明政策不确定性变动 1 个标准差，$t+1$ 期、$t+2$ 期和 $t+3$ 期的全要素增长率分别降低了 4.09%（$-0.061 \times 0.67 = -0.0409$）、4.36%（$-0.065 \times 0.67 = -0.0436$）和 4.29%（$-0.064 \times 0.67 = -0.0429$）。综合以上回归结果我们可以发现，政府管制降低了企业的全要素生产率，并且这一负面效应在两三年后依然显著存在。无论从经济意义还是统计意义上来看，以上回归结果均有力地表明，政府管制显著地降低了企业的全要素生产率，从而使得全要素生产率表现出了长期下降的动态过程。

综合表 4-8、表 4-9 和表 4-10 的结果可知，在控制了其他因素的影响之后，政府管制在平均意义上显著地降低了企业的长期经营绩效，具体表现为较低的资产周转率、较低的资产收益率和较低的全要素生产率，从而验证了本书的研究假设 H1c。

表 4-10 政府管制对企业全要素生产率的影响

变量	TFP_t	TFP_{t+1}	TFP_{t+2}	TFP_{t+3}
	(1)	(2)	(3)	(4)
Reg	-0.050*** (-2.95)	-0.061*** (-3.50)	-0.065*** (-3.63)	-0.064*** (-3.51)
LnSize	0.143*** (18.63)	0.123*** (16.09)	0.112*** (14.70)	0.105*** (13.44)
Lev	-0.316*** (-7.06)	-0.168*** (-3.59)	-0.096** (-2.01)	-0.030 (-0.62)
LnAge	0.023 (1.18)	0.001 (0.03)	0.001 (0.05)	-0.002 (-0.09)
HHI	0.454 (1.55)	0.423 (1.26)	0.534 (1.48)	0.602* (1.65)
Volatility	1.896*** (6.21)	1.541*** (4.89)	1.287*** (4.11)	0.878*** (2.67)
Cashflow	0.615*** (7.46)	0.517*** (6.15)	0.322*** (3.76)	0.163* (1.95)
LnPop	0.005 (0.27)	-0.001 (-0.03)	-0.002 (-0.12)	-0.003 (-0.15)
GDP_growth	0.002 (0.02)	-0.141 (-1.33)	-0.150 (-1.37)	-0.227** (-2.04)

续表

变量	TFP_t	TFP_{t+1}	TFP_{t+2}	TFP_{t+3}
	(1)	(2)	(3)	(4)
Constant	-2.895*** (-13.31)	-2.394*** (-10.82)	-2.175*** (-9.61)	-2.009*** (-8.66)
省会城市	Yes	Yes	Yes	Yes
直辖市	Yes	Yes	Yes	Yes
行业效应	Yes	Yes	Yes	Yes
年度效应	Yes	Yes	Yes	Yes
Pseudo R^2	0.180	0.132	0.106	0.093
No. of Obs.	15207	15107	15054	15003

注：系数下方报告的是根据公司层面聚类调整的稳健性 t-统计量。*、** 和 *** 分别表示检验统计量在 10%、5% 和 1% 的水平统计显著。

4.4 稳健性检验

为了检验上述研究结果的可靠性，本节分别从变换变量测度方法、计量模型设定和样本选择标准等方面对上述的实证结果做了一系列的稳健性测试。

4.4.1 更换政府管制的度量方法：单位 GDP 对应的财政支出

在本部分，我们采用另外一种方法度量政府对经济资源的管制程度，进一步验证政府管制对企业创新、政企纽带的影响。具体地，基于城市层面的数据，我们用 log（地方财政支出/GDP）来表示政府配置资源的比重（*Reg*2）。① 政府管制越强，意味着政府配置资源的比重越高，单位 GDP 对应的财政支出越多。与本章所用的单位 GDP 对应的公务员数量（*Reg*）一样，该指标同样可以捕捉到政府管制在时间上的连续变化，因此有助于因果关系的计量识别。

表 4-11 的 Panel A 为重新估计的政府管制与企业创新关系的回归结果。从回归（1）、回归（2）可以看出，在控制了其他因素的影响以及行业、年度和城市固定效应之后，政府管制 *Reg*2 的系数依然在 1% 水平上显著为负（系数估计

① 樊纲等（2011）曾利用该指标反向地度量市场配置资源的比重。

值分别为 -0.384 和 -0.416），说明政府管制程度越高，企业的专利授权量和专利申请量越少。在以创新投入强度 *RD_ Asset*、*RD_ Sale* 为因变量的回归（3）和回归（4）中，政府管制 *Reg*2 的系数依然为负值，且统计显著性水平都高达 1%，表明较高程度的政府管制水平抑制了企业的创新激励。以上结果均表明，在变更了政府管制的度量方式之后，政府管制与企业创新之间的负向关系依然存在，从而有力地印证了基准回归的结果。

表 4-11 的 Panel B 为重新估计的政府管制与政企纽带关系的回归结果。其中，回归（1）、回归（2）对应的政企纽带变量分别为考虑企业所有高管政治背景的政企纽带指标（*PC_ all*）、只考虑 CEO 和董事长的政企纽带（*PC_ top*）。与模型（4-2）的回归结果（见表 4-6）相一致，政府管制（*Reg*2）的系数估计值都在 5% 水平上显著为正，表明企业所在城市的政府管制越强，企业越有可能聘请有政治背景的高级管理人员（特别是董事长和 CEO），与政府建立更为紧密的联系以寻求政府的帮助。回归（3）和回归（4）对应的政企纽带变量分别为只考虑独立董事的政企纽带（*PC_ outd*）和具有政企纽带的高管占全部高管比例（*PC_ pcent*）。从表中可以看出，政府管制（*Reg*）的系数估计值都为正值，并达到边际显著（*t* 值分别为 1.46 和 1.36）。以上结果再次印证了研究假设 H1b，即在政府管制程度越高的地区，企业越倾向于聘请具有政企纽带关系的人士出任高管职位。

表 4-11　更换政府管制的度量方法：单位 GDP 对应的财政支出

Panel A：政府管制与企业创新				
变量	$LnPatent_{t+1}$	$LnPatentA_{t+1}$	*RD_ Asset*	*RD_ Sale*
	(1)	(2)	(3)	(4)
*Reg*2	-0.384 *** (-4.31)	-0.416 *** (-4.38)	-0.003 *** (-3.80)	-0.004 *** (-3.04)
LnSize	0.220 *** (9.50)	0.234 *** (9.44)	0.000 (0.95)	-0.003 *** (-8.59)
Lev	-0.273 *** (-2.94)	-0.339 *** (-3.35)	-0.007 *** (-7.02)	-0.021 *** (-11.40)
Roa	0.772 *** (3.02)	0.793 *** (2.83)	0.014 *** (4.15)	0.006 (0.96)
LnAge	-0.403 *** (-7.82)	-0.430 *** (-7.78)	-0.005 *** (-9.87)	0.012 *** (-10.34)

续表

Panel A：政府管制与企业创新				
变量	$LnPatent_{t+1}$	$LnPatentA_{t+1}$	*RD_ Asset*	*RD_ Sale*
	(1)	(2)	(3)	(4)
HHI	-0. 683 (-1. 35)	-0. 900 * (-1. 67)	-0. 015 ** (-2. 31)	-0. 027 ** (-2. 10)
Coverage	0. 092 (0. 32)	0. 347 (1. 13)	0. 005 * (1. 82)	0. 019 *** (3. 18)
CPXTA	0. 031 ** (2. 39)	0. 036 *** (2. 61)	0. 001 *** (4. 92)	0. 001 *** (2. 83)
TobinQ	-0. 098 *** (-6. 85)	-0. 108 *** (-6. 93)	-0. 000 (-1. 62)	-0. 000 (-1. 13)
LnPop	0. 055 (1. 22)	0. 061 (1. 25)	-0. 001 (-1. 35)	-0. 000 (-0. 59)
GDP_ growth	0. 137 (0. 53)	0. 106 (0. 39)	-0. 008 ** (-2. 00)	-0. 005 (-0. 87)
Constant	-0. 527 (-0. 57)	-0. 254 (-0. 26)	0. 044 *** (5. 64)	0. 142 *** (10. 14)
省会城市	Yes	Yes	Yes	Yes
直辖市	Yes	Yes	Yes	Yes
行业效应	Yes	Yes	Yes	Yes
年度效应	Yes	Yes	Yes	Yes
R - squared	0. 291	0. 323	0. 350	0. 403
No. of Obs.	15200	15200	12053	12053

Panel B：政府管制与政企纽带				
变量	*PC_ all*	*PC_ top*	*PC_ outd*	*PC_ pcent*
	(1)	(2)	(3)	(4)
Reg2	0. 030 ** (2. 27)	0. 047 ** (2. 15)	0. 021 (1. 46)	0. 021 (1. 36)
LnSize	0. 030 *** (10. 34)	0. 016 *** (4. 00)	0. 031 *** (10. 28)	0. 008 ** (2. 49)
Lev	-0. 020 (-1. 54)	-0. 028 (-1. 44)	-0. 010 (-0. 68)	-0. 018 (-1. 01)

续表

Panel B：政府管制与政企纽带				
变量	*PC_ all*	*PC_ top*	*PC_ outd*	*PC_ pcent*
	(1)	(2)	(3)	(4)
Roa	0.060 (1.60)	0.216 *** (4.01)	0.000 (0.01)	0.125 *** (2.82)
LnAge	-0.023 *** (-2.96)	-0.040 *** (-3.47)	-0.001 (-0.13)	-0.012 (-1.37)
HHI	0.019 (0.23)	0.194 * (1.78)	-0.120 (-1.45)	0.081 (0.76)
Coverage	0.065 (1.41)	0.171 *** (2.65)	0.033 (0.71)	0.016 (0.30)
CPXTA	-0.000 (-0.24)	-0.002 (-0.84)	-0.000 (-0.16)	-0.004 (-1.33)
TobinQ	-0.006 *** (-2.60)	-0.001 (-0.28)	-0.009 *** (-3.58)	-0.004 (-1.55)
LnPop	0.018 *** (2.61)	0.023 ** (2.18)	0.019 ** (2.57)	0.013 * (1.66)
GDP_ growth	-0.009 (-0.24)	-0.118 ** (-2.09)	0.054 (1.32)	-0.066 (-1.45)
Constant	-0.586 *** (-4.20)	-0.411 * (-1.93)	-0.672 *** (-4.82)	0.035 (0.22)
省会城市	Yes	Yes	Yes	Yes
直辖市	Yes	Yes	Yes	Yes
行业效应	Yes	Yes	Yes	Yes
年度效应	Yes	Yes	Yes	Yes
R-squared	0.118	0.045	0.131	0.064
No. of Obs.	15200	15200	15200	15200

注：系数下方报告的是根据公司层面聚类调整的稳健性 *t* - 统计量。*、** 和 *** 分别表示检验统计量在 10%、5% 和 1% 的水平统计显著。

4.4.2　更换创新活动的度量方法：研发投入

本书主要采用专利数量度量企业创新，但是企业有可能为了获取更多的政府补贴而申请大量微不足道的专利（Fang et al.，2017），也有可能某些创新产出不满足专利申请条件，或者出于保密需要而不申请专利（Moshirian et al.，2018），因而专利数量并未能真实地反映企业全部的创新能力。出于稳健性的考虑，本部分利用研发支出，从创新投入角度来捕捉企业的创新活动。借鉴刘国运和刘雯（2007）、李春涛和宋敏（2010）、倪骁然和朱玉杰（2016）、田轩和孟清扬（2018）的做法，我们同时考虑从研发强度（*RD_ Asset*、*RD_ Sale*）、研发的绝对规模（*LnRD*）和研发决策（*RD_ dum*）三个角度来度量企业的研发投入，变量的具体定义与上文相同。当以 *RD_ Asset* 和 *RD_ Sale* 为因变量时，我们还采用 Tobit 回归方法；当以 *RD_ dum* 为因变量时，采用 Logit 回归方法。公司层面和城市层面的控制变量设定与基准回归模型（4－1）相同，我们还同时控制了直辖市固定效应、省会城市固定效应、年度固定效应和行业固定效应。

表 4－12 即为政府管制与企业创新投入的回归结果。其中，回归（1）、回归（2）分别以研发强度（*RD_ Asset* 和 *RD_ Sale*）作为因变量。结果显示，政府管制（*Reg*）的系数估计值都在 1% 水平上显著为负，表明较高程度的政府管制显著降低了企业的研发投入强度。为确保回归结果不受估计方法选择的影响，我们还用 Tobit 回归方法进行稳健性测试，所得到的回归结果如第（5）、第（6）列所示。从中可以看出，政府管制程度较高的地区，企业研发投入强度越低这一结果并未有实质性改变。在以研发绝对规模（*LnRD*）为因变量的回归（3）中，政府管制（*Reg*）的系数依然在 1% 的水平上显著为负，表明政府管制程度越高的地区，企业研发投入的规模越小。在以研发决策（*RD_ dum*）为因变量的回归（4）中，政府管制（*Reg*）的系数依然在 1% 的水平上显著为负，表明较高的政府管制对企业是否进行研发投入的决策具有抑制作用。以上回归结果均表明，较高程度的政府管制对企业的研发投入具有极强的抑制作用，进而降低了企业的创新产出水平。

表 4－12　政府管制与企业创新：用研发投入度量企业创新

变量	OLS			Logit	Tobit	
	RD_ Asset	*RD_ Sale*	*LnRD*	*RD_ dum*	*RD_ Asset*	*RD_ Sale*
	(1)	(2)	(3)	(4)	(5)	(6)
Reg	－0.002***	－0.004***	－0.793***	－0.275***	－0.001***	－0.002***
	(－6.12)	(－5.19)	(－3.99)	(－3.25)	(－6.13)	(－5.18)
LnSize	0.000	－0.003***	0.572***	0.118***	0.000	－0.002***
	(0.81)	(－8.76)	(6.06)	(3.05)	(0.81)	(－8.79)
Lev	－0.006***	－0.021***	－2.889***	－1.256***	－0.004***	－0.012***
	(－6.80)	(－11.23)	(－5.47)	(－5.14)	(－6.80)	(－11.30)

续表

变量	OLS			Logit	Tobit	
	RD_ Asset	RD_ Sale	LnRD	RD_ dum	RD_ Asset	RD_ Sale
	(1)	(2)	(3)	(4)	(5)	(6)
Roa	0.013 ***	0.005	3.436 **	1.228 *	0.007 ***	0.003
	(3.93)	(0.78)	(2.35)	(1.93)	(3.94)	(0.79)
LnAge	-0.005 ***	-0.012 ***	-2.630 ***	-1.098 ***	-0.003 ***	-0.006 ***
	(-9.94)	(-10.40)	(-10.87)	(-8.97)	(-9.97)	(-10.49)
HHI	-0.015 **	-0.027 **	-9.887 ***	-1.947	-0.008 **	-0.015 **
	(-2.38)	(-2.14)	(-3.33)	(-1.43)	(-2.38)	(-2.14)
Coverage	0.006 **	0.020 ***	4.227 ***	1.339 *	0.003 **	0.011 ***
	(2.07)	(3.39)	(2.66)	(1.94)	(2.07)	(3.40)
CPXTA	0.001 ***	0.001 ***	0.031	-0.030	0.000 ***	0.001 ***
	(4.93)	(2.84)	(0.46)	(-1.07)	(4.94)	(2.84)
TobinQ	-0.000	-0.000	-0.283 ***	-0.104 **	-0.000	-0.000
	(-1.32)	(-0.87)	(-2.88)	(-2.31)	(-1.32)	(-0.87)
LnPop	-0.000	-0.000	0.304	0.149	-0.000	-0.000
	(-1.11)	(-0.44)	(1.42)	(1.64)	(-1.12)	(-0.44)
GDP_ growth	-0.007 *	-0.004	-4.130 **	-1.113	-0.004 *	-0.002
	(-1.79)	(-0.63)	(-2.00)	(-1.42)	(-1.79)	(-0.63)
Constant	0.030 ***	0.124 ***	8.261 ***	2.068 *	0.030 ***	0.124 ***
	(6.11)	(13.16)	(3.05)	(1.83)	(6.12)	13.18
省会城市	Yes	Yes	Yes	Yes	Yes	Yes
直辖市	Yes	Yes	Yes	Yes	Yes	Yes
行业效应	Yes	Yes	Yes	Yes	Yes	Yes
年度效应	Yes	Yes	Yes	Yes	Yes	Yes
R-squared	0.354	0.406	0.462	0.383	0.079	0.125
No. of Obs.	12053	12053	12053	12053	12053	12053

注：系数下方报告的是根据公司层面聚类调整的稳健性 t - 统计量。*、** 和 *** 分别表示检验统计量在 10%、5% 和 1% 的水平统计显著。

4.4.3 更换计量估计方法：泊松回归和负二项回归

本章主要采用混合最小二乘法（Pooled OLS）对前述的模型进行回归估计。

但考虑到专利授权数量和专利申请数量的非负和计数性质，我们还进一步参考了 Fang 等（2014）、Acemoglu 等（2016）和陈怡欣等（2018）的做法，采用泊松回归（Poisson Regression）和负二项回归（Negative Binomial Regression）方法对基准回归模型（4－1）重新进行估计。

表 4－13 汇报了更换计量估计方法后的回归结果。其中，回归（1）、回归（2）采用的是泊松回归估计方法，回归（3）、回归（4）采用的是负二项回归估计方法。从表中可以看出，在控制了一系列公司层面和城市层面的影响因素后，政府管制（*Reg*）的系数都一致地在 1% 的水平上统计显著为负，表明政府管制与企业创新的负向关系不太可能受到估计方法选择的影响。

表 4－13　更换估计方法

变量	泊松回归		负二项回归	
	$LnPatent_{t+1}$	$LnPatentA_{t+1}$	$LnPatent_{t+1}$	$LnPatentA_{t+1}$
	(1)	(2)	(3)	(4)
Reg	−0.284*** (−6.71)	−0.263*** (−6.63)	−0.294*** (−6.81)	−0.275*** (−6.73)
LnSize	0.242*** (12.47)	0.229*** (12.23)	0.263*** (13.23)	0.250*** (13.11)
Lev	−0.546*** (−4.11)	−0.551*** (−4.37)	−0.660*** (−4.71)	−0.651*** (−4.86)
Roa	1.322*** (3.60)	1.224*** (3.50)	1.285*** (3.38)	1.176*** (3.25)
LnAge	−0.370*** (−8.84)	−0.341*** (−8.63)	−0.431*** (−8.93)	−0.397*** (−8.71)
HHI	−0.633 (−0.94)	−0.873 (−1.30)	−0.659 (−1.08)	−0.844 (−1.38)
CPXTA	0.237 (0.81)	0.426 (1.55)	0.316 (1.05)	0.503* (1.79)
TobinQ	−0.014 (−0.98)	−0.009 (−0.69)	−0.017 (−1.11)	−0.011 (−0.81)
Growth	−0.130*** (−5.43)	−0.125*** (−5.52)	−0.148*** (−5.55)	−0.143*** (−5.69)
LnPop	0.123*** (2.63)	0.119*** (2.69)	0.133*** (2.72)	0.129*** (2.77)

续表

变量	泊松回归		负二项回归	
	$LnPatent_{t+1}$	$LnPatentA_{t+1}$	$LnPatent_{t+1}$	$LnPatentA_{t+1}$
	(1)	(2)	(3)	(4)
GDP_ growth	0.245 (0.81)	0.246 (0.86)	0.265 (0.86)	0.255 (0.87)
Constant	−4.652*** (−6.85)	−4.170*** (−6.63)	−4.917*** (−7.11)	−4.454*** (−6.93)
省会城市	Yes	Yes	Yes	Yes
直辖市	Yes	Yes	Yes	Yes
行业效应	Yes	Yes	Yes	Yes
年度效应	Yes	Yes	Yes	Yes
R − squared	0.240	0.253	0.157	0.164
No. of Obs.	15207	15207	15207	15207

注：系数下方报告的是根据公司层面聚类调整的稳健性 *t* − 统计量。*、** 和 *** 分别表示检验统计量在 10%、5% 和 1% 的水平统计显著。

4.4.4　政府管制与企业创新质量

Fang 等（2017）认为，中国企业经常钻现有专利制度的漏洞申请很多微不足道的专利，以便被政府认定为“高科技企业”，从而获取更多的政府补贴或者得到更多潜在投资者的关注。因此，本章采用专利授权总量或者专利申请总量来度量公司创新只考虑了创新活动的数量，并不能有效反映出创新活动的质量。现有文献主要采用专利引用数量来度量专利的质量，但是国家知识产权局公布的企业专利数据并未包含相关的引用信息。我国的《专利法》将专利分为发明、实用新型和外观设计三种类型。其中发明专利的技术含量较高，申请难度较大；实用新型专利和外观设计专利的技术含量和申请门槛较低。因此，相比于其他的专利类型，发明专利被认为更具原创性、更能体现企业的实质性技术创新。本章参照黎文靖和郑曼妮（2016）的做法，采用领先一期的发明专利数量的自然对数（$LnPatent1_{t+1}$和 $LnPatentA1_{t+1}$）来捕捉企业创新活动的质量。为了体现工作的完整性，我们还同时考虑了外观设计和实用新型专利数量的自然对数（$LnPatent23_{t+1}$和 $LnPatentA23_{t+1}$）（Tan et al.，2014）。

表 4 − 14 给出了政府管制与不同专利类别回归的结果。其中，回归（1）和回归（3）为政府管制与发明专利授权量和申请量回归得到的结果。从表中可以看出，政府管制（*Reg*）的系数在 1% 水平上显著为负（系数估计值分别为

−0.122和−0.209），表明较高程度的政府管制抑制了企业的发明专利产出。另外，回归（2）和回归（4）为政府管制与实用新型专利、外观设计专利数量回归得到的结果。政府管制（*Reg*）的系数依然保持在1%的水平上显著为负，表明政府管制同样抑制了实用新型专利和外观设计专利的产出。综合表4−14和基准回归表4−5的结果，我们发现政府对经济的管制不仅抑制了企业的创新活动和专利产出，还显著降低了企业的创新质量。

表4−14 政府管制与企业创新质量

变量	$LnPatent1_{t+1}$	$LnPatent23_{t+1}$	$LnPatentA1_{t+1}$	$LnPatentA23_{t+1}$
	(1)	(2)	(3)	(4)
Reg	−0.122***	−0.248***	−0.209***	−0.248***
	(−4.61)	(−5.94)	(−5.69)	(−5.93)
LnSize	0.158***	0.205***	0.207***	0.205***
	(8.34)	(8.27)	(8.55)	(8.27)
Lev	−0.102*	−0.177**	−0.154**	−0.177**
	(−1.89)	(−1.98)	(−1.96)	(−1.98)
Roa	0.246	0.396	0.366	0.399
	(1.41)	(1.58)	(1.52)	(1.59)
LnAge	−0.181***	−0.341***	−0.272***	−0.341***
	(−5.55)	(−6.68)	(−6.09)	(−6.67)
HHI	−0.382	−0.770*	−0.634	−0.770*
	(−1.08)	(−1.81)	(−1.32)	(−1.81)
Coverage	0.342	−0.084	0.548**	−0.085
	(1.63)	(−0.29)	(2.00)	(−0.29)
CPXTA	0.033***	0.018	0.041***	0.018
	(4.07)	(1.44)	(3.66)	(1.45)
TobinQ	−0.047***	−0.079***	−0.077***	−0.080***
	(−5.38)	(−5.60)	(−6.07)	(−5.61)
LnPop	0.026	0.049	0.033	0.049
	(0.95)	(1.08)	(0.87)	(1.08)
GDP_ growth	−0.059	−0.103	−0.211	−0.100
	(−0.38)	(−0.38)	(−1.03)	(−0.37)
Constant	−2.803***	−2.218***	−2.605***	−2.221***
	(−6.55)	(−3.51)	(−4.62)	(−3.52)

续表

变量	$LnPatent1_{t+1}$	$LnPatent23_{t+1}$	$LnPatentA1_{t+1}$	$LnPatentA23_{t+1}$
	(1)	(2)	(3)	(4)
省会城市	Yes	Yes	Yes	Yes
直辖市	Yes	Yes	Yes	Yes
行业效应	Yes	Yes	Yes	Yes
年度效应	Yes	Yes	Yes	Yes
R - squared	0.217	0.250	0.273	0.250
No. of Obs.	15207	15207	15207	15207

注：系数下方报告的是根据公司层面聚类调整的稳健性 t - 统计量。*、** 和 *** 分别表示检验统计量在 10%、5% 和 1% 的水平统计显著。

4.4.5　创新变量领先两期、三期

相比于一般的固定资产投资，创新投资的技术不确定性较高（如完成项目的难度大），因而企业从研发投入到实现创新产出所需要的开发周期往往比较漫长，难以在短时间内完成（Holmstrom，1989）。为了更好地反映出创新投资的长周期性本质，本章在所有的回归中已经把创新变量领先一期于解释变量。进一步地，我们参照 Fang 等（2014）、Cornaggia 等（2015）的做法，把创新变量领先两期、三期于解释变量，以避免企业在任何特定年份扭曲创新产出从而使回归估计结果出现偏误。

表 4 - 15 检验了政府管制对 $t+2$ 期、$t+3$ 期企业创新活动的影响。其中，第（1）和第（2）列以 $t+2$ 期的专利授权量和专利申请量为因变量，我们发现政府管制（*Reg*）的系数估计值都在 1% 水平上显著为负，表明 t 期较高程度的政府管制显著减少了 $t+2$ 期的企业专利授权量和申请量。第（3）和第（4）列以 $t+3$ 期的专利授权量和申请量为因变量，政府管制（*Reg*）的系数估计值依然在 1% 水平上显著为负，表明政府管制对企业创新活动的负向效应关系在 3 年后显著存在。以上结果不仅证实了本章基准回归结果的稳健性，也表明了政府管制对企业创新具有长期的负向效应。

表 4 - 15　政府管制对 $t+2$ 期、$t+3$ 期企业创新产出的影响

变量	$LnPatent_{t+2}$	$LnPatentA_{t+2}$	$LnPatent_{t+3}$	$LnPatentA_{t+3}$
	(1)	(2)	(3)	(4)
Reg	-0.246***	-0.276***	-0.238***	-0.266***
	(-5.65)	(-5.86)	(-5.46)	(-5.65)

续表

变量	$LnPatent_{t+2}$	$LnPatentA_{t+2}$	$LnPatent_{t+3}$	$LnPatentA_{t+3}$
	(1)	(2)	(3)	(4)
LnSize	0. 245***	0. 257***	0. 279***	0. 298***
	(9. 23)	(9. 07)	(10. 79)	(10. 77)
Lev	-0. 233**	-0. 319***	-0. 170*	-0. 280***
	(-2. 49)	(-3. 06)	(-1. 82)	(-2. 65)
Roa	0. 768***	0. 839***	0. 731***	0. 758**
	(2. 88)	(2. 84)	(2. 67)	(2. 52)
LnAge	-0. 404***	-0. 455***	-0. 402***	-0. 451***
	(-7. 53)	(-7. 84)	(-7. 56)	(-7. 84)
HHI	-1. 039**	-1. 297**	-1. 069**	-1. 503***
	(-2. 06)	(-2. 39)	(-2. 12)	(-2. 80)
Coverage	0. 130	0. 440	0. 097	0. 444
	(0. 41)	(1. 30)	(0. 31)	(1. 30)
CPXTA	0. 032**	0. 036**	0. 032**	0. 043***
	(2. 44)	(2. 51)	(2. 45)	(2. 94)
TobinQ	-0. 083***	-0. 095***	-0. 063***	-0. 076***
	(-5. 48)	(-5. 66)	(-3. 92)	(-4. 39)
LnPop	0. 071	0. 087*	0. 062	0. 081
	(1. 49)	(1. 70)	(1. 31)	(1. 58)
GDP_ growth	-0. 120	-0. 124	0. 023	0. 068
	(-0. 43)	(-0. 42)	(0. 08)	(0. 22)
Constant	-3. 506***	-3. 205***	-2. 766***	-2. 664***
	(-5. 25)	(-4. 48)	(-4. 16)	(-3. 74)
省会城市	Yes	Yes	Yes	Yes
直辖市	Yes	Yes	Yes	Yes
行业效应	Yes	Yes	Yes	Yes
年度效应	Yes	Yes	Yes	Yes
R-squared	0. 281	0. 317	0. 348	0. 389
No. of Obs.	15207	15207	15207	15207

注：系数下方报告的是根据公司层面聚类调整的稳健性 t-统计量。*、**和***分别表示检验统计量在10%、5%和1%的水平统计显著。

4.4.6 变换创新活动的度量方法：专利存量

为了更好地反映专利资产的长期本质，参照现有文献的研究（Griliches，1984；Hall，1993；Hall et al.，2005；Fang et al.，2017），我们通过如下公式构建专利授权存量变量：

$$Patent\_Stock_{i,t} = (1-\theta)Patent\_Stock_{i,t-1} + Patent_{i,t} \tag{4-6}$$

其中，下标 i 和 t 分别代表公司和年份；$Patent\_Stock$ 为专利授权存量；θ 为专利授权存量的折旧率，本章将其设定为15%（Fang et al.，2017）；$Patent_{i,t}$ 为公司 i 在 t 年专利授权数量。具体地，公司 i 在 t 年所拥有的专利授权存量（$Patent\_Stock_{i,t}$）用截至 $t-1$ 年所拥有的专利授权存量（$Patent\_Stock_{i,t-1}$）乘以（1-15%），加上 t 年的专利授权数量 $Patent_{i,t}$ 计算得到。最后，我们借鉴 Fang 等（2017）的做法，使用每百万元总资产对应的专利授权存量（*Patent_ Stk/Asset*）来作为企业创新活动的代理变量，然后用同样的方法计算得到了专利申请存量变量（*PatentA_ Stk/Asset*）。我们利用专利授权存量（*Patent_ Stk/Asset*）和专利申请存量变量（*PatentA_ Stk/Asset*）替代原来的专利授权数量和专利申请数量，重新估计基准回归模型（4-1）。

表4-16的第（1）和第（2）列给出了政府管制对企业专利存量影响的回归结果。从结果可以看出，在考虑了一系列影响企业创新活动的宏微观因素之后，政府管制（*Reg*）的系数都在1%水平上显著为负值，表明政府对经济活动的管制显著降低了企业的专利授权存量和专利申请存量，证实了本章的基准回归结果。

4.4.7 考虑专利授权数据的“断尾问题”

本章使用了专利授权数量的自然对数（$LnPatent_{t+1}$）来度量企业的创新活动。然而，一项专利从提交申请到正式授予存在一定的时间间隔，所以本章所选择专利授权数量的样本区间（2004~2016年）内最后几年的专利申请可能仍在审查阶段。由于这些创新活动都无法被观测到，因此采用专利授权数量度量企业创新活动会面临数据“断尾问题”（truncation problem）。为了降低该问题的影响，我们在前面所有的回归中使用了公司当年申请的专利总数的自然对数（$LnPatentA_{t+1}$）作为度量创新产出的变量（Griliches et al.，1988）。然而，有些专利申请可能最终未能通过审查，所以使用专利申请数量也并不能真实地反映出企业的创新产出。为此，我们借鉴 Hall 等（2001）、Tan 等（2014）、Fang 等（2014）的做法，通过估计专利申请—授权的分布特征对专利授权数据进行调整。

首先，我们估计2006~2011年每一年的专利申请—授予的滞后分布。例如，在估计2006年专利申请—授权的滞后分布时，我们计算所有公司在2006年申请且最终被授权的专利总量 *Patent_* 2006，然后将该专利总量分解为在当年（2006年）授权、第 2 年授权、第 3 年授权、第 4 年授权、第 5 年及以后授权的专利数量，再用这五个被分解的专利数量除以 *Patent_* 2006，得到当年（2006 年）申请当年授权的比率为 W_1，当年申请次年授权的比率为 W_2，…，当年申请第 5 年及以后授权的比例为 W_5，最终得到 2006 年专利申请—授权的滞后分布。我们用同样的方法计算得到 2007 ~ 2011 年每一年的专利申请—授权的滞后分布。其次，将 2006 ~ 2011 年每一年的专利申请—授权的滞后分布取平均值，得到整个样本的专利申请—授权的平均滞后分布，再根据该平均滞后分布调整 2012 ~ 2016 年的专利授权数量。调整后的专利授权量计算公式如下：

$$P_{adj} = \frac{P_{raw}}{\sum_{s=0}^{2016-t} Ws}$$

其中，P_{adj} 为调整后的专利授权量，P_{raw} 为未经调整的专利授权量，Ws 为专利申请—授权的平均滞后分布，$t \in$ （2012，2016）。最后，我们在回归中对调整后的专利授权量进行 99 分位缩尾处理（Winsorize），并将其领先一期加 1 再取自然对数（$LnPatent\_\ adj_{t+1}$）作为创新活动的代理变量。

另外，我们还借鉴 Luong 等（2017）的做法，将专利数据的样本截止年份往前推移到 2011 年，即样本区间缩短为 2003 ~ 2010 年，从而使得 2011 年附近申请的专利有足够的时间被专利局审查及授权。

表 4 – 16 的第（3）和第（4）列即为考虑专利授权量“断尾问题”后重新估计的回归结果。其中，第（3）列以调整后的专利授权量 $LnPatent\_\ adj_{t+1}$ 作为因变量，在控制一系列企业层面和宏观层面因素的影响后，政府管制（*Reg*）的系数依然保持在 1% 水平上显著为负，表明政府管制与企业专利授权数量的负向关系依然存在。第（4）列为使用 2003 ~ 2010 年样本区间进行回归得到的结果，政府管制（*Reg*）的系数依然显著为负值。以上回归结果表明，政府管制对企业创新产出的负向效应并未受到专利授权量“断尾问题”的影响，再次印证了本章的基准回归结果。

表 4 – 16　使用专利存量以及考虑专利授权量的“断尾问题”

变量	以专利存量度量创新		调整后的专利授权量	使用 2003 ~ 2010 年的专利授权量
	Patent_ Stk/Asset	*PatentA_ Stk/Asset*	$LnPatent\_\ adj_{t+1}$	$LnPatent_{t+1}$
	(1)	(2)	(3)	(4)
Reg	−0.007***	−0.008***	−0.286***	−0.244***
	(−5.65)	(−5.92)	(−6.38)	(−5.26)

续表

变量	以专利存量度量创新		调整后的专利授权量	使用 2003 ~ 2010 年的专利授权量
	Patent_ Stk/Asset	*PatentA_ Stk/Asset*	$LnPatent\_adj_{t+1}$	$LnPatent_{t+1}$
	(1)	(2)	(3)	(4)
LnSize	-0.000 (-0.64)	-0.000 (-0.65)	0.238 *** (8.80)	0.220 *** (8.33)
Lev	-0.006 ** (-2.24)	-0.007 ** (-2.40)	-0.292 *** (-2.95)	-0.177 * (-1.81)
Roa	-0.009 (-1.10)	-0.012 (-1.15)	0.601 ** (2.16)	0.530 ** (2.12)
LnAge	-0.004 *** (-3.21)	-0.005 *** (-3.63)	-0.434 *** (-7.85)	-0.416 *** (-6.90)
HHI	0.007 (0.64)	0.009 (0.60)	-0.665 (-1.28)	-0.633 (-1.46)
Coverage	-0.020 *** (-3.57)	-0.022 *** (-3.45)	0.264 (0.83)	-0.122 (-0.39)
CPXTA	0.001 ** (2.41)	0.001 *** (2.82)	0.029 ** (2.16)	0.047 *** (3.36)
TobinQ	-0.001 *** (-2.87)	-0.001 *** (-2.67)	-0.100 *** (-6.33)	-0.084 *** (-5.32)
LnPop	-0.000 (-0.25)	-0.001 (-0.43)	0.084 * (1.72)	0.053 (1.12)
GDP_ growth	-0.008 (-1.58)	-0.010 (-1.63)	-0.153 (-0.55)	-0.169 (-0.65)
Constant	0.049 *** (3.79)	0.062 *** (4.22)	-2.659 *** (-3.91)	-2.321 *** (-3.41)
省会城市	Yes	Yes	Yes	Yes
直辖市	Yes	Yes	Yes	Yes
行业效应	Yes	Yes	Yes	Yes
年度效应	Yes	Yes	Yes	Yes
R - squared	0.103	0.108	0.303	0.290
No. of Obs.	15207	15207	15180	9, 360

注：系数下方报告的是根据公司层面聚类调整的稳健性 *t* - 统计量。*、** 和 *** 分别表示检验统计量在 10%、5% 和 1% 的水平统计显著。

4.4.8 变换政府管制指标：基于世界银行 2005 年中国企业调查数据

本部分基于世界银行对中国企业 2004 年经营状况的调查数据构建城市层面的政府管制指标，重新检验政府管制对企业创新、政企纽带和企业经营绩效的影响。

（1）样本数据说明。

本部分以 2004 ~ 2007 年在沪深两市上市的民营公司作为主要研究样本。以 2004 年为起始年度是因为本节主要基于世界银行对中国企业 2004 年经营状况的调查数据构建城市层面的政府管制指标。以 2007 年为截止年度出于两个方面的考虑：一是本节主要基于 2004 年的调查数据构建城市层面的政府管制指标，而各城市的政府管制程度更长的时间窗口可能发生较大的变化；二是 2008 年爆发的金融危机对中国的经济环境和政府行为产生了重要的影响，可能会干扰我们识别政府管制的经济效应。① 世界银行于 2005 年对我国 120 个城市的 12400 家工业企业进行“中国城市投资环境调查”，这些城市分布在我国除西藏和港澳台地区以外的所有省份（样本城市 GDP 之和占全国 GDP 总量的 70% ~ 80%）。该调查在北京、上海、天津、重庆四个直辖市各抽取 200 家企业，在其他城市各调研 100 家企业，并且在每个行业中大型、中型和小型企业各占到行业全部收入的 1/3，从而保证样本企业具有良好的代表性。

本部分所使用的上市公司的专利数据来自国家知识产权局网站的专利数据库，专利数据的具体处理方法与前文相同。上市公司高管政治背景的数据根据 Wind 数据库记录的高管个人背景信息，并借助百度等搜索引擎手工收集整理而成。城市层面的 GDP、人口规模等数据来自于各年的《中国城市统计年鉴》。上市公司的其他财务数据均来自 CSMAR 数据库。

（2）政府管制的度量。

参考世界银行（2012）、陈刚（2015）、胡永刚和石崇（2016），本节利用各地区企业处理政府管制要求事项花费的时间来捕捉政府对经济的管制程度。在政府管制更强的地区，当地企业往往需要花费更多的时间来协调和处理与政府部门的关系，以获取所需的营业资质和由政府控制的资源（陈刚，2015）。在世界银行（2012）设计的企业调查问卷中，“公司高管因处理政府管制要求事项与政府部门及官员打交道的时间”被列为调查政府管制程度的第一个问题。陈刚

① 考虑到 2004 年世界银行企业调查数据构造的城市层面政府管制指标与 2004 年上市企业创新活动、政企纽带、经营绩效的关系可能受到同年度城市层面遗漏变量的影响；并且各个城市的政府管制程度在 2004 ~ 2007 年可能发生了变化，特别是爆发于 2008 年的全球性金融危机可能会在很大程度上影响政府的管制行为及企业的经营活动。因此，我们还考虑只以 2005 ~ 2006 年在沪深两市上市的民营公司作为一个更“干净”的研究样本，发现本节的所有回归结果并没有发生实质性变化。

(2015) 则基于世界银行 2005 年的调查数据，用“公司与政府部门（包括税务、公安、环境、劳动和社会保障等部门）打交道的时间”来度量政府管制程度。胡永刚和石崇（2016）采用与陈刚（2015）类似的方法来度量政府对地区经济的扭曲水平。出于稳健性考虑，本节分别基于高管层面和公司层面与政府打交道的时间来构造城市的政府管制指标。

具体而言，基于世界银行 2005 年的中国企业调查数据，首先对过去 1 年企业高管平均每个月用于处理政府管制要求事项（如税收、清关、劳动保障、登记注册等政府管制，包括与政府官员打交道，报送各种表格、报告等）的天数，将其标准化为 $(R_i - R_{min})/(R_{max} - R_{min})$，使其取值介于 0 ~ 1，其中 R_i、R_{min} 和 R_{max} 分别为第 i 家企业的取值、样本最小值和最大值。然后，根据企业所在城市取城市层面的平均值，得到政府管制指标（*Reg*3），取值越大，表示政府管制程度越高。采用相同的方法，可以得到根据企业在过去 1 年与政府部门（包括税务、公安、环境、劳动和社会保障等部门）打交道（如接受检查、参加会议等）的总天数构建的政府管制指标（*Reg*4）。

（3）政府管制与企业创新：基于世行数据构造的政府管制指标。

基于新构造的政府管制指标（*Reg*3、*Reg*4）和研究样本，我们重新估计基准回归模型（4 - 1）。本部分所使用的创新变量依然为专利授权量的自然对数（*LnPatent*）和专利申请量的自然对数（*LnPatentA*）。企业层面以及城市层面的控制变量均与模型（4 - 1）相同，其中企业层面的控制变量采用滞后一期的做法。我们也同时控制了省会城市、直辖市、年度和行业固定效应的影响。表 4 - 17 汇报了政府管制与企业创新关系的 Tobit 回归结果。由于 Tobit 模型中解释变量的系数不直接具有边际效应含义，需要根据相应的调整因子对系数进行调整（Wooldridge，2010）。表 4 - 17 报告的是经过调整后的平均边际效应（APE）系数。在回归中，本节采用按城市和年度聚类修正的稳健性标准误，并经 Delta 转换得到边际效应系数的标准误，表 4 - 17 中报告的是由该标准误计算的 z - 统计量。

表 4 - 17 的第（1）和第（3）列以企业高管过去 1 年中平均每个月用于处理政府管制要求事项的天数（*Reg*3）作为政府管制的代理变量，在控制了其他因素的影响之后，*Reg*3 的边际效应系数均在 1% 的水平上显著为负（系数分别为 -0.278 和 -0.202），表明政府管制越高的地区，企业所获得的专利授权量和申请量越少。第（2）和第（4）列以企业在过去 1 年与政府部门打交道的总天数（*Reg*4）作为政府管制的代理变量，*Reg*4 的边际效应系数均在 1% 的水平上显著为负，表明政府管制程度越高，企业所获得的专利授权量和申请量越少。上述结果有力地证明了政府管制对企业创新活动的抑制作用，从而印证了表 4 - 5 的基准回归结果。

表 4-17　政府管制与企业创新：基于世行数据构造的政府管制指标

变量	LnPatent		LnPatentA	
	(1)	(2)	(3)	(4)
Reg3	-0.278*** (-2.79)		-0.202* (-1.90)	
Reg4		-0.267*** (-2.93)		-0.243** (-2.55)
LnSize	0.219*** (8.73)	0.221*** (8.91)	0.242*** (8.29)	0.243*** (8.43)
Lev	-0.368** (-2.43)	-0.363** (-2.38)	-0.354** (-2.27)	-0.349** (-2.22)
Roa	0.836** (2.04)	0.801* (1.95)	0.803* (1.88)	0.770* (1.80)
LnAge	-0.321*** (-4.42)	-0.337*** (-4.74)	-0.362*** (-4.81)	-0.376*** (-5.11)
HHI	-0.608 (-0.92)	-0.517 (-0.81)	-0.781 (-1.12)	-0.708 (-1.04)
CPXTA	0.285 (0.62)	0.268 (0.59)	0.486 (1.03)	0.447 (0.95)
TobinQ	0.064** (2.18)	0.061** (2.05)	0.066** (2.14)	0.063** (2.02)
Growth	-0.171*** (-2.79)	-0.167*** (-2.79)	-0.179*** (-2.80)	-0.176*** (-2.81)
Lnpop	-0.002 (-0.03)	-0.014 (-0.26)	-0.002 (-0.03)	-0.014 (-0.25)
GDP_growth	-1.451 (-1.16)	-0.989 (-0.77)	-0.492 (-0.36)	-0.081 (-0.06)
省会城市	Yes	Yes	Yes	Yes
直辖市	Yes	Yes	Yes	Yes
行业效应	Yes	Yes	Yes	Yes
年度效应	Yes	Yes	Yes	Yes
Pseudo R^2	0.211	0.211	0.213	0.215
No. of Obs.	1044	1044	1044	1044

注：表中报告的系数是边际效应系数。系数下方是根据城市—年度群聚调整的稳健性 z-统计量。*、**和***分别表示检验统计量在10%、5%和1%的水平统计显著。

（4）政府管制与企业的政企纽带：基于世行数据构造的政府管制指标。

基于世行数据构造的政府管制指标（*Reg*3、*Reg*4），我们重新检验了政府管制与企业的政企纽带关系，回归结果如表 4－18 所示。其中，第（1）和第（2）列以考虑企业所有高管政治背景的政企纽带指标（*PC_ all*）作为因变量，与预期相一致，政府管制变量 *Reg*3 和 *Reg*4 的系数估计值至少在 10% 的水平上显著为正。第（3）和第（4）列回归以只考虑 CEO 和董事长的政企纽带（*PC_ top*）作为因变量，*Reg*3 和 *Reg*4 的系数均在 1% 的水平上统计显著为正。未报告的结果显示，在以只考虑独立董事的政企纽带（*PC_ outd*）和具有政企纽带的高管占全部高管比例（*PC_ pcent*）作为因变量的回归结果中，*Reg*3 和 *Reg*4 的系数估计值都为正值但不具有显著性。上述结果表明，企业所在城市的政府管制越强，企业越有可能聘请有政治背景的高级管理人员与政府建立更为紧密的联系以寻求政府的帮助，从而与表 4－6 的结果基本一致。

表 4－18 政府管制与企业的政企纽带：基于世行数据构造的政府管制指标

变量	*PC_ all*		*PC_ top*	
	（1）	（2）	（3）	（4）
*Reg*3	0.044* (1.72)		0.118*** (3.41)	
*Reg*4		0.073*** (3.38)		0.090*** (2.74)
LnSize	0.021*** (4.49)	0.021*** (4.47)	0.035*** (5.00)	0.034*** (4.91)
Lev	0.040 (1.31)	0.038 (1.23)	0.010 (0.25)	0.008 (0.21)
Roa	0.222*** (2.84)	0.227*** (2.92)	0.383*** (3.42)	0.395*** (3.49)
LnAge	−0.062*** (−3.72)	−0.060*** (−3.67)	−0.107*** (−4.75)	−0.104*** (−4.54)
HHI	−0.082 (−0.54)	−0.083 (−0.53)	−0.575*** (−3.29)	−0.598*** (−3.33)
CPXTA	−0.053 (−0.45)	−0.039 (−0.33)	−0.045 (−0.29)	−0.046 (−0.30)
TobinQ	0.012** (2.17)	0.012** (2.24)	0.023*** (2.75)	0.023*** (2.74)

续表

变量	PC_ all		PC_ top	
	(1)	(2)	(3)	(4)
Growth	0.002 (0.25)	0.002 (0.26)	0.004 (0.44)	0.003 (0.34)
Lnpop	0.008 (0.76)	0.012 (1.16)	-0.027** (-1.99)	-0.025* (-1.71)
GDP_ growth	-1.443*** (-5.65)	-1.594*** (-6.39)	-1.458*** (-3.98)	-1.680*** (-4.59)
Constant	0.047 (0.32)	0.027 (0.19)	-0.063 (-0.34)	-0.023 (-0.12)
省会城市	Yes	Yes	Yes	Yes
直辖市	Yes	Yes	Yes	Yes
行业效应	Yes	Yes	Yes	Yes
年度效应	Yes	Yes	Yes	Yes
Pseudo R^2	0.116	0.120	0.136	0.135
No. of Obs.	1043	1043	1043	1043

注：系数下方是根据城市—年度群聚调整的稳健性统计量。*、** 和 *** 分别表示检验统计量在10%、5%和1%的水平统计显著。

（5）政府管制与企业经营绩效：基于世行数据构造的政府管制指标。

基于世行数据构造的政府管制指标（*Reg*3、*Reg*4），我们重新检验了政府管制与企业经营绩效的关系，回归结果如表4-19所示。从第（1）和第（2）列的估计结果可见，当用资产周转率（*Turnover*）度量企业绩效时，*Reg*3的系数估计值为-0.366，并在1%水平上显著；*Reg*4的系数为-0.196，并达到边际显著（*t*值为-1.52）。第（3）和第（4）列报告的是以资产收益率（*Roa*）度量企业经营绩效的回归结果，*Reg*3和*Reg*4的系数估计值为负值，但不显著。第（5）和第（6）列以全要素生产率（*TFP*）来度量企业经营绩效。结果显示，*Reg*3的系数为负并在10%水平上统计显著，*Reg*4的系数在1%的水平上统计显著为负值。综合以上回归结果我们发现，在控制了其他因素的影响之后，政府管制在平均意义上显著地降低了企业的经营绩效，具体表现为较低的资产周转率和较低的全要素生产率，与表4-8、表4-9和表4-10的回归结果基本一致。

表 4-19 政府管制与企业经营绩效：基于世行数据构造的政府管制指标

变量	*Turnover*		*Roa*		*TFP*	
	(1)	(2)	(3)	(4)	(5)	(6)
Reg3	-0.366 ***		-0.002		-0.115 *	
	(-2.82)		(-0.16)		(-1.96)	
Reg4		-0.196		-0.015		-0.136 ***
		(-1.52)		(-1.31)		(-2.70)
LnSize	0.159 ***	0.160 ***	0.009 ***	0.009 ***	0.169 ***	0.168 ***
	(8.36)	(8.46)	(2.70)	(2.68)	(11.66)	(11.65)
Lev	-0.159	-0.159	-0.040 **	-0.039 **	0.159 **	0.165 **
	(-1.57)	(-1.55)	(-2.27)	(-2.20)	(2.46)	(2.58)
LnAge	0.021	0.010	-0.027 ***	-0.027 ***	-0.034	-0.037
	(0.44)	(0.20)	(-3.16)	(-3.15)	(-0.82)	(-0.89)
HHI	-0.143	-0.058	0.026	0.025	-0.132	-0.117
	(-0.37)	(-0.15)	(0.35)	(0.33)	(-0.51)	(-0.44)
Volatility	-0.050	-0.047	-0.029 ***	-0.029 ***	-0.028	-0.028
	(-1.26)	(-1.21)	(-4.31)	(-4.34)	(-0.96)	(-0.98)
Cashflow	0.748 ***	0.747 ***	0.305 ***	0.304 ***	0.401 ***	0.392 ***
	(3.25)	(3.24)	(7.22)	(7.21)	(2.81)	(2.76)
LnPop	-0.052 *	-0.052	0.007 *	0.006	0.024	0.019
	(-1.70)	(-1.55)	(1.70)	(1.50)	(1.13)	(0.86)
GDP_ growth	-2.731 ***	-2.188 **	-0.201	-0.174	0.271	0.572
	(-3.50)	(-2.46)	(-1.31)	(-1.15)	(0.51)	(1.09)
Constant	0.085 **	0.074 *	-0.002	-0.003	-0.005	-0.013
	(2.05)	(1.69)	(-0.33)	(-0.49)	(-0.18)	(-0.48)
省会城市	Yes	Yes	Yes	Yes	Yes	Yes
直辖市	Yes	Yes	Yes	Yes	Yes	Yes
行业效应	Yes	Yes	Yes	Yes	Yes	Yes
年度效应	Yes	Yes	Yes	Yes	Yes	Yes
Pseudo R^2	0.211	0.204	0.239	0.239	0.391	0.392
No. of Obs.	1030	1030	1044	1044	1043	1043

注：系数下方是根据城市—年度群聚调整的稳健性统计量。*、** 和 *** 分别表示检验统计量在 10%、5% 和 1% 的水平统计显著。

4.4.9 更换样本：世界银行 2005 年中国企业调查样本

本部分利用世界银行 2005 年对我国 120 个代表性城市 12400 家工业企业的抽样调查数据，进一步验证政府管制对企业创新、政企纽带的影响。该调查数据提供了包括研发投入、企业与政府的关系、企业基本特征以及财务指标等较为完整的信息。在剔除国有控股企业及主要变量存在缺失的样本之后，共得到 10737 个企业观测值。

首先，与前文采用专利数量度量企业创新不同，本部分利用研发支出，从创新投入角度来捕捉企业的创新活动。参照李春涛和宋敏（2010），分别从研发决策（*RD_ dum*）和研发强度（*RD_ Sale*）两个方面来度量创新活动，变量的具体处理细节与前文相同。另外，当以 *RD_ dum* 为因变量时，采用 Probit 回归方法；当以 *RD_ Sale* 为因变量时，采用 Tobit 回归方法。参考现有文献（Lin et al.，2010，2011）并考虑数据的可得性，我们在回归中引入的控制变量包括：营业收入的自然对数（*LnSize*）；企业年龄的自然对数（*LnAge*）；市场势力（*MkShare*），等于企业主营业务收入占行业主营业务收入总额的比重；人力资本质量（*Labor*），用企业员工中拥有大学及以上学历的比例表示；销售利润率（*ROS*），等于企业利润总额除以销售收入；资本密集度（*Capintensity*），用企业固定资产净值与员工人数之比来表示；企业在金融机构是否具有透支额度（*Overdraft*），用于捕捉企业的融资约束，若有透支额度取 1，否则取 0。此外，我们还控制了行业固定效应，以及与模型（4－1）相同的城市特征变量。回归结果如表 4－20 所示，表中报告的系数均为经调整后的平均边际效应系数。从表中可知，不论因变量是研发决策（*RD_ dum*）还是研发强度（*RD_ Sale*），*Reg*3 和 *Reg*4 的系数都保持在 1% 的水平上统计显著为负，表明在政府管制越强的地区，企业的研发参与度越低，研发投资强度越弱，从而印证了表 4－5 中政府管制抑制企业创新活动的结果。

表 4－20 政府管制与企业创新：基于世行 2005 年的企业调查样本

变量	研发决策（*RD_ dum*）：Probit 回归		研发强度（*RD_ Sale*）：Tobit 回归	
	(1)	(2)	(3)	(4)
*Reg*3	−0.141*** (−3.66)		−0.340*** (−4.48)	
*Reg*4		−0.123*** (−3.30)		−0.200*** (−2.87)

续表

变量	研发决策（*RD_ dum*）：Probit 回归		研发强度（*RD_ Sale*）：Tobit 回归	
	(1)	(2)	(3)	(4)
LnSize	0.077 *** (14.94)	0.078 *** (15.92)	0.122 *** (9.18)	0.124 *** (9.22)
LnAge	−0.002 (−0.36)	−0.002 (−0.32)	−0.004 (−0.26)	−0.004 (−0.25)
MkShare	0.020 (1.07)	0.021 (1.14)	−0.060 ** (−2.09)	−0.056 ** (−2.00)
Labor	0.004 *** (13.03)	0.004 *** (13.27)	0.013 *** (9.59)	0.013 *** (9.66)
ROS	0.319 *** (5.41)	0.318 *** (5.40)	0.663 *** (4.04)	0.671 *** (4.04)
Capintensity	0.001 (0.16)	0.002 (0.31)	0.014 (0.75)	0.016 (0.87)
Overdraft	0.123 *** (10.67)	0.124 *** (10.50)	0.226 *** (7.32)	0.228 *** (7.29)
Lnpop	0.071 *** (6.23)	0.069 *** (6.14)	0.083 *** (3.08)	0.079 *** (2.98)
GDP_ growth	−0.004 * (−1.67)	−0.003 (−1.38)	−0.007 (−0.99)	−0.006 (−0.83)
省会城市	Yes	Yes	Yes	Yes
直辖市	Yes	Yes	Yes	Yes
行业效应	Yes	Yes	Yes	Yes
年度效应	Yes	Yes	Yes	Yes
Pseudo R^2	0.148	0.148	0.053	0.053
No. of Obs.	10737	10737	10737	10737

注：表中报告的系数为平均边际效应系数。系数下方是根据行业层面群聚调整的稳健性 z－统计量。*、** 和 *** 分别表示检验统计量在 10%、5% 和 1% 的水平统计显著。

其次，本节采用三个额外的指标来衡量企业与政府的关系：第一个指标为企业是否设立专门处理企业与政府关系的部门（*Grldep_ dum*），若设立该部门取 1，否则取 0；第二个指标为处理企业与政府关系部门的规模（*Grldep_ size*），用该部门员工人数加 1 的自然对数表示。第三个指标为企业差旅费和招待费支出与销售收入之比（*ETC*）。Cai 等（2011）采用招待费和差旅费作为企业寻租支出的代理变量，发现更高的 *ETC* 有助于企业获得更好的政府服务、更低的实际税率，但 *ETC* 也降低了企业的生产效率。黄玖立和李坤望（2013）则发现更高的招待费支出能帮助企业获得更多的政府订单和国有企业订单。如果更强的政府管制激励企业更多地通过与政府搞好关系从而获得竞争优势，则我们预期在政府管制越强的地区，企业越有可能设立专门处理与政府关系的部门，该部门员工的人数也越多，并且企业的寻租支出也越多。

重新估计的政府管制与政企纽带关系的回归结果如表 4－21 所示。在控制了营业收入的自然对数（*LnSize*）、企业年龄（*LnAge*）、销售利润率（*ROS*）、出口占销售收入比重（*Export*）、政府和国有企业订单占销售收入比重（*Stogov*），以及一系列的城市层面的特征变量后，*Reg*3 和 *Reg*4 的系数都一致地在 1% 的水平上统计显著为正值，从而验证本章的预期。

表 4－21　政府管制与政企纽带：基于世行 2005 年的企业调查样本

变量	*Grldep_ dum*		*Grldep_ size*		*ETC*	
	(1)	(2)	(3)	(4)	(5)	(6)
*Reg*3	1.098***		0.304***		0.286***	
	(11.85)		(9.63)		(3.80)	
*Reg*4		0.677***		0.229***		0.111*
		(5.48)		(6.45)		(1.80)
LnSize	0.097***	0.087***	0.061***	0.058***	−0.192***	−0.193***
	(8.16)	(6.43)	(14.96)	(13.12)	(−13.79)	(−14.56)
LnAge	−0.040***	−0.042***	−0.007	−0.007	0.004	0.004
	(−3.46)	(−3.57)	(−1.47)	(−1.56)	(0.21)	(0.21)
ROS	−0.126	−0.156	0.047	0.043	−1.556***	−1.571***
	(−0.95)	(−1.23)	(0.86)	(0.81)	(−6.78)	(−6.87)
Export	0.180***	0.173***	0.007	0.006	−0.339***	−0.341***
	(4.00)	(4.18)	(0.42)	(0.39)	(−4.15)	(−4.17)
Stogov	0.003***	0.004***	0.001***	0.001***	0.011***	0.012***
	(2.70)	(3.20)	(3.01)	(3.48)	(3.21)	(3.30)
Lnpop	−0.044	−0.024	−0.008	−0.003	−0.042	−0.039
	(−1.04)	(−0.60)	(−0.58)	(−0.25)	(−1.38)	(−1.30)
GDP_ growth	−0.027**	−0.029***	−0.006*	−0.007**	−0.006	−0.006
	(−2.36)	(−2.58)	(−1.86)	(−2.26)	(−0.79)	(−0.79)

续表

变量	*Grldep_ dum*		*Grldep_ size*		*ETC*	
	(1)	(2)	(3)	(4)	(5)	(6)
Constant	-1.201***	-0.833***	-0.453***	-0.375***	2.567***	2.703***
	(-5.43)	(-4.14)	(-4.89)	(-4.83)	(11.61)	(11.75)
省会城市	Yes	Yes	Yes	Yes	Yes	Yes
直辖市	Yes	Yes	Yes	Yes	Yes	Yes
行业效应	Yes	Yes	Yes	Yes	Yes	Yes
年度效应	Yes	Yes	Yes	Yes	Yes	Yes
Pseudo -/ Adjusted R^2	0.031	0.025	0.052	0.049	0.124	0.123
No. of Obs.	10741	10741	10744	10744	10744	10744

注：系数下方报告的是根据公司层面群聚调整的稳健性 t - 统计量。*、** 和 *** 分别表示检验统计量在 10%、5% 和 1% 的水平统计显著。

4.5　本章小结

中国经济由计划经济转变而来，政府掌控大量的经济资源及其处置权，如何正确处理政府与市场的关系成为长期困扰中国经济发展的核心难题。本章以 2003～2013 年中国上市公司为研究样本，实证考察了政府对经济资源的管制程度对企业创新行为的影响、作用机制及其经济后果。

第一，利用政府配置资源的比重（单位 GDP 对应的公务员数量的自然对数）来捕捉城市层面的政府管制程度，以专利授权量和专利申请量来度量企业的创新活动，考察政府管制对企业创新行为的影响。在控制了一系列影响企业创新行为的宏微观因素后，发现政府管制显著地抑制了企业的创新行为，政府管制程度提高 1 个标准差，将导致企业专利数量的自然对数平均下降 6.65%～7.10%。该结果强有力地证明，我国政府对经济资源的普遍性管制扭曲了企业家才能以及企业资源的配置，使得企业家更热衷于通过建立政企纽带等非生产性手段构建和维持政治关系而不是通过研发、创新等方式进行内部能力建设来获得竞争优势，从而挤掉创新等核心竞争力建设的投入，抑制了企业的创新行为。

第二，考察了政府管制影响企业创新的作用机制，具体检验了政府管制对企业政企纽带的影响，发现在政府管制越强的地区，企业与政府的纽带关系越为紧密，具体表现为企业更倾向于聘请具有政企纽带背景的人员担任董事长或CEO、高级管理人员和独立董事。该结果表明政府管制会导致企业通过建立政企纽带来进行响应，企业更倾向于通过政企纽带而不是技术创新获得竞争优势，从而使得企业与政府的纽带关系更为紧密。

第三，考察政府管制影响企业创新的经济后果，发现较高的政府管制降低了企业的创新能力，使得企业未来的核心竞争力和增长优势受损，从而显著地降低了企业的创新效率和经营绩效，表现为较低的全要素生产率（*TFP*）、较低的盈利能力和较低的资产周转率。

第四，进行其他的拓展性检验和稳健性检验。基于世界银行对中国企业2004年经营状况的调查数据构建城市层面的政府管制指标，本章进一步利用我国民营上市企业2004～2007年的样本数据和世界银行2005年中国企业调查样本验证了上述结论的稳健性，发现政府管制越强的地区，企业平均的创新投入越低，表现为较低的研发参与度和较弱的研发强度；并且在政府管制越强的地区，企业更有可能设立专门处理企业与政府关系的部门，该部门的规模越大，企业的寻租支出越多。

第5章　政府管制、反腐败与企业创新

5.1　引言

根据前文理论分析的逻辑，企业家才能（企业资源）的配置取决于企业家对生产性创新活动和非生产性寻租活动之间的相对报酬结构的权衡。在政府管制越强的地区，非生产性寻租活动的相对报酬越高，因而企业家更倾向于将更多的企业家才能（企业资源）配置于寻租而不是创新活动中，造成我国企业的创新激励严重不足。中共十八大以来，新一届政府以前所未有的高压态势打击官员腐败行为，一大批政府高官因腐败问题而被查处。在图5－1中，Nie等（2016）统计了2000～2015年因腐败问题被查处的副厅级以上官员数量。从图中可以看到，被查处官员数量在2013年后急剧上升，2014年和2015年甚至超过了2000～2010年的总和。反腐败的空前强化将在很大程度上切断政企纽带的利益链，意味着寻租的成本急剧上升。对企业而言，反腐败将改变企业家不同经济活动的相对报酬结构，寻租成本的上升将激励企业家将更多的才能及企业资源配置到创新性生产活动中，并且这种效应在反腐败之前寻租更严重的地区表现更为突出。

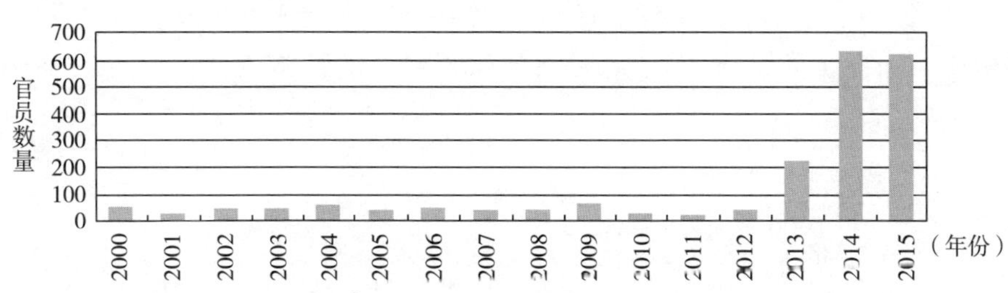

图5－1　2000～2015年因腐败被查处的副厅级以上官员数量（Nie等，2016）

因此，我们在这一章利用中国始于2013年的强力反腐败政策外生冲击，设计面板双重差分的计量识别策略来检验上述的作用机制。

具体而言，本章基于上市公司的样本数据，以2013年为事件开始年度，以2010~2015年为事件时间窗口，将所处城市（省份）政府管制较强（高于均值）的公司看作处理组（treatment group），将所处城市（省份）政府管制较弱（低于均值）的公司看作控制组（control group），设计倾向得分匹配和双重差分的计量识别策略（PSM+DID），通过比较处在政府管制强的地区的公司与处在政府管制弱的地区的公司在反腐败政策前后的创新水平差异变化（Difference in Difference）来识别和验证反腐败对企业创新的影响。

本章余下的结构安排为：第二部分为实证研究方案设计，包括数据说明、变量测度、计量模型的设定以及描述性统计；第三部分报告基准回归结果；第四部分为影响机制检验；第五部分为稳健性检验；第六部分对本章的主要发现做一个简要的总结。

5.2 研究设计与描述性统计

5.2.1 样本来源与数据说明

出于面板双重差分模型的设计需要，本章将考察的事件时间窗口设定为2013年反腐败政策实施前后各三年，即选取2010~2015年沪深两市上市公司为研究样本。本章所用的专利数据和公司层面的财务数据均来自CSMAR数据库，城市层面的GDP、公务员人数等数据来自于各个年份的《中国城市统计年鉴》。上市公司高管政治背景的数据根据Wind数据库记录的高管个人背景信息，并借助百度等搜索引擎手工收集整理而成。出于研究的需要，我们在样本筛选中剔除了金融保险行业、被ST以及主要变量有缺失的样本，并将样本约束成平衡面板数据。为消除极端异常值的影响，本章对所有连续变量都在前后1%水平上进行缩尾处理（Winsorize）。

5.2.2 变量定义

（1）创新变量。

本章度量创新产出的主要指标为公司当年申请并最终授权的专利数量（*Patent*），包括发明、实用新型和外观设计三种专利授权数量之和。同时，参考陈怡

欣等（2018）的做法，本章进一步采用发明专利和实用新型专利授权数量（*Patent*12）来捕捉企业创新活动的质量。为了更好地反映创新活动的长期性，本章在所有的回归分析中都采用专利变量领先一期的做法（Fang et al.，2014）。参照 He 和 Tian（2013）、Tian 和 Wang（2014），本章将缺失专利数据信息的样本赋值 0。为了克服专利数据的右偏性（right skewness），本章将领先一期的专利授权量加 1 再取自然对数（$LnPatent_{t+1}$和 $LnPatent12_{t+1}$）作为创新活动的最终代理变量。

（2）分组变量和事件变量。

企业无论从事于生产性创新活动还是非生产性寻租活动，都是针对特定的管制环境、法律制度等外部约束条件做出的策略性响应（杨其静，2011）。因此，为了更有效识别反腐败与企业创新活动的因果关系，本章直接从企业面临的政府管制环境出发，即根据企业所在地的政府管制程度定义组别哑变量（*TREAT*），将所处城市政府管制较强（高于均值）的公司看作处理组并赋值 1，将所处城市政府管制较弱（低于均值）的公司看作控制组并赋值 0。① 其中，本章主要利用政府配置资源的比重来度量政府管制（樊纲等，2011），以反腐败政策实施前一年（2012 年）的单位 GDP 对应的财政支出的自然对数来代理。政府管制越强意味着政府配置资源的比重越高，单位 GDP 对应的财政支出数量越多。同时，我们以始于 2013 年的反腐败政策冲击定义事件哑变量（*POST*），在反腐败政策实施之前（2010 ~ 2012 年）取值 0，在反腐败政策实施之后（2013 ~ 2015 年）取值 1。

（3）控制变量。

为了分离出反腐败对企业创新的净效应，本章参考已有文献的做法（He and Tian，2013；潘越等，2015；张杰等，2015；Luong et al.，2017），控制了一系列企业层面和城市层面的变量。这些控制变量包括：企业规模（*LnSize*）、财务杠杆比率（*Lev*）、盈利能力（*Roa*）、企业年龄（*LnAge*）、托宾 *Q* 值（*TobinQ*）、产品市场竞争程度（*HHI*）、城市 *GDP* 增长率（*GDP_ growth*）以及直辖市和省会城市虚拟变量。此外，本章还引入了年度和行业虚拟变量用于控制年度和行业固定效应的影响。其中，行业类别的划分依据证监会 2012 年发布的《上市公司行业分类指引》，制造业取两位行业代码，其余行业取一位行业代码。具体变量定义如表 5 - 1 所示。

① 本章也尝试采用中位数分组，实证结果不变。

表 5－1 主要变量的具体定义

变量	变量定义
$LnPatent_{t+1}$	公司 $t+1$ 年申请并最终授权的专利总数的自然对数 log（$Patent_{t+1}+1$），其中 $Patent_{t+1}$ 为企业 $t+1$ 年申请并最终授权的专利总数，包括发明专利、实用新型专利和外观设计专利三种类型
$LnPatent12_{t+1}$	企业创新质量指标，用公司 $t+1$ 年申请并最终授权的发明专利与实用新型专利数之和的自然对数 log（$Patent12_{t+1}+1$）来表示
TREAT	反腐败政策的分组哑变量，将所处城市政府管制较强（高于均值）的公司作为处理组并赋值 1，将所处城市政府管制较弱（低于均值）的公司作为控制组并赋值 0
POST	反腐败政策的事件哑变量，在反腐败政策实施之前（2010～2012 年）取值 0，在反腐败政策实施之后（2013～2015 年）取值 1
LnSize	企业规模，用公司年末总资产的自然对数表示
Lev	资产负债率，等于总负债除以总资产
Roa	资产收益率，等于净利润除以年初总资产
LnAge	企业年龄的自然对数
HHI	产品市场竞争指标，用所有上市企业营业收入行业占比的赫芬达尔指数来表示，*HHI* 越小，表示市场竞争程度越高
TobinQ	托宾 *Q* 值，等于公司年末市场价值除以重置成本。其中，年末市场价值等于年末流通股市值、非流通股账面价值（净资产）与负债账面价值之和；重置成本用年末总资产来代替
GDP_ growth	经济增长率，等于城市 *GDP* 的实际增长率

5.2.3 研究设计

本章利用中国始于 2013 年的强力反腐败政策作为外生冲击，设计面板双重差分的计量识别策略（DID，Difference－in－Difference）来检验反腐败对企业创新行为的影响。由于处理组和控制组在资产规模、财务杠杆比率、资产收益率和公司年龄等方面存在明显的差异，如果直接比较两者的创新产出可能出现样本选择性偏误问题（田轩和孟清扬，2018）。为此，本章参考已有的研究，进一步采用倾向得分匹配方法（PSM，Propensity Score Matching）配对控制组的样本。具体地，我们把反腐败政策实施前一年（2012 年）的公司财务数据作为协变量，构建 logit 模型估计每家公司的倾向得分（Propensity Score）。为了确保所有可能影响企业创新行为的变量在处理组和控制组之间没有显著差异，我们参照 De-Fond 等（2014）、钟覃琳和陆正飞（2018）的做法，把本章的公司层面控制变量都作为协变量放入 logit 回归中。同时，参照 Luong 等（2017），我们还把反腐败政策实施之前的三年（2010～2012年）专利平均增长率（*Patent_ growth*）加入logit回归中，以确保双重差分模型的“平行趋势假设”条件得到满足。然后，我们根据logit估计的倾向得分对处理组和实验组进行1:1近邻无放回的匹配，最终得到处理组和控制组企业各485个，总计获得970个配对成功的企业样本。

表5-2给出了配对样本中各个协变量的平衡性检验结果。从中可以看出，在反腐败政策实施前一年，各个协变量的均值在处理组和控制组之间均没有显著性差异，说明匹配后的样本有效地缓解了潜在的选择性偏差问题。更为重要的是，反腐败政策实施之前的三年专利平均增长率（*Patent_ growth*）的均值在处理组和控制组之间并无显著差异，从而满足了双重差分模型的“平行趋势假设”条件。

表5-2 协变量平衡性检验

变量	实验组	控制组	差异	T检验	P值
LnSize	22.317	22.205	0.112	1.300	0.193
Lev	0.454	0.447	0.008	0.560	0.575
Roa	0.043	0.043	0.001	0.250	0.800
LnAge	2.613	2.600	0.013	0.480	0.634
HHI	0.085	0.078	0.007	0.890	0.373
TobinQ	1.417	1.451	-0.034	-0.450	0.649
Patent_ growth	0.162	0.187	-0.025	-1.100	0.271

为了检验反腐败与企业创新行为的关系，本章设定如下面板双重差分估计模型：

$$Innovation_{i,t+1} = \beta_0 + \beta_1 TREAT_{i,t} + \beta_2 POST_{i,t} + \beta_3 TREAT_{i,t} \times POST_{i,t} + \sum_k \varphi_k CONTROL_{i,t}^{(k)} + YearDum + IndustryDum + \xi_{i,t} \quad (5-1)$$

其中，下标i和t分别表示公司和年份。*Innovation*表示企业的创新活动，用$LnPatent_{t+1}$和$LnPatent12_{t+1}$来代理。*TREAT*为分组哑变量，*POST*为事件时点哑变量，$CONTROL^{(k)}$为第k个控制变量，ξ为随机误差项。我们最为关注的是交乘项$TREAT \times POST$的系数β_3（也称双重差分项），该系数可以表示为：

$$\beta_3 = \{E[Innovation_{t+1} \mid TREAT_t = 1, POST_t - 1, \Phi_t] - E[Innovation_{t+1} \mid TREAT_t = 0, POST_t = 1, \Phi_t]\} - \{E[Innovation_{t+1} \mid TREAT_t = 1, POST_t = 0, \Phi_t] - E[Innovation_{t+1} \mid TREAT_t = 0, POST_t = 0, \Phi_t]\} \quad (5-2)$$

其中，Φ 为控制变量集。由式（5－2）可知，β_3 实际上通过对比处理组公司与控制组公司在事件前后的相对距离来排除其他因素的干扰从而分离出外生政策冲击的净效应，即它可以捕捉到相对于所处城市政府管制较弱的公司（控制组），反腐败政策实施对所处城市政府管制较强的公司（处理组）创新产出的影响。根据前文的分析，我们预期 $\beta_3>0$。

5.2.4 描述性统计

表5－3列示了匹配样本中主要变量的描述性统计结果。在2010～2015年，样本公司每年的平均专利授权数量为22.8个，中位数为0，说明专利数量是右偏的。未报告的结果显示，样本公司中共有2818个公司—年观测（占48.42%）的专利授权数量大于0。其他控制变量中，样本公司平均总资产的自然对数为22.32，平均资产负债率为45.3%，平均资产收益率为4.4%，托宾 Q 均值为2.03，各个城市GDP的年均真实增长率为11.8%。

表5－3　主要变量描述性统计

变量	样本量	均值	标准差	最小值	25%分位数	中位数	75%分位数	最大值
Patent	5820	22.800	126.700	0.000	0.000	0.000	8.000	2986.000
*Patent*12	5820	19.200	113.900	0.000	0.000	0.000	7.000	2980.000
TREAT	5820	0.500	0.500	0.000	0.000	0.500	1.000	1.000
POST	5820	0.500	0.500	0.000	0.000	0.500	1.000	1.000
LnSize	5820	22.320	1.352	19.080	21.350	22.100	23.100	26.130
Lev	5820	0.453	0.216	0.051	0.283	0.456	0.620	1.492
Roa	5820	0.044	0.057	－0.317	0.015	0.038	0.071	0.213
LnAge	5820	2.634	0.435	0.000	2.485	2.708	2.944	3.258
HHI	5820	0.078	0.113	0.009	0.014	0.026	0.071	0.508
TobinQ	5820	2.034	1.834	0.165	0.798	1.501	2.642	11.680
GDP_ growth	5820	0.118	0.056	0.000	0.078	0.105	0.157	0.441

5.3 基准回归结果

表5－4报告了反腐败对企业创新活动影响的基准回归结果。第（1）列以专

利授权总量（*LnPatent*）为因变量，在控制了一系列企业层面和城市层面的影响因素之后，交乘项（*TREAT* × *POST*）的系数估计值为 0. 146，并且在 1% 水平上统计显著（*t* 统计值为 2. 85）。该结果隐含的经济含义为，相比于那些处于政府管制较弱地区的公司，处于政府管制较强地区公司的平均专利授权量在受到反腐败政策冲击后提高了 14. 6%。在以创新质量（*LnPatent*12）为因变量的第（2）列回归中也得到了类似的结论。上述结果提供的证据表明，强有力的反腐败政策在很大程度上削弱了企业谋求非生产性寻租活动的内在激励，营造了激励创新的报酬结构，从而激励企业家将更多的才能及企业资源重新配置到创新性生产活动中并促进了企业的创新活动，验证了本书的研究假设 H2。

表 5 – 4　反腐败与企业创新

变量	$LnPatent_{t+1}$	$LnPatent12_{t+1}$
	(1)	(2)
TREAT × *POST*	0. 146 ***	0. 145 ***
	(2. 85)	(2. 74)
TREAT	– 0. 452 ***	– 0. 474 ***
	(– 4. 86)	(– 5. 19)
POST	0. 970 ***	0. 957 ***
	(13. 08)	(12. 82)
LnSize	0. 257 ***	0. 297 ***
	(6. 56)	(6. 69)
Lev	– 0. 182	– 0. 184
	(– 0. 95)	(– 0. 94)
Roa	3. 085 ***	2. 691 ***
	(5. 76)	(4. 87)
LnAge	– 0. 367 ***	– 0. 323 ***
	(– 4. 11)	(– 3. 64)
HHI	– 0. 997	– 0. 072
	(– 1. 52)	(– 0. 11)
TobinQ	– 0. 031	– 0. 044 **
	(– 1. 59)	(– 2. 47)
GDP_growth	– 0. 104	0. 135
	(– 0. 15)	(0. 20)

续表

变量	$LnPatent_{t+1}$	$LnPatent12_{t+1}$
	(1)	(2)
Constant	-4.177***	-5.147***
	(-4.29)	(-4.76)
省会/直辖市	Yes	Yes
行业固定效应	Yes	Yes
年度固定效应	Yes	Yes
R-squared	0.417	0.419
No. of Obs.	5820	5820

注：系数下方报告的是根据公司层面聚类调整的稳健性 t-统计量。*、** 和 *** 分别表示检验统计量在 10%、5% 和 1% 的水平统计显著。

在控制变量中，企业规模（*LnSize*）、资产收益率（*Roa*）和公司年龄（*LnAge*）与创新变量的关系，与现有文献的发现相一致（潘越等，2015；Luong et al.，2017）。其中，企业规模（*LnSize*）与企业创新显著正相关，说明规模越大的公司越具有资源优势用于研发投入并获得更多的专利产出；资产收益率（*Roa*）与企业创新显著正相关，表明盈利能力越强的公司创新能力越强；公司年龄（*LnAge*）系数显著为负，表明越年轻的公司越具有创新活力与动力。

5.4 影响机制

5.4.1 政企纽带渠道

企业在政府管制环境下积极建立政企纽带关系的背后往往存在着利益输送（余明桂等，2010；王健忠和高明华，2017）。根据前文理论分析的逻辑，反腐败的空前强化将会在很大程度上切断这些政企纽带的利益链，意味着寻租的成本急剧上升，从而激励企业家将更多的才能及企业资源重新配置到创新性生产活动中。因此，本章预期反腐败对企业创新的正面促进效应在反腐败之前面临政府管制程度更高、政企纽带更严重的企业中表现更为突出。

为了考察反腐败是否通过政企纽带影响企业的创新活动，本章参照 Fan 等（2007）、于蔚等（2012），采用按所有企业高管的政治背景进行打分的方式得到

每年每个企业的政企纽带得分（PC_all），[①] 并将其进一步细分为只考虑独立董事的政企纽带（PC_outd）。[②] 然后按照反腐败政策实施前一年政企纽带得分的中位数将样本分为高政企纽带组和低政企纽带组，进行分组检验。[③]

表5-5给出了按政企纽带分组所得到的回归结果。其中，第（1）、第（2）和第（5）、第（6）列以考虑企业所有高管政治背景的政企纽带指标（PC_all）作为分组变量，在高政企纽带样本组中，交乘项（$TREAT \times POST$）系数为正值，并都在1%水平上统计显著；在低政企纽带样本组中，交乘项（$TREAT \times POST$）系数为正值但都不显著，两组系数差异在5%水平上通过了显著性检验。第（3）、第（4）、第（7）、第（8）列以只考虑独立董事的政企纽带（PC_outd）作为分组变量，发现独立董事的政企纽带得分较高组的交乘项系数都在1%水平上显著为正，独立董事政企纽带得分较低组的交乘项系数为正值但都不显著，两组系数差异在5%水平上通过了显著性检验。以上结果表明，反腐败政策的实施在很大程度上切断了那些处于政府管制较强地区的公司的政企纽带利益链，特别是独立董事的政企纽带利益链，从而激励了企业家将更多的才能及企业资源由寻租活动重新配置到创新性生产活动中并获得了更高的创新产出。

表5-5　政企纽带渠道

变量	$LnPatent_{t+1}$				$LnPatent12_{t+1}$			
	$PC\_all=1$	$PC\_all=0$	$PC\_outd=1$	$PC\_outd=0$	$PC\_all=1$	$PC\_all=0$	$PC\_outd=1$	$PC\_outd=0$
	(1)	(2)	(3)	(4)	(5)	(6)	(7)	(8)
$TREAT \times POST$	0.235***	0.035	0.210***	0.085	0.225***	0.045	0.217***	0.079
	(3.37)	(0.47)	(2.91)	(1.16)	(3.09)	(0.58)	(2.88)	(1.07)
$TREAT$	-0.369***	-0.542***	-0.496***	-0.426***	-0.394***	-0.554***	-0.510***	-0.459***
	(-2.98)	(-3.88)	(-3.81)	(-3.23)	(-3.16)	(-4.21)	(-4.06)	(-3.52)
$POST$	-0.264***	-0.062	-0.191***	-0.139**	-0.316***	-0.114*	-0.253***	-0.187***
	(-4.87)	(-1.05)	(-3.46)	(-2.42)	(-5.84)	(-1.90)	(-4.51)	(-3.25)
$LnSize$	0.267***	0.275***	0.278***	0.232***	0.313***	0.291***	0.312***	0.279***
	(5.25)	(4.52)	(5.26)	(3.89)	(5.35)	(4.55)	(5.31)	(4.16)

① 具体处理细节与第4章相同。

② 由于企业可以自主选择独立董事，因而独立董事的政企纽带更为直接地反映企业寻求政治联系的意图。

③ 本书也尝试按均值分组回归，发现研究结论并未改变。

续表

变量	$LnPatent_{t+1}$				$LnPatent12_{t+1}$			
	PC_ all = 1	PC_ all = 0	PC_ outd = 1	PC_ outd = 0	PC_ all = 1	PC_ all = 0	PC_ outd = 1	PC_ outd = 0
	(1)	(2)	(3)	(4)	(5)	(6)	(7)	(8)
Lev	-0.220	-0.232	-0.650**	0.177	-0.244	-0.176	-0.692**	0.214
	(-0.81)	(-0.89)	(-2.28)	(0.71)	(-0.86)	(-0.67)	(-2.40)	(0.83)
Roa	2.312***	3.260***	2.803***	3.206***	2.165***	2.866***	2.657***	2.719***
	(2.86)	(4.55)	(3.37)	(4.81)	(2.60)	(3.90)	(3.15)	(3.86)
LnAge	-0.201	-0.519***	-0.219	-0.502***	-0.145	-0.477***	-0.161	-0.463***
	(-1.49)	(-4.54)	(-1.54)	(-4.48)	(-1.07)	(-4.31)	(-1.20)	(-3.96)
HHI	-0.300	-1.647	-0.303	-1.815*	0.218	-0.286	0.243	-0.462
	(-0.39)	(-1.51)	(-0.37)	(-1.72)	(0.25)	(-0.27)	(0.28)	(-0.43)
TobinQ	0.015	-0.046**	-0.017	-0.041*	-0.024	-0.047**	-0.054	-0.041*
	(0.41)	(-2.09)	(-0.46)	(-1.86)	(-0.69)	(-2.23)	(-1.60)	(-1.95)
GDP_ growth	-0.783	0.521	0.775	-1.016	-0.049	0.252	1.360	-1.049
	(-0.81)	(0.56)	(0.85)	(-1.03)	(-0.05)	(0.27)	(1.52)	(-1.04)
Constant	-5.160***	-2.313	-4.986***	-3.645***	-6.105***	-3.437**	-5.915***	-4.917***
	(-3.94)	(-1.59)	(-3.97)	(-2.64)	(-4.15)	(-2.32)	(-4.30)	(-3.18)
省会/直辖市	Yes	Yes	Yes	Yes	Yes	Yes	Yes	Yes
行业固定效应	Yes	Yes	Yes	Yes	Yes	Yes	Yes	Yes
年度固定效应	Yes	Yes	Yes	Yes	Yes	Yes	Yes	Yes
R-squared	0.431	0.422	0.444	0.403	0.435	0.425	0.454	0.400
No. of Obs.	3126	2694	2868	2952	3126	2694	2868	2952

注：系数下方报告的是根据公司层面聚类调整的稳健性 t - 统计量。*、**和***分别表示检验统计量在10%、5%和1%的水平统计显著。

5.4.2 寻租支出渠道

根据前文理论分析的逻辑，高度管制的经济环境改变了企业家对生产性创新活动和非生产性寻租活动之间的相对报酬结构权衡，激励企业家更多地通过与政府搞好关系来获得竞争优势。然而，强有力的反腐败政策将导致企业的寻租成本急剧上升，在很大程度上削弱了企业家谋求政企纽带以便进行非生产性寻租活动的内在激励，从而迫使企业家将更多的才能及企业资源由寻租活动重新配置到创新性生产活动中。因此，本章预期反腐败对企业创新的正面促进效应将在反腐败

之前面临政府管制程度更高、寻租活动更严重的企业表现更为突出。

本章参照 Cai 等（2011）、黄玖立和李坤望（2013），采用企业差旅费和招待费支出与销售收入之比（*ETC*）来衡量企业的寻租支出活动，并按反腐败政策实施前一年寻租支出 *ETC* 的中位数将样本分为高寻租支出和低寻租支出两组，进行分组检验。表 5－6 给出了按寻租支出分组的回归结果。其中，第（1）和第（2）列以专利授权总量（*LnPatent*）为因变量，在高寻租支出样本组中，交乘项（*TREAT* × *POST*）的系数为 0.235，并在 1% 水平上统计显著；在低寻租支出样本组中，交乘项（*TREAT* × *POST*）的系数为正值但不显著。两组交乘项系数差异在 5% 水平上通过了显著性检验，表明面临政府管制程度较高、寻租支出更为严重的企业在反腐败政策实施后专利授权量显著提高了 23.5%。在以创新质量（*LnPatent12*）为因变量的回归（3）和回归（4）中也得到了类似结论。以上结果提供的证据表明，反腐败政策的空前强化极大地提高了企业的寻租成本，削弱了企业家谋求非生产性寻租活动的内在激励，从而激励企业家将更多的才能及企业资源重新配置到创新性生产活动中并获得了更高的创新产出。

表 5－6　寻租支出渠道

变量	$LnPatent_{t+1}$		$LnPatent12_{t+1}$	
	ETC = 1	*ETC* = 0	*ETC* = 1	*ETC* = 0
	(1)	(2)	(3)	(4)
TREAT × *POST*	0.235***	0.082	0.209**	0.098
	(2.86)	(1.23)	(2.56)	(1.40)
TREAT	−0.584***	−0.410***	−0.631***	−0.424***
	(−4.08)	(−3.27)	(−4.70)	(−3.38)
POST	−0.362***	−0.118**	−0.408***	−0.186***
	(−3.16)	(−2.34)	(−3.58)	(−3.60)
LnSize	0.189***	0.280***	0.200***	0.330***
	(2.77)	(5.92)	(2.86)	(6.09)
Lev	0.099	−0.376	0.161	−0.410
	(0.36)	(−1.47)	(0.60)	(−1.57)
Roa	4.765***	2.079***	4.329***	1.813**
	(6.05)	(2.88)	(5.32)	(2.48)
LnAge	−0.424***	−0.313**	−0.352***	−0.289**
	(−3.75)	(−2.36)	(−2.92)	(−2.25)

续表

变量	$LnPatent_{t+1}$		$LnPatent12_{t+1}$	
	$ETC=1$	$ETC=0$	$ETC=1$	$ETC=0$
	(1)	(2)	(3)	(4)
HHI	-0.282 (-0.32)	-2.858*** (-2.61)	0.747 (0.84)	-2.127* (-1.91)
TobinQ	-0.053** (-1.98)	-0.013 (-0.45)	-0.062** (-2.53)	-0.032 (-1.19)
GDP_ growth	-0.552 (-0.53)	0.475 (0.54)	-0.426 (-0.40)	0.784 (0.88)
Constant	-0.566 (-0.39)	-3.124*** (-2.73)	-1.131 (-0.75)	-4.352*** (-3.41)
省会/直辖市	Yes	Yes	Yes	Yes
行业固定效应	Yes	Yes	Yes	Yes
年度固定效应	Yes	Yes	Yes	Yes
R-squared	0.403	0.439	0.402	0.440
No. of Obs.	2268	3552	2268	3552

注：系数下方报告的是根据公司层面聚类调整的稳健性 t-统计量。*、** 和 *** 分别表示检验统计量在 10%、5% 和 1% 的水平统计显著。

5.4.3 产权性质的影响

本部分进一步从产权性质角度考察反腐败与企业创新关系的异质性。相比于民营企业，国有企业与政府具有天然的政治联系；更为重要的是，我国的政府管制通常表现出很强的所有制歧视特征（杨其静，2010），大量的管制措施实质上是为了保护国有企业。因此，反腐败政策的空前强化并不会增大国有企业的创新压力，甚至过多的政府补贴反而会抑制国有企业的创新动机并使得研发支出规模下降（高宏伟，2011）。相反，民营企业通过与政府搞好关系而建立起来的政企纽带更多是出于寻租目的（余明桂等，2010）。在反腐败政策的高压态势下，这种政企纽带的利益链在很大程度上会被切断，使得企业寻租的成本急剧上升，从而激励民营企业家将更多的才能及企业资源配置到创新性生产活动中。因此，我们预期反腐败对企业创新的促进作用在民营企业中更为显著。

表 5-7 汇报了按产权性质分组的回归结果。其中，第（1）和第（2）列以专利授权总量（*LnPatent*）为因变量，民营企业组的交乘项系数在 5% 水平上显

著为正，而国有企业组的交乘项系数为正值但不具有统计显著性，两者间的差异在 10% 水平上通过显著性检验。在以创新质量（*LnPatent*12）为因变量的回归（3）和回归（4）中也得到了类似结论。这一结果验证了我们的预期，即反腐败对企业创新的促进作用在民营企业中更为显著。

表 5－7　产权性质的影响

变量	$LnPatent_{t+1}$		$LnPatent12_{t+1}$	
	民营企业	国有企业	民营企业	国有企业
	(1)	(2)	(3)	(4)
TREAT × POST	0. 162 **	0. 057	0. 130 *	0. 065
	(2. 10)	(0. 81)	(1. 67)	(0. 89)
TREAT	－0. 667 ***	－0. 150	－0. 627 ***	－0. 226 *
	(－5. 27)	(－1. 13)	(－5. 19)	(－1. 69)
POST	－0. 192 ***	－0. 114 **	－0. 252 ***	－0. 156 ***
	(－3. 37)	(－2. 05)	(－4. 46)	(－2. 74)
LnSize	0. 273 ***	0. 289 ***	0. 267 ***	0. 336 ***
	(4. 36)	(5. 90)	(3. 94)	(5. 90)
Lev	－0. 088	－0. 271	0. 111	－0. 414
	(－0. 34)	(－0. 98)	(0. 44)	(－1. 43)
Roa	3. 271 ***	2. 563 ***	3. 176 ***	2. 027 **
	(4. 76)	(3. 22)	(4. 59)	(2. 46)
LnAge	－0. 477 ***	－0. 118	－0. 400 ***	－0. 123
	(－4. 52)	(－0. 75)	(－3. 92)	(－0. 76)
HHI	－0. 901	－1. 766 *	0. 457	－1. 697 *
	(－1. 04)	(－1. 74)	(0. 52)	(－1. 66)
TobinQ	－0. 037	0. 004	－0. 045 **	－0. 025
	(－1. 52)	(0. 11)	(－2. 03)	(－0. 76)
GDP_ growth	－1. 014	0. 655	－0. 995	1. 065
	(－0. 99)	(0. 73)	(－1. 00)	(1. 15)
Constant	－2. 592 *	－4. 288 ***	－3. 067 *	－5. 204 ***
	(－1. 65)	(－3. 17)	(－1. 84)	(－3. 38)
省会/直辖市	Yes	Yes	Yes	Yes
行业固定效应	Yes	Yes	Yes	Yes
年度固定效应	Yes	Yes	Yes	Yes

续表

变量	$LnPatent_{t+1}$		$LnPatent12_{t+1}$	
	民营企业	国有企业	民营企业	国有企业
	(1)	(2)	(3)	(4)
$R-squared$	0.429	0.427	0.434	0.429
No. of Obs.	2616	3204	2616	3204

注：系数下方报告的是根据公司层面聚类调整的稳健性 t - 统计量。*、** 和 *** 分别表示检验统计量在 10%、5% 和 1% 的水平统计显著。

5.5 稳健性检验

为了检验上述研究结果的可靠性，本章进行了一系列的稳健性测试。

5.5.1 全样本回归结果

为了确保回归结果不受样本选择的影响，我们使用全样本数据重新检验了反腐败与企业创新关系的基准回归结果及其潜在影响渠道。从表 5-8 的 Panel A 可以看出，交乘项（$TREAT \times POST$）的系数至少在 10% 的水平上显著为正，从而印证了表 5-4 中反腐败促进企业创新的结果。Panel B 重新检验了政企纽带渠道，发现高政企纽带样本组的交乘项系数至少在 10% 的水平上显著为正，低政企纽带样本组的交乘项系数为正值但都不显著，从而印证了表 5-5 的回归结果。Panel C 重新检验了寻租支出渠道，发现高寻租支出样本组的交乘项系数至少在 10% 的水平上显著为正，低寻租支出样本组的交乘项系数为正值但不显著，从而印证了表 5-6 的回归结果。

表 5-8　全样本回归结果

Panel A：反腐败与企业创新		
变量	$LnPatent_{t+1}$	$LnPatent12_{t+1}$
	(1)	(2)
$TREAT \times POST$	0.085**	0.082*
	(1.97)	(1.87)

续表

Panel A：反腐败与企业创新		
变量	$LnPatent_{t+1}$	$LnPatent12_{t+1}$
	(1)	(2)
TREAT	-0. 298***	-0. 311***
	(-3. 84)	(-4. 12)
POST	-0. 135**	-0. 210***
	(-2. 34)	(-3. 69)
LnSize	0. 260***	0. 279***
	(8. 67)	(8. 40)
Lev	-0. 201	-0. 197
	(-1. 56)	(-1. 54)
Roa	2. 375***	1. 994***
	(5. 99)	(5. 00)
LnAge	-0. 377***	-0. 340***
	(-5. 93)	(-5. 55)
HHI	-0. 769	0. 004
	(-1. 36)	(0. 01)
TobinQ	-0. 006	-0. 013
	(-0. 40)	(-1. 01)
GDP_ growth	-0. 208	-0. 189
	(-0. 40)	(-0. 37)
Constant	-4. 238***	-4. 837***
	(-5. 75)	(-6. 00)
省会/直辖市	Yes	Yes
行业固定效应	Yes	Yes
年度固定效应	Yes	Yes
R - squared	0. 403	0. 406
No of Obs.	9312	9312

续表

Panel B：政企纽带渠道

变量	$LnPatent_{t+1}$				$LnPatent12_{t+1}$			
	PC_ all =1	PC_ all =0	PC_ outd =1	PC_ outd =0	PC_ all =1	PC_ all =0	PC_ outd =1	PC_ outd =0
	(1)	(2)	(3)	(4)	(5)	(6)	(7)	(8)
TREAT × POST	0.154***	0.000	0.117*	0.053	0.124**	0.026	0.113*	0.052
	(2.72)	(0.00)	(1.95)	(0.86)	(2.12)	(0.40)	(1.87)	(0.83)
TREAT	-0.255**	-0.333***	-0.294***	-0.310***	-0.244**	-0.355***	-0.317***	-0.320***
	(-2.44)	(-2.85)	(-2.65)	(-2.86)	(-2.37)	(-3.25)	(-2.95)	(-3.05)
POST	-0.155***	-0.056	-0.096**	-0.110***	-0.196***	-0.102**	-0.153***	-0.143***
	(-4.00)	(-1.31)	(-2.33)	(-2.75)	(-5.14)	(-2.53)	(-3.94)	(-3.65)
LnSize	0.271***	0.280***	0.278***	0.247***	0.306***	0.280***	0.293***	0.276***
	(6.42)	(6.11)	(6.65)	(5.42)	(6.48)	(5.92)	(6.46)	(5.40)
Lev	-0.351*	-0.101	-0.608***	0.119	-0.400**	-0.047	-0.621***	0.127
	(-1.89)	(-0.58)	(-3.21)	(0.67)	(-2.13)	(-0.28)	(-3.29)	(0.72)
Roa	2.174***	2.398***	2.116***	2.538***	1.726***	2.086***	1.761***	2.122***
	(3.56)	(4.66)	(3.43)	(5.00)	(2.81)	(4.03)	(2.85)	(4.12)
LnAge	-0.297***	-0.423***	-0.296***	-0.452***	-0.222**	-0.422***	-0.250***	-0.419***
	(-3.22)	(-4.81)	(-3.04)	(-5.45)	(-2.51)	(-4.96)	(-2.77)	(-5.03)
HHI	-0.343	-1.202	-0.380	-1.303	0.086	-0.070	-0.023	-0.099
	(-0.51)	(-1.30)	(-0.54)	(-1.48)	(0.12)	(-0.08)	(-0.03)	(-0.11)
TobinQ	0.009	-0.011	0.000	-0.014	-0.003	-0.018	-0.015	-0.016
	(0.35)	(-0.64)	(0.00)	(-0.77)	(-0.11)	(-1.11)	(-0.76)	(-0.90)
GDP_ growth	-0.689	0.294	0.386	-0.763	-0.442	0.153	0.480	-0.768
	(-0.92)	(0.42)	(0.54)	(-1.01)	(-0.60)	(0.22)	(0.70)	(-1.02)
Constant	-3.388***	-3.264***	-3.537***	-3.616***	-4.404***	-3.801***	-4.004***	-4.589***
	(-2.99)	(-2.83)	(-3.30)	(-3.49)	(-3.57)	(-3.25)	(-3.55)	(-3.98)
省会/直辖市	Yes	Yes	Yes	Yes	Yes	Yes	Yes	Yes
行业固定效应	Yes	Yes	Yes	Yes	Yes	Yes	Yes	Yes
年度固定效应	Yes	Yes	Yes	Yes	Yes	Yes	Yes	Yes
R - squared	0.409	0.412	0.412	0.404	0.419	0.414	0.425	0.399
No. of Obs.	4914	4398	4614	4698	4914	4398	4614	4698

续表

变量	Panel C：寻租支出渠道			
	$LnPatent_{t+1}$		$LnPatent12_{t+1}$	
	$ETC=1$	$ETC=0$	$ETC=1$	$ETC=0$
	(1)	(2)	(3)	(4)
TREAT × POST	0.139**	0.050	0.117*	0.061
	(2.03)	(0.90)	(1.75)	(1.06)
TREAT	−0.393***	−0.256**	−0.450***	−0.249**
	(−3.50)	(−2.36)	(−4.29)	(−2.31)
POST	0.855***	−0.061*	0.831***	−0.117***
	(6.50)	(−1.68)	(6.55)	(−3.35)
LnSize	0.244***	0.271***	0.238***	0.302***
	(4.54)	(7.27)	(4.32)	(7.18)
Lev	0.084	−0.375**	0.129	−0.394**
	(0.46)	(−2.09)	(0.74)	(−2.17)
Roa	2.515***	2.276***	2.249***	1.937***
	(4.68)	(3.97)	(4.22)	(3.37)
LnAge	−0.422***	−0.348***	−0.376***	−0.319***
	(−4.67)	(−3.88)	(−4.19)	(−3.75)
HHI	0.333	−2.551***	1.281*	−2.088**
	(0.43)	(−2.81)	(1.67)	(−2.24)
TobinQ	−0.009	−0.004	−0.020	−0.013
	(−0.47)	(−0.19)	(−1.16)	(−0.65)
GDP_ growth	−1.306	0.379	−1.206	0.365
	(−1.60)	(0.57)	(−1.47)	(0.57)
Constant	−3.855***	−4.166***	−3.889***	−5.038***
	(−2.90)	(−4.72)	(−2.86)	(−5.13)
省会/直辖市	Yes	Yes	Yes	Yes
行业固定效应	Yes	Yes	Yes	Yes
年度固定效应	Yes	Yes	Yes	Yes
R − squared	0.396	0.418	0.401	0.421
No. of Obs.	3714	5598	3714	5598

注：系数下方报告的是根据公司层面聚类调整的稳健性 t − 统计量。*、** 和 *** 分别表示检验统计量在 10%、5% 和 1% 的水平统计显著。

5.5.2 其他稳健性检验

为确保基准回归结果的稳健性，本章还进行了其他稳健性检验：①采用公司固定效应模型（firm fixed effects）。尽管本章在基准回归模型中放入了一系列企业层面和城市层面的控制变量并控制了行业和年度固定效应，但企业层面的个体异质性以及不随时间变化的其他遗漏变量也可能会导致系数估计有偏且不一致。为了缓解遗漏变量的问题，我们进一步采用公司固定效应模型控制公司层面不可观测的个体异质性的影响。②采用不同的政府管制变量划分处理组和控制组。为确保本章的回归结果不受处理组和控制组划分方法选择的影响，我们进一步采用人均财政支出度量政府管制，重新划分处理组和控制组。③考虑到专利授权数量的非负和计数性质，我们参考 Fang 等（2014）的做法，采用泊松回归（Poisson Regression）和负二项回归（Negative Binomial Regression）方法对上述回归结果重新进行估计。从表 5-9 的回归结果可以看出，交乘项（*TREAT*×*POST*）的系数至少在 5% 的水平上显著为正值，说明本章的基准回归结果具有良好的稳健性。

表 5-9　反腐败与企业创新：其他稳健性检验

变量	公司固定效应		重新划分 TREAT 组		泊松回归		负二项回归	
	$LnPatent_{t+1}$	$LnPatent12_{t+1}$	$LnPatent_{t+1}$	$LnPatent12_{t+1}$	$LnPatent_{t+1}$	$LnPatent12_{t+1}$	$LnPatent_{t+1}$	$LnPatent12_{t+1}$
	(1)	(2)	(3)	(4)	(5)	(6)	(7)	(8)
TREAT×*POST*	0.150***	0.150***	0.109**	0.093**	0.140***	0.141***	0.133***	0.129***
	(3.01)	(2.90)	(2.36)	(1.99)	(3.46)	(3.23)	(3.25)	(2.89)
TREAT			0.025	0.033	-0.339***	-0.375***	-0.338***	-0.373***
			(0.33)	(0.44)	(-4.83)	(-5.11)	(-4.79)	(-5.04)
POST	0.975***	0.964***	-0.146***	-0.191***	0.556***	0.578***	0.585***	0.626***
	(12.96)	(12.73)	(-4.10)	(-5.43)	(11.45)	(11.59)	(10.62)	(11.15)
LnSize	0.095	0.100*	0.285***	0.314***	0.170***	0.199***	0.174***	0.204***
	(1.63)	(1.70)	(8.10)	(7.92)	(7.31)	(7.86)	(7.41)	(7.96)
Lev	-0.288	-0.228	-0.268	-0.257	-0.148	-0.148	-0.143	-0.137
	(-1.49)	(-1.19)	(-1.55)	(-1.48)	(-1.02)	(-0.95)	(-0.96)	(-0.87)
Roa	1.062***	1.202***	2.541***	2.276***	2.346***	2.329***	2.382***	2.371***
	(2.66)	(3.02)	(5.11)	(4.52)	(6.03)	(5.50)	(5.99)	(5.52)
LnAge	-0.065	-0.030	-0.320***	-0.298***	-0.245***	-0.234***	-0.257***	-0.258***
	(-0.33)	(-0.14)	(-4.59)	(-4.34)	(-4.50)	(-4.07)	(-4.57)	(-4.33)

续表

变量	公司固定效应		重新划分 TREAT 组		泊松回归		负二项回归	
	$LnPatent_{t+1}$	$LnPatent12_{t+1}$	$LnPatent_{t+1}$	$LnPatent12_{t+1}$	$LnPatent_{t+1}$	$LnPatent12_{t+1}$	$LnPatent_{t+1}$	$LnPatent12_{t+1}$
	(1)	(2)	(3)	(4)	(5)	(6)	(7)	(8)
HHI	-1.551**	-0.566	-0.524	0.270	-0.681	-0.087	-0.567	0.089
	(-2.40)	(-0.84)	(-0.83)	(0.42)	(-1.21)	(-0.14)	(-1.00)	(0.14)
TobinQ	-0.067***	-0.073***	-0.006	-0.018	-0.025*	-0.037**	-0.025*	-0.038***
	(-4.55)	(-4.97)	(-0.36)	(-1.08)	(-1.80)	(-2.55)	(-1.79)	(-2.59)
GDP_ growth	-0.332	-0.344	-0.588	-0.434	-0.016	0.080	0.018	0.128
	(-0.78)	(-0.78)	(-0.96)	(-0.71)	(-0.03)	(0.15)	(0.04)	(0.25)
Constant	-0.327	-0.705	-4.909***	-5.702***	-3.675***	-4.582***	-3.768***	-4.670***
	(-0.24)	(-0.51)	(-5.83)	(-6.13)	(-5.58)	(-7.07)	(-5.67)	(-7.19)
省会/直辖市	No	No	Yes	Yes	Yes	Yes	Yes	Yes
行业固定效应	No	No	Yes	Yes	Yes	Yes	Yes	Yes
年度固定效应	Yes	Yes	Yes	Yes	Yes	Yes	Yes	Yes
公司固定效应	Yes	Yes	No	No	No	No	No	No
R-squared	0.281	0.278	0.418	0.422	0.243	0.265	0.171	0.180
No. of Obs.	5820	5820	7512	7512	5820	5820	5820	5820

注：系数下方报告的是根据公司层面聚类调整的稳健性 t-统计量。*、** 和 *** 分别表示检验统计量在 10%、5% 和 1% 的水平统计显著。

5.6 本章小结

当前，我国经济正处于转型关键期，能否促进企业创新升级对于我国实现由外生要素驱动向内生创新驱动的增长动力转换至关重要。然而，我国高度管制的经济环境和尚未完备的法律环境决定了企业家更热衷于把非生产性寻租活动而非自主创新活动作为占优的策略选择。如何破解企业创新激励不足这一难题，值得深入研究。本章基于我国政府对经济资源普遍性管制的制度背景，借助我国始于 2013 年的强力反腐败政策这一外生冲击，利用 2010~2015 年的 A 股上市公司样本，设计倾向得分匹配和双重差分（PSM + DID）的计量识别策略检验了反腐败对企业创新的影响。研究发现：

（1）反腐败显著提高了企业的创新产出水平，即相比于那些处于政府管制较弱地区的公司，处于政府管制较强地区的公司在受到反腐败政策冲击后获得更高的创新产出。该结果表明，反腐败的空前强化在很大程度上切断了政企纽带的利益链，意味着寻租的成本急剧上升，激励了企业家将更多的才能及企业资源配置到创新性生产活动中，从而这种促进效应在反腐败之前政府管制程度更高的地区表现得更为突出。

（2）反腐败对企业创新的正面促进效应在反腐败之前面临政府管制程度更高、政企纽带和寻租活动更严重的企业中表现更为突出，表明反腐败政策主要通过切断政企纽带利益链和抑制企业寻租支出活动正向作用于企业创新。另外，研究还发现反腐败对企业创新的促进作用在民营企业中更为显著。

第6章　政策不确定性与企业创新

6.1　引言

创新是企业获得核心竞争力和发展优势的主要来源（Schumpeter，1934；Porter，1992），也是一国经济长期增长的关键驱动力（Solow，1957）。对于正处于增长动力转换叠加政府政策框架重塑的转型关键期的中国来说，破解当前经济困境的关键就在于能否尽快促进企业创新升级（Wei et al.，2016）。一方面，中国目前急需实现由外生要素驱动向内生创新驱动的增长动力转换，但中国经济仍面临着研发投入不足、整体创新能力不强等问题（李扬和张晓晶，2015）；另一方面，政府政策框架的重塑意味着政策的频繁变化和高度的政策不确定性，加上我国地方政府主要官员频繁变换是一种常态，导致地方层面的经济政策具有很强的不连续性和不确定性（杨海生等，2014）。在此背景下，有关政策不确定性到底如何影响中国企业的创新行为从而作用于实体经济的长期增长，已成为一个亟待研究的重要理论和现实问题。

自2008年全球金融危机以来，政策不确定性受到政策层、媒体和学术界的广泛关注。有不少研究认为各国政府应对危机时在财政、金融监管、货币等政策上的不确定性是危机期间实体经济加速下行并在危机后复苏乏力的主要原因之一（Bloom，2014；Baker et al.，2016）。尽管现有的研究提供了建设性的证据表明政策不确定性会通过降低产出、投资、就业及贸易等损害短期的经济增长，但政策不确定性对长期经济增长及社会福利的影响远未有定论（Bloom，2014；Atanassov et al.，2015）。特别地，虽然有部分研究发现不确定性会抑制企业对资本支出等短期有形资产的投资（Bernanke，1983；Alesina and Perotti，1996；Bloom et al.，2007；Julio and Yook，2012；李凤羽和杨墨竹，2015；Gulen and

Ion，2016），但创新投资并不同于常规的有形资产投资，它是一种长周期、高技术不确定性和高尾部风险的大规模无形资产投资，由于调整成本不同，创新投资对政策不确定性的反应可能存在差异（Bloom，2007）。现有文献并不清楚高度不确定的政府政策环境究竟如何影响企业的创新投资行为，而后者被认为对长期经济增长具有决定性作用。因此，Bloom（2014）认为需要更多的经验研究来验证（政策）不确定性的经济效应，特别是能够建立清晰因果关系的研究。

目前仅有少量的经验研究文献考察了政治不确定性对企业创新的影响，得到了截然不同的结论。例如，Bhattacharya 等（2015）基于跨国数据的研究发现，企业的创新活动在国家领导人选举年份显著下降。Atanassov 等（2015）基于美国州长选举数据，发现政治不确定性与企业的研发支出显著正相关。陈德球等（2016）则发现市委书记变更会降低企业的创新效率。

本章则基于中国特有的不断改革变化的制度背景和政府对经济活动频繁干预的政策环境，利用 2003～2014 年的 2476 家上市公司样本，考察政策不确定性对企业创新行为的影响、作用机制及其经济后果。

本章余下的结构安排为：第二部分为研究设计与描述性统计，包括数据说明、变量测度以及计量模型的设定和样本描述性统计；第三部分报告本章的基准回归结果；第四部分对政策不确定性影响企业创新的异质性进行分析；第五部分对政策不确定性影响企业创新的潜在渠道进行分析；第六部分为政策不确定性影响企业经营绩效的实证结果；第七部分为拓展性检验；第八部分为内生性问题的处理；第九部分为稳健性检验；第十部分对本章的主要发现进行简要总结。

6.2 研究设计与描述性统计

6.2.1 主要变量的度量方法

（1）企业创新。

与第 4 章相同，本章度量创新产出的主要指标为公司当年申请并最终授权的专利总数（*Patent*）和公司当年申请的专利总数（*PatentA*）。为了更好地反映创新活动的长期性，本章在所有的回归分析中都采用专利变量领先一期的做法（Fang et al.，2014）。参照 He 和 Tian（2013）、Tian 和 Wang（2014）的做法，

本章将缺失专利数据信息的样本赋值0。由于本章所使用的样本中公司专利数量的分布是右偏的（right skewness），在50%分位上专利数量仍然为0。为了克服数据的有偏性，本章在后面的实证分析中对专利变量进行99分位缩尾处理（Winsorize）并将领先一期的专利数量加1再取自然对数得到创新活动的最终代理变量（$LnPatent_{t+1}$和$LnPatentA_{t+1}$）。

（2）政策不确定性。

准确测度政府政策的不确定性程度仍然是现有相关研究面临的主要挑战之一（Bloom，2014；Gulen and Ion，2016）。有一部分文献试图通过企业层面的指标来捕捉企业面临的不确定性，如股价波动率（Leahy and Whited，1996）、投入产出价格波动（Ghosal and Loungani，1996）、全要素生产率波动（Bloom et al.，2012）、企业现金流波动（Minton and Schrand，1999）以及分析师预测分歧度（Stein and Stone，2012）等。也有一些文献考虑具体的政策（如财政、货币、社保等政策）带来的不确定性。但这些指标通常只能捕捉到不确定性的某个方面，却不能测度整体经济面临的政策不确定性（Gulen and Ion，2016），并且采用公司层面的不确定性指标会面临严重的内生性问题。

近期还有不少文献利用政治选举（官员变更）事件来测度政策不确定性（Julio and Yook，2012，2016；徐业坤等，2013；杨海生等，2014；Jens，2016；陈德球等，2016）。由于变量构造本身的原因（取值为1或0），以政治选举事件作为代理变量不能捕捉到非选举年份的政策不确定性（假定非选举年份的政策不确定性相同），但事实上跨国或国内不同区域在非选举年份的政策不确定性和企业投资都可能有很大的变化，这会导致有偏误的统计推断结果（Gulen and Ion，2016）。另外，采用政治事件度量不确定性并不能明确区分政治不确定性和政策不确定性（Hassett and Sullivan，2016）。

因此，综合现有文献的观点及中国具体的制度情境，本章主要用斯坦福大学和芝加哥大学联合发布的“中国经济政策不确定性指数”来度量中国企业面临的政策不确定性。该指数由Baker等（2016）三位学者负责编制，可以从其官方网站获取。以香港最大的英文报纸《南华早报》（*South China Morning Post*，SCMP）作为文本分析对象，识别出每个月刊发的与中国经济政策不确定性（带有特定关键词）相关的文章数量，除以当月刊发的文章总数量，经过标准化后得到该指数值。Baker等（2013，2016）采用类似的方法构造了美国、日本、印度、巴西、加拿大等19个国家以及全球层面的政策不确定性指数，他们从多个维度系统验证了该指数构建方法的合理性，并发现政策不确定性对实体经济和金融市场的波动（特别是金融危机期间的经济下行）都具有很强的解释力。与其他度量方式相比，该指标不仅同时涵盖中央政府层面和地方政府层面的经济政策不确定性，而且具有较好的连续性和时变性（Gulen and Ion，2016），能够较为准确地衡量经济政策不确定性的中短期变动。

由于 Baker 等（2016）构建的“中国经济政策不确定性指数”为月度数据，而本章使用的其他变量都是年度数据，因而我们需要将月度数据进行转化得到年度数据。本章主要使用年度算术平均值的方式转换得到年度的经济政策不确定性指数（*PU*）。为了确保实证结果不受该指数转化方法选择的影响，本章还在稳健性检验部分采用年度中位数值转化该指数（顾夏铭等，2018）、构造虚拟变量（饶品贵和徐子慧，2017）等多种方式来衡量年度经济政策不确定性。同时，本章也将在稳健性部分利用经济“计划”目标与实际经济表现的差值指数（*PU*2）和官员变更等方式来度量政策不确定性。

第 1 章的图 1 – 1 描绘了 Baker 等（2016）构造的“中国经济政策不确定性指数”在 1995 年 1 月至 2018 年 7 月间的波动状况。从图 1 – 1 可知，*PU* 在时间上的走势与我国重要的经济政策事件基本吻合，表明该指数能够较好地反映我国的政策不确定性。

（3）控制变量的选取。

为了分离出政策不确定性对企业创新的净效应，本章参考已有文献的做法（He and Tian，2014；潘越等，2015；Luong er al.，2017），控制了一系列企业层面和宏观层面的变量。这些控制变量包括：企业规模（*LnSize*）、财务杠杆比率（*Lev*）、盈利能力（*Roa*）、企业年龄（*LnAge*）、资本投资支出与总资产比值（*CPXTA*）、托宾 *Q* 值（*TobinQ*）、营业收入增长率（*Growth*）、产品市场竞争程度（*HHI*）、省级 *GDP* 真实增长率（*GDP_ growth*）。

在政策不确定性比较高时，未来潜在的投资机会往往较少，预期收益往往也比较低（如经济衰退、战争或金融危机时期），因而政策不确定性指数可能捕捉到未来的投资机会。尽管基准模型（1）已经引入托宾 *Q* 值和销售增长率等变量来控制企业层面的投资机会，但仍可能遗漏其他宏观层面上的投资机会因素。因此，参照 Gulen 和 Ion（2016），我们进一步引入宏观经济先行指数（*MCIL*）来捕捉对未来经济前景的预期。由于不同的行业的创新产出所需要的时间不同，比如生物医药行业的创新产出需要的时间比软件行业更长，因而这些行业所观测到的专利数量更低，但不代表医药行业比软件行业缺乏创新。为此，我们参照 Fang 等（2014）、Tian 和 Wang（2014）的做法，在所有回归中还引入了行业虚拟变量来控制行业固定效应的影响，行业类别的划分依据证监会 2012 年发布的《上市公司行业分类指引》，最终将样本划分为 18 个行业。具体变量定义如表 6 – 1 所示。

表 6-1　主要变量定义

变量	变量定义
$LnPatent_{t+1}$	公司 t+1 年申请并最终授权的专利总数的自然对数 log（Patent_ 1+1），其中 Patent_ 1 为企业 t+1 年申请并最终授权的专利总数，包括发明专利、实用新型专利和外观设计专利三种类型
$LnPatentA_{t+1}$	公司 t+1 年申请的专利总数的自然对数 log（PatentA_ 1+1），其中 PatentA_ 1 为企业 t+1 年申请的专利总数，包括发明专利、实用新型专利和外观设计专利三种类型
PU	政策不确定性指数，PU =（∑ 月度经济政策不确定性指数/12）/100①
LnSize	企业规模，用企业总营业收入的自然对数表示
Lev	资产负债率，等于总负债除以总资产
Roa	资产收益率，等于净利润除以年初总资产
LnAge	企业年龄的自然对数
CPXTA	资本支出，等于当年购进的固定资产、无形资产和其他长期资产总和除以年末总资产
TobinQ	托宾 Q 值，等于公司年末市场价值除以重置成本。其中，年末市场价值等于年末流通股市值、非流通股账面价值（净资产）与负债账面价值之和；重置成本用年末总资产来代替
Growth	营业收入增长率，Growth =（当年营业收入 - 上年营业收入）/上年营业收入
HHI	产品市场竞争，用所有上市企业营业收入行业占比的赫芬达尔指数来表示，HHI 越小，表示市场竞争程度越高
MCIL	年度宏观经济先行指数，等于月度宏观经济先行指数的中位数
GDP_ growth	经济增长率，等于公司注册地所在的省级 GDP 的实际增长率

6.2.2　样本数据

本章以 2003～2014 年在沪深两市上市的公司作为主要研究样本。考虑到创新投资具有长周期性的特征，从研发投入到专利成果产出往往具有滞后期，以 2014 年作为截止年份可以确保样本期间内的专利申请有足够的时间被专利局审查及授权，从而缓解专利数据的“断尾问题”（truncation problem）（田轩和孟清扬，2018）。

本章使用的上市公司专利数据主要来自国家知识产权局网站的专利数据库和 CSMAR 数据库，企业研发支出数据也来自 CSMAR 数据库，起始年份为 2006 年，具体处理细节与第 4 章相同。所使用的“中国经济政策不确定性指数”来源于

① 参考饶品贵和徐子慧（2017），除以 100 主要是出于回归系数大小的考虑。

Baker 等（2013，2016）的官方网站①。另外，本章所使用的上市公司财务数据均来自 CSMAR 数据库，使用的宏观经济数据来自 Wind 数据库。本章剔除了金融保险行业和主要变量有缺失的公司样本，最终样本包含分布在 2476 家公司的 19512 个公司—年观测值。为了消除异常值的影响，本章对所有连续变量进行了 1% 的缩尾处理（Winsorize）。

表 6 -2 报告了本章所使用的最终样本的年度和行业分布。其中，Panel A 为样本的年度分布情况，从中可以看出样本量呈逐年增加的趋势，这与我国上市公司数量逐年增长的情况相符。Panel B 为样本的行业分布情况，从中可以看出本章所使用的样本量大都来自于制造业，占总样本的 57. 98%；其次是批发零售业和房地产业，分别占比 7. 18% 和 6. 91%；卫生和社会工作业和教育行业占比最少，分别只占 0. 28% 和 0. 12%。

表 6 -2　样本年度和行业分布

Panel A：样本年度分布情况

年份	2003	2004	2005	2006	2007	2008	2009	2010	2011	2012	2013	2014	合计
公司—年度和行业分布	1085	1192	1277	1269	1297	1454	1500	1641	1981	2222	2312	2282	19512
占比(%)	5. 56	6. 11	6. 54	6. 50	6. 65	7. 45	7. 69	8. 41	10. 15	11. 39	11. 85	11. 70	100. 00

Panel B：样本行业分布情况

行业	样本数量	占比（%）
A. 农、林、牧、渔业	318	1. 63
B. 采矿业	591	3. 03
C. 制造业	11314	57. 98
D. 电力、热力、燃气及水生产和供应业	984	5. 04
E. 建筑业	540	2. 77
F. 批发零售业	1401	7. 18
G. 交通运输、仓储和邮政业	772	3. 96
H. 住宿和餐饮业	101	0. 52
I. 信息传输、软件和信息技术服务业	952	4. 88
K. 房地产业	1349	6. 91
L. 租赁和商务服务业	257	1. 32

① http：//www. policyuncertainty. com/china_ monthly. html.

续表

Panel B：样本行业分布情况		
行业	样本数量	占比（%）
M. 科学研究和技术服务业	76	0.39
N. 水利、环境和公共设施管理业	229	1.17
P. 教育	24	0.12
Q. 卫生和社会工作	55	0.28
R. 文化、体育和娱乐业	288	1.48
S. 公共管理、社会保障和社会组织	261	1.34
合计	19512	100.00

6.2.3 基准回归模型的设定

借鉴陈刚（2015）、Atanassov 等（2015）、Gulen 和 Ion（2016）、张峰等（2016）关于企业创新行为的简化式（reduced form）框架，我们设定如下多元回归模型来检验政策不确定性对企业创新活动的影响：

$$Innovation_{i,t+1} = \beta_0 + \beta_1 PU_{i,t} + \sum_k \gamma_k CONTROL_{i,t}^k + IndustryDum + \xi_{i,t} \tag{6-1}$$

其中，下标 i 和 t 分别表示公司和年份。*Innovation* 表示企业的创新活动，用公司 $t+1$ 年申请并最终授权的专利总数的自然对数 $LnPatent_{t+1}$ 和公司 $t+1$ 年申请的专利总数的自然对数 $LnPatentA_{t+1}$ 来表示。*PU* 为政策不确定性变量，用 Baker 等（2016）构建的“中国经济政策不确定性指数”的年度算数平均值 *PU* 来表示。$CONTROL^k$ 为第 k 个控制变量，ξ 为随机误差项。在所有回归中，本章还引入了行业虚拟变量来控制行业固定效应的影响。考虑到专利数量的计数性质，我们还将参考 Acemoglu 等（2016）和陈怡欣等（2018）的做法，用泊松回归（Poisson Regression）和负二项回归（Negative Binomial Regression）估计方法进行稳健性测试。

6.2.4 描述性统计与相关性分析

（1）描述性统计。

表 6－3 列示了本章主要变量的描述性统计结果。平均而言，一家样本公司每年的专利授权数量为 12.85 个，每年专利申请的数量为 18 个。另外，专利授权数量和专利申请数量的中位数均为 0，说明样本公司的专利数量是右偏的。未

报告的结果显示，样本公司中总共有7927个公司—年观测（占40.63%）的专利授权数量大于0，有8388个公司—年观测（占42.99%）的专利申请数量大于0。政策不确定性变量（*PU*）的均值和中位数分别为1.301和1.139，标准差为0.525，说明“中国经济政策不确定性指数”在时间变化上存在明显波动差异。在控制变量方面，样本公司的资产收益率（*Roa*）平均值为3.2%，平均资产负债率（*Lev*）为48.6%，平均资本性支出占总资产比重（*CPXTA*）为5.9%，平均销售增长率（*Growth*）为22%，省级GDP真实增长率（*GDP_ growth*）的平均值为8.3%。

表6-3 主要变量描述性统计

变量	样本量	均值	标准差	最小值	25%分位数	中位数	75%分位数	最大值
Patent	19512	12.850	89.330	0.000	0.000	0.000	5.000	4033.000
PatentA	19512	18.000	143.000	0.000	0.000	0.000	8.000	6327.000
PU	19512	1.301	0.525	0.650	0.836	1.139	1.706	2.444
LnSize	19512	21.020	1.498	16.630	20.070	20.950	21.880	25.170
Lev	19512	0.486	0.234	0.051	0.319	0.488	0.636	1.492
Roa	19512	0.032	0.068	-0.317	0.011	0.033	0.062	0.213
LnAge	19512	2.443	0.460	0.000	2.197	2.485	2.773	3.258
CPXTA	19512	0.059	0.057	0.000	0.017	0.043	0.084	0.263
TobinQ	19512	1.823	1.710	0.165	0.763	1.323	2.231	11.680
Growth	19512	0.220	0.582	-0.741	-0.015	0.131	0.307	4.429
HHI	19512	0.070	0.110	0.011	0.014	0.026	0.064	0.508
MCIL	19512	101.300	1.307	99.590	100.200	101.200	102.500	103.500
GDP_ growth	19512	0.083	0.058	0.078	0.108	0.029	0.023	0.141

（2）主要变量的相关性分析。

表6-4报告了本章主要变量的相关系数矩阵，其中左下角为Pearson相关系数，右上角为Spearman相关系数。结果显示，企业专利授权数量（*LnPatent*）与专利申请数量（*LnPatentA*）高度显著正相关（相关系数高达0.95或0.96），表明这两个指标捕捉了有关企业创新产出的绝大部分相同信息。除此之外，各个变量之间的相关性系数大都小于0.6，表明本章所选用的变量不存在多重共线性问题。创新变量*LnPatent*（*LnPatentA*）都与政策不确定性变量（*PU*）显著正相关，从而与本书的研究假设H3b相一致。这表明政策不确定性程度越高，公司的创新产出水平越高。

表 6－4　主要变量相关性系数矩阵

变量	*LnPatent*	*LnPatentA*	*PU*	*LnSize*	*Lev*	*Roa*	*LnAge*	*CPXTA*	*TobinQ*	*Growth*	*HHI*	*MCIL*	*GDP_ growth*
LnPatent		0.95*	0.14*	0.18*	-0.15*	0.17*	-0.17*	0.19*	0.07*	0.07*	-0.32*	-0.05*	-0.09*
LnPatentA	0.96*		0.16*	0.18*	-0.18*	0.18*	-0.15*	0.20*	0.10*	0.06*	-0.34*	-0.13*	-0.14*
PU	0.13*	0.15*		0.10*	-0.09*	0.06*	0.22*	0.04*	0.02*	-0.12*	-0.09*	-0.51*	-0.54*
LnSize	0.24*	0.24*	0.09*		0.31*	0.16*	0.12*	0.13*	-0.42*	0.16*	-0.09*	-0.09*	-0.10*
Lev	-0.12*	-0.15*	-0.09*	0.19*		-0.43*	0.19*	-0.17*	-0.52*	0.01*	0.05*	0.12*	0.13*
Roa	0.16*	0.17*	0.06*	0.22*	-0.45*		-0.10*	0.23*	0.39*	0.32*	-0.02*	-0.00*	-0.08*
LnAge	-0.14*	-0.12*	0.14*	0.08*	0.20*	-0.08*		-0.22*	-0.04*	-0.14*	0.06*	-0.24*	-0.20*
CPXTA	0.10*	0.11*	0.04*	0.08*	-0.13*	0.18*	-0.20*		0.03*	0.16*	-0.11*	0.00*	-0.02*
TobinQ	-0.00*	0.01*	-0.05*	-0.38*	-0.25*	0.20*	0.01*	-0.02*		0.06*	-0.03*	0.09*	0.00*
Growth	-0.02*	-0.03*	-0.04*	0.08*	0.03*	0.20*	-0.03*	0.04*	0.05*		-0.01*	0.13*	0.03*
HHI	-0.11*	-0.10*	0.01*	-0.10*	-0.04*	0.02*	-0.01*	-0.01*	0.13*	0.03*		0.03*	0.00*
MCIL	-0.05*	-0.12*	-0.50*	-0.09*	0.12*	-0.02*	-0.19*	0.02*	0.12*	0.08*	0.01*		0.63*
GDP_ growth	-0.08*	-0.13*	-0.48*	-0.11*	0.13*	-0.08*	-0.17*	-0.00*	0.01*	0.02*	-0.03*	0.62*	

注：左下角报告的是 Pearson 相关系数，右上角报告的是 Spearman 相关系数，* 表示 $p<5\%$。

6.3 基准回归结果

表6－5报告了政策不确定性与两种不同的创新活动测度指标（$LnPatent_{t+1}$与$LnPatentA_{t+1}$）的全样本基准回归结果。考虑到面板数据中截面相关、异方差等可能导致检验统计量（t）的渐进分布出现偏误，本章在后面所有回归中估计系数的标准误均采用根据公司个体进行分组的异方差和截面相关稳健的 Cluster 估计量（Cameron et al.，2009；Petersen，2009；Gow et al.，2010）。表中第（1）列为政策不确定性变量（PU）与企业专利授权数量（$LnPatent_{t+1}$）进行回归得到的结果。在控制了一系列企业层面和宏观层面的影响因素后，PU 的系数为0.305，并且在1%的水平上统计显著（t 统计值为19.80）。该结果隐含的经济含义为，平均意义上，当年政策不确定性变动1个标准差（0.525），公司下一年度专利授权数量的自然对数平均增加5.89%（$0.305 \times 0.525/e = 0.0589$）。表中第（2）列为政策不确定性变量（PU）与公司专利申请数量（$LnPatentA_{t+1}$）进行回归得到的结果。与第（1）列得到的回归结果相类似，PU 的系数为0.241，并且统计显著性水平高达1%（t 统计值为15.35），即当年的政策不确定性提高1个标准差，公司下一年度专利申请数量的自然对数平均增加4.65%（$0.241 \times 0.525/e = 0.0465$）。上述结果提供的证据有力地表明，不确定的政策环境会激励企业尽早执行创新投资以获得未来的增长期权，从而促进了企业的创新活动。这种促进作用不仅在统计意义上是显著的，而且在经济意义上也是非常显著的，从而验证了研究假设 H3b。

表6－5 政策不确定性与企业创新

变量	$LnPatent_{t+1}$	$LnPatentA_{t+1}$
	(1)	(2)
PU	0.305***	0.241***
	(19.80)	(15.35)
LnSize	0.238***	0.269***
	(12.31)	(12.95)
Lev	−0.398***	−0.534***
	(−4.79)	(−5.86)
Roa	0.739***	0.761***
	(3.22)	(3.00)

续表

变量	$LnPatent_{t+1}$	$LnPatentA_{t+1}$
	(1)	(2)
LnAge	-0.309*** (-7.40)	-0.295*** (-6.50)
CPXTA	0.129 (0.49)	0.335 (1.18)
TobinQ	0.035*** (3.75)	0.055*** (5.41)
Growth	-0.103*** (-8.09)	-0.118*** (-8.24)
HHI	-0.364 (-0.73)	-0.768 (-1.42)
MCIL	0.061*** (6.34)	-0.027*** (-2.71)
GDP_ growth	-0.905* (-1.72)	-1.284** (-2.25)
Constant	-10.141*** (-9.33)	-1.636 (-1.42)
Industry FE	Yes	Yes
R-squared	0.254	0.284
No. of Obs.	19512	19512

注：系数下方报告的是根据公司层面聚类调整的稳健性 t-统计量。*、** 和 *** 分别表示检验统计量在 10%、5% 和 1% 的水平统计显著。

在控制变量中，企业规模（*LnSize*）、财务杠杆比例（*Lev*）、资产收益率（*Roa*）、公司年龄（*LnAge*）和公司成长性指标（*TobinQ*）与创新变量的关系，与 He 和 Tian（2014）、Fang 等（2014）、Luong 等（2017）的发现相一致。其中，企业规模（*LnSize*）与创新呈显著正相关的关系，说明规模越大的公司越具有资源优势用于研发投入并获得更多的专利产出；财务杠杆比例（*Lev*）与专利变量显著负相关，表明财务风险越高的公司越缺乏创新动力；资产收益率（*Roa*）与创新显著正相关，表明盈利能力越强的公司创新能力越强；公司年龄（*LnAge*）系数显著为负，表明越年轻的公司越具有创新活力与动力；公司成长性（*TobinQ*）系数显著为正，表明越具有成长空间的公司，创新产出水平越高。其他公司层面的指标，如营业收入增长率（*Growth*）的系数显著为负，资本支出指标（*CPXTA*）和产品市场竞争指标（*HHI*）的系数不具有统计显著性。在宏观控制变量层面，宏观经济先行指数（*MCIL*）与创新显著正相关，表明来自宏观经济层面的投资机会越多，公司的创新产出水平越高。

6.4 影响机制

6.4.1 产品市场竞争的影响

企业创新投资的一个重要特征是策略考量的非独立性。在不确定的环境中，企业进行初始的研发投资是为了获得未来的增长期权，特别是当企业之间存在投资机会竞争时，及时地市场占先（preemption）投资将赋予企业充分利用未来成长机会的能力，可以阻止竞争者进入或诱使竞争者做出让步，从而获得竞争优势（Kulatilaka and Perotti，1998）。大量的研究认为，创新具有独特性、难以模仿和替代等特征，加上创新投资会产生专利，它能够防止被模仿或阻止其他产品进入市场，因而成为企业竞争优势的主要来源（Porter and Miller，1985；Barney，1991；Amit and Schoemaker，1993；Hall，2002；Holmes et al.，2011）。Weeds（2002）构建了一个基于 R&D 竞争的实物期权模型，发现当策略占先（strategic preemption）的预期价值超出等待期权的价值时，不确定性确实能够鼓励企业尽早执行 R&D 投资。也就是说，由于策略竞争引发“先发制人”的占优威胁，在竞争性的市场环境中，企业更加担忧其他竞争者会先行一步以获得竞争优势。因此，我们预期更激烈的产品市场竞争将放大政策不确定性对企业创新的正效应。

赫芬达尔指数（*HHI*）是目前运用最为广泛的产品市场竞争程度度量指标之一。参考孔东民等（2013）、陈信元等（2014）的做法，我们利用传统的赫芬达尔指数（*HHI*）来度量产品市场竞争程度。赫芬达尔指数由某个行业中所有企业的市场份额的平方和表示，本章选取企业销售收入作为市场份额（规模）的替代变量。其计算方式如下：

$$HHI_{j,t} = \sum_{i=1}^{N_j} \left(\frac{Sale_{i,j,t}}{Sale_{j,t}} \right)^2$$

其中，$Sale_{i,j,t}$表示 j 行业内第 i 个企业在 t 年所占的市场规模，$Sale_{j,t}$表示在 t 年整个行业的市场规模，N 表示行业内的企业数量。为了表述方便，我们把算出来的 *HHI* 乘以（-1）得到最终的基于赫芬达尔指数构造的产品市场竞争指标（*HHI_ COMP*）。*HHI_ COMP* 数值越大，表示产品市场竞争程度越激烈。

然而，现有文献认为赫芬达尔指数隐含着市场结构外生的假定条件，当市场结构假定为内生时，市场集中度与产品市场竞争的关系并不明晰，因而该指标并不能作为产品市场竞争程度的有效代理变量（Sutton，1991；Symeonidis，2002；Raith，2003；Karuna，2007）。为此，我们进一步参考 Li 等（2010）和陈信元等（2014）的做法，从现存竞争者、行业盈利水平以及潜在竞争威胁三个维度选取 8 个指标，① 并通过主成分分析法进行降维后选取其中一个主成分（行业盈利水平）来度量产品市场竞争。为了表述方便，我们将该指标乘以（－1）得到行业盈利水平（*PROFIT_ COMP*）。*PROFIT_ COMP* 数值越大，表示行业的盈利能力越差，即行业竞争程度越高。

然后，我们分别以 *HHI_ COMP* 和 *PROFIT_ COMP* 的中位数为临界点，构造两个产品市场竞争程度的哑变量（PMC_u），当公司所面临的产品市场竞争程度大于中位数时取 1，否则取 0。其中，u 分别指代 *HHI_ COMP* 和 *PROFIT_ COMP*。

为了识别产品市场竞争对政策不确定性与企业创新之间关系的影响，我们在基础回归模型上加入产品市场竞争指标（PMC_u）、政策不确定性和产品市场竞争交叉项（$PU \times PMC_u$）来构造如下模型：

$$Innovation_{i,t+1} = \beta_0 + \beta_1 PU_{i,t} + \beta_2 PMC_{i,t} \times PU_{i,t} + \beta_3 PMC_{u,t} + \sum_k \gamma_k CONTROL_{i,t}^k + IndustryDum + \xi_{i,t} \qquad (6-2)$$

其中，下标 i 和 t 分别表示公司和年份；*Innovation* 表示企业的创新活动，与前文一致，分别用 $LnPatent_{t+1}$ 和 $LnPatentA_{t+1}$ 来表示；PU 为政策不确定性变量；PMC_u 表示产品市场竞争指标，$CONTROL^k$ 为第 k 个控制变量，ξ 为随机误差项。

表 6－6 报告了产品市场竞争如何影响政策不确定性与企业创新关系的回归结果。其中，第（1）和第（2）列所用的产品市场竞争指标是 *HHI_ COMP*。从中可以看出，政策不确定性与产品市场竞争的交乘项系数分别为 0.216 和 0.266，并在 1% 的水平上统计显著（t 值分别为 6.62 和 7.93）。政策不确定性（PU）的系数依然显著为正（分别为 0.247 和 0.170），说明对于那些面临市场集中度较高、市场竞争程度较低的公司来说，政策不确定性提高 1 个标准差（0.525），其专利授权量和申请量的自然对数分别提高了 4.77%（0.247 × 0.525/e = 0.0477）和 3.29%（0.17 × 0.525/e = 0.0329）。相比之下，对于那些面临市场集中度较低、竞争更为激烈的企业来说，政策不确定性提高 1 个标准差，其专利授权量和申请量的自然对数分别提高了 8.94% ［0.525 ×（0.216 + 0.247）/e = 0.0894］

① 其中，现存竞争者选用的指标为前四大公司集中度、赫芬达尔指数以及行业内公司数目；行业盈利水平选取的指标为价格成本费用利润率和总资产收益率；潜在竞争威胁选取的指标为行业的固定资产规模、资本支出以及市场规模，具体指标定义参见陈信元等（2014）。

和 8.42%[0.525 ×(0.266 +0.17)/e =0.0842]，高出那些面临市场集中度较高、竞争程度较低的公司 4.17% 和 5.13%。

第（3）和第（4）列所用的产品市场竞争指标是 *PROFIT_ COMP*，政策不确定性与产品市场竞争的交乘项系数都在 1% 水平上显著为正（系数估计值分别为 0.251 和 0.239）。而政策不确定性（*PU*）的系数依然在 1% 水平上显著为正（系数估计值分别为 0.205 和 0.145），说明对于那些处于行业盈利水平较高、市场竞争程度较低的公司来说，政策不确定性提高 1 个标准差（0.525），其专利授权量和申请量的自然对数分别提高了 3.96%（0.205 ×0.525/e =0.0396）和 2.80%（0.145 ×0.525/e =0.028）。相比之下，对于那些处于行业盈利水平较差、市场竞争程度较高的公司来说，政策不确定性提高 1 个标准差，其专利授权量和申请量的自然对数分别提高了 8.81%[(0.251 +0.205)×0.525/e =0.0881)]和 7.42%[(0.239 +0.145)×0.525/e =0.0742]，高出那些处于行业盈利水平较高、市场竞争程度较低的公司 4.85% 和 4.62%。这说明政策不确定性对于那些处于行业盈利水平较差、竞争更为激烈的公司的创新促进作用更为明显。

表 6 -6　考虑产品市场竞争的影响

变量	$u = HHI\_\ COMP$		$u = PROFIT\_\ COMP$	
	$LnPatent_{t+1}$	$LnPatentA_{t+1}$	$LnPatent_{t+1}$	$LnPatentA_{t+1}$
	(1)	(2)	(3)	(4)
$PU \times PMC_u$	0.216 *** (6.62)	0.266 *** (7.93)	0.251 *** (9.03)	0.239 *** (8.26)
PU	0.247 *** (16.22)	0.170 *** (10.78)	0.205 *** (11.82)	0.145 *** (8.19)
PMC_u	-0.447 *** (-8.22)	-0.508 *** (-8.72)	-0.186 *** (-5.20)	-0.155 *** (-4.10)
$LnSize$	0.227 *** (12.33)	0.259 *** (12.97)	0.228 *** (12.42)	0.260 *** (13.05)
Lev	-0.409 *** (-5.17)	-0.550 *** (-6.28)	-0.416 *** (-5.25)	-0.557 *** (-6.36)
Roa	0.882 *** (4.00)	0.898 *** (3.68)	0.906 *** (4.11)	0.922 *** (3.77)
$LnAge$	-0.280 *** (-6.89)	-0.268 *** (-6.02)	-0.269 *** (-6.63)	-0.256 *** (-5.77)

续表

变量	u = HHI_ COMP		u = PROFIT_ COMP	
	$LnPatent_{t+1}$	$LnPatentA_{t+1}$	$LnPatent_{t+1}$	$LnPatentA_{t+1}$
	(1)	(2)	(3)	(4)
CPXTA	0.520 ** (2.05)	0.686 ** (2.47)	0.506 ** (1.99)	0.675 ** (2.43)
TobinQ	0.034 *** (3.77)	0.055 *** (5.45)	0.036 *** (3.99)	0.057 *** (5.67)
Growth	-0.109 *** (-8.64)	-0.124 *** (-8.75)	-0.109 *** (-8.53)	-0.124 *** (-8.66)
MCIL	0.067 *** (7.35)	-0.021 ** (-2.15)	0.060 *** (6.44)	-0.029 *** (-2.95)
GDP_ growth	-0.351 (-0.68)	-0.749 (-1.34)	-0.447 (-0.87)	-0.841 (-1.49)
Constant	-10.684 *** (-10.24)	-2.163 * (-1.94)	-9.891 *** (-9.41)	-1.357 (-1.21)
Industry FE	Yes	Yes	Yes	Yes
R - squared	0.300	0.321	0.300	0.320
No. of Obs.	19512	19512	19512	19512

注：系数下方报告的是根据公司层面聚类调整的稳健性 t - 统计量。*、** 和 *** 分别表示检验统计量在10%、5%和1%的水平统计显著。

以上回归结果都验证了我们的预期，即激烈的市场竞争环境会促使企业进行更多的创新活动以获取或加强其未来的竞争优势，从而放大了政策不确定性对创新活动的促进作用。这种放大作用不仅在统计意义上是显著的，而且在经济意义上也是非常显著的。

6.4.2 增长机会的影响

在前文的理论分析部分，我们认为增长期权是影响政策不确定性与企业创新投资的重要因素。Kulatilaka 和 Perotti（1998）建立的一个策略增长期权模型表明，在非完全竞争的市场环境下，不确定性的增加确实会鼓励企业投资于增长性期权。现有的大量研究表明企业可以通过投资于 R&D 项目获得增长机会，因为 R&D 活动可以为企业带来新产品或更高效率的生产工艺，为企业打开新的市场或降低生产成本，从而获得更高的市场份额和利润（Arrow，1962；Bond et al.，2003；McGrattan and Prescott，2009，2010）。因此，鉴于创新投资的潜在增长期权效应，我们预期在政策不确定的环境下，增长机会更多的企业将具有更强的激励投资于 R&D 以获取或加强其未来的竞争优势。

具体地，我们以是否属于高新技术行业（High - tech）来捕捉企业的增长机会，即属于高新技术行业表示增长机会更多。其中，高新技术行业的划分参照 Brown 等（2009）和潘越等（2015），根据证监会 2012 年发布的《上市公司行业分类指引》，将制造业行业、信息传输、软件和信息技术服务业归为高新技术行业，并构造哑变量（*HighTech*1），若企业属于以上提到的高新技术行业则取值为 1，否则取值为 0。出于稳健性的考虑，我们还参照 Cui 和 Mak（2002）的做法，并对比我国的行业分类，将化学原料和化学制品制造业（C26），医药制造业（C27），化学纤维制造业（C28），计算机通信和其他电子设备制造业（C39），仪器仪表制造业（C40）以及信息传输、软件和信息技术服务业（I63、I64、I65）等研发强度较大的行业划分为高新技术行业，并构造哑变量（*HighTech*2），若企业属于以上提到的高新技术行业则取值为 1，否则取值为 0。

然后，我们设定如下的计量检验模型：

$$Innovation_{i,t+1} = \beta_0 + \beta_1 PU_{i,t} + \beta_2 HighTech_{i,t} \times PU_{i,t} + \beta_3 HighTech_{i,t} + \sum_k \gamma_k CONTROL_{i,t-1}^k + IndustryDum + \xi_{i,t} \quad (6-3)$$

其中，下标 i 和 t 分别表示公司和年份；*Innovation* 表示企业的创新活动，与前文一致，分别用 $LnPatent_{t+1}$ 和 $LnPatentA_{t+1}$ 来表示；*PU* 为政策不确定性变量；*HighTech* 为增长机会变量，我们以是否属于高新技术行业来定义，并用上文提到的 *HighTech*1 和 *HighTech*2 来代理。$CONTROL^k$ 为第 k 个控制变量，与基准回归模型相同；ξ 为随机误差项。

表 6 - 7 列示了在不同增长机会情况下政策不确定性对企业创新影响差异的回归结果。第（1）和第（2）列所用的增长机会变量为 *HighTech*1。其中，以专利授权数量（$LnPatent_{t+1}$）为因变量的回归（1）的结果显示，增长机会和政策不确定性的交乘项（*PU* × *HighTech*1）的系数估计值为 0. 278，且在 1% 水平上统计显著（t 值为 9. 92）。政策不确定性变量（*PU*）的系数仍然显著为正（0. 141），说明对于增长机会较少（非高新技术行业）的企业来说，政策不确定性提高 1 个标准差（0. 525），专利授权数量的自然对数平均增长了 2. 72%（0. 141 ×0. 525/e = 0. 0272）。相比之下，对于增长机会较多（属于高新技术行业）的企业来说，政策不确定性提高 1 个标准差，专利授权数量的自然对数平均增长了 8. 09% ［0. 525 × （0. 278 + 0. 141）/e = 0. 0809］，高出 5. 37%。与回归（1）的结果类似，以专利申请数量（$LnPatentA_{t+1}$）为因变量的回归（2）结果显示，增长机会和政策不确定性的交乘项（*PU* × *HighTech*1）的系数在 1% 水平上显著为正（系数估计值为 0. 372），而政策不确定性变量（*PU*）的系数仍然显

著为正（0.021），这说明对于增长机会较少（非高新技术行业）的企业来说，政策不确定性提高 1 个标准差，专利申请数量的自然对数仅增长了 0.4%（$0.021\times0.525/e=0.004$）。相比之下，对于增长机会较多（属于高新技术行业）的企业来说，政策不确定性提高 1 个标准差，专利申请数量的自然对数平均增长了 7.59%［$0.525\times(0.372+0.021)/e=0.0759$］，高出 7.19%。

第（3）和第（4）列所用的增长机会变量为 *HighTech2*。其中，以专利授权数量（$LnPatent_{t+1}$）为因变量的回归（3）的结果显示，增长机会和政策不确定性的交乘项（$PU\times HighTech2$）的系数估计值为 0.053，并达到边际显著（t 值为 1.55）。以专利申请数量（$LnPatentA_{t+1}$）为因变量的回归（4）结果显示，增长机会和政策不确定性的交乘项（$PU\times HighTech2$）的系数在 1% 水平上显著为正（系数估计值为 0.160）。

表 6－7　考虑增长机会的影响

变量	X = HighTech1		X = HighTech2	
	$LnPatent_{t+1}$	$LnPatentA_{t+1}$	$LnPatent_{t+1}$	$LnPatentA_{t+1}$
	(1)	(2)	(3)	(4)
$PU\times X$	0.278*** (9.92)	0.372*** (12.80)	0.053 (1.55)	0.160*** (4.56)
PU	0.141*** (7.05)	0.021 (1.02)	0.294*** (16.59)	0.198*** (10.86)
X	0.066 (0.74)	0.039 (0.41)	-0.297*** (-3.63)	-0.326*** (-3.79)
LnSize	0.240*** (12.46)	0.271*** (13.15)	0.216*** (11.27)	0.268*** (12.88)
Lev	-0.389*** (-4.74)	-0.522*** (-5.79)	0.001 (1.38)	-0.539*** (-5.94)
Roa	0.795*** (3.48)	0.834*** (3.33)	1.434*** (7.09)	0.757*** (2.99)
LnAge	-0.301*** (-7.30)	-0.286*** (-6.38)	-0.337*** (-8.21)	-0.292*** (-6.43)
CPXTA	0.066 (0.25)	0.253 (0.89)	0.233 (0.88)	0.359 (1.26)
TobinQ	0.036*** (3.94)	0.057*** (5.65)	0.040*** (4.32)	0.057*** (5.57)

续表

变量	X = HighTech1		X = HighTech2	
	$LnPatent_{t+1}$	$LnPatentA_{t+1}$	$LnPatent_{t+1}$	$LnPatentA_{t+1}$
	(1)	(2)	(3)	(4)
Growth	-0.103***	-0.117***	-0.119***	-0.118***
	(-8.08)	(-8.22)	(-9.24)	(-8.24)
HHI	-0.059	-0.399	-0.374	-0.828
	(-0.12)	(-0.73)	(-1.14)	(-1.51)
MCIL	0.061***	-0.027***	0.051***	-0.028***
	(6.41)	(-2.68)	(5.43)	(-2.78)
GDP_ growth	-1.022*	-1.439**	-1.032**	-1.256**
	(-1.95)	(-2.53)	(-1.98)	(-2.20)
Constant	-10.026***	-1.473	-8.862***	-1.483
	(-9.26)	(-1.29)	(-8.22)	(-1.29)
Industry FE	Yes	Yes	Yes	Yes
R-squared	0.263	0.296	0.255	0.286
No. of Obs.	19512	19512	19512	19512

注：系数下方报告的是根据公司层面聚类调整的稳健性 t - 统计量。*、**和***分别表示检验统计量在10%、5%和1%的水平统计显著。

无论从统计意义还是经济意义上看，以上回归结果都有力地验证了我们之前的预期，即在政策不确定性较高的环境下，增长机会较多的高新技术企业具有更强的创新激励去从事创新活动以获取或加强其未来的竞争优势，从而增强了政策不确定性对创新活动的正向作用。

6.4.3 创新难度的影响

相比于一般的固定资产投资，创新投资的开发周期（time-to-develop）往往很长；并且除了收益上的不确定性，创新投资还有高度的技术不确定性（如完成项目的难度高）（Holmstrom，1989）。Grossman 和 Shapiro（1988）的研究发现，给定收益目标，企业更偏好需要付出较少确定性努力的投资项目。Pindyck（1993）进一步确证了R&D项目的技术不确定性特质会提高企业的R&D投资水平。Bar-Ilan 和 Strange（1996）则发现如果完成项目需要较长的时间周期（如建设周期或孕育期较长），那么不确定性的上升会促使企业加快投资。综合来讲，创新项目的技术不确定性和长建设周期性并不能通过推迟投资来消除，必须通过

尽早研发获得研发经验来提高项目成功的概率，因此技术不确定性和长建设周期性将促使企业尽快进行创新投资。因此，我们预期在创新难度比较大的行业，例如R&D过程特别长、成本高和高度不确定的行业（Holmstrom，1989；Hall and Lerner，2010），政策不确定性对企业创新的正效应将更强。我们将具体的检验模型设定为：

$$Innovation_{i,t+1} = \beta_0 + \beta_1 PU_{i,t} + \beta_2 HtoI_{i,t} \times PU_{i,t} + \beta_3 HtoI_{i,t} + \sum_k \gamma_k CONTROL_{i,t}^k + IndustryDum + \xi_{i,t} \quad (6-4)$$

其中，下标 i 和 t 分别表示公司和年份；*Innovation* 表示企业的创新活动，与前文一致，分别用 $LnPatent_{t+1}$ 和 $LnPatentA_{t+1}$ 来表示；*PU* 为政策不确定性变量；*HtoI* 为创新难度高的行业哑变量，参考Hall等（2005）、Tian和Wang（2014），我们将制药、医疗器械、化学、计算机、通信和电力行业归为创新难度大的行业，*HtoI* 取值为1，其他行业的企业 *HtoI* 取值为0；$CONTROL^k$ 为第 k 个控制变量，与基准回归模型相同；ξ 为随机误差项。

表6-8列示了创新难度如何影响政策不确定性与企业创新关系的回归结果。其中，以专利授权数量（$LnPatent_{t+1}$）为因变量的回归（1）结果显示，政策不确定性变量（*PU*）的系数仍然显著为正（系数估计值为0.283），说明对于创新难度较小的行业的企业来说，政策不确定性提高1个标准差（0.525），专利授权数量的自然对数平均增长了5.47%（0.283×0.525/e=0.547）。相比之下，创新难度和政策不确定性的交乘项（*PU*×*HtoI*）的系数估计值为0.064，且在5%水平上统计显著（t 值为2.05）。这说明，对于创新难度比较大的行业的企业来说，政策不确定性提高1个标准差，专利授权数量的自然对数平均增长了6.70%［0.525×（0.283+0.064）/e=0.067］，高出1.23%。以专利申请数量（$LnPatentA_{t+1}$）为因变量的回归（2）结果显示，政策不确定性变量（*PU*）的系数仍然显著为正（系数估计值为0.186），说明对于创新难度较小的行业的企业来说，政策不确定性提高1个标准差，专利申请量的自然对数平均增长了3.59%（0.186×0.525/e=0.0359）。相比之下，创新难度和政策不确定性的交乘项（*PU*×*HtoI*）的系数在1%水平上显著为正（系数估计值为0.155）。这说明，对于创新难度比较大的行业的企业来说，政策不确定性提高1个标准差，专利申请量的自然对数平均增长了6.59%［0.525×（0.186+0.155）/e=0.0659］，高出3.00%。以上结果验证了我们的预期，即较高的政策不确定性加速了企业对技术不确定性和长建设周期性项目的投资，从而放大了政策不确定性对企业创新的正向促进效应。

6.4.4 考虑外部经济状况的影响

外部经济条件（如经济繁荣或衰退）可能会影响政策不确定性与企业创新

的关系。正如 Hansen（2014）指出的那样，经济代理人可能更关注的是未来经济状况分布中“坏的”可能状态（badstates），而不是“好的”可能状态。随着不确定性的上升，有关未来经济状况“真实”分布的分布（由于不确定性，代理人并不清楚未来经济状况的真正分布）也会变宽（widen），最坏的情形进一步恶化，而类似 Hansen（2014）模型具有模糊厌恶的代理人做最坏的打算，假设最坏的情形出现来采取行动。另外，政府政策会根据经济状况做出反应，在经济状况比较差时政府更有可能采取行动。Bloom（2014）认为“坏消息”冲击相比于“好消息”冲击更容易引起不确定性，他们也发现在经济衰退时的政策不确定性远高于经济繁荣时。李凤羽和杨墨竹（2015）发现政策不确定性对企业资本投资的抑制作用在2008 年金融危机后更为显著。因此，我们进一步考察金融危机前后不同经济状况下政策不确定性对企业创新的影响差异。

具体地，参照李凤羽和杨墨竹（2015），我们将 2008 年金融危机及以后的年份定义为“坏的状态”，此时经济状态变量（*Badstates*）取值 1，将 2008 年以前的年份定义为“好的状态”，对 *Badstates* 赋值 0。我们将检验模型设定为：

$$Innovation_{i,t+1} = \beta_0 + \beta_1 PU_{i,t} + \beta_2 PU_{i,t} \times Badstates_{i,t} + \beta_3 Badstates_{i,t} + \sum_k \gamma_k CONTROL_{i,t}^k + IndustryDum + \xi_{i,t} \tag{6-5}$$

其中，下标 i 和 t 分别表示公司和年份，*Badstates* 为经济状态变量，其他变量设定与前文相同。我们最为关注政策不确定性变量（*PU*）与经济状况变量（*Badstates*）的交乘项（$PU \times Badstate$），它可以捕捉到外部经济状况对于政策不确定性与企业创新关系的调节效应。我们预期 $PU \times Badstate$ 的系数 $\beta_2 > 0$。

表6-8 的第（3）和第（4）列给出了考虑外部经济状况冲击后的政策不确定性与企业创新关系的回归结果。以专利授权数量（$LnPatent_{t+1}$）为因变量的回归（3）结果显示，外部经济状况和政策不确定性的交乘项（$PU \times Badstate$）的系数估计值为0.609，并在1%的统计水平上显著（t 值为9.31），而政策不确定性（*PU*）的系数在1%水平上显著为负（系数估计值为 -0.421），说明在2008 年金融危机之前即经济状况较好的时候，政策不确定性与企业的专利授权量呈负相关的关系。值得注意的是，即使 *PU* 的系数估计值显著为负，但是交乘项（$PU \times Badstate$）的系数估计值与政策不确定性（*PU*）的系数估计值之和大于0（$-0.421 + 0.609 = 0.188 > 0$，系数差异检验 t 值为63.91），说明金融危机之后即经济状况较差时，较高的政策不确定性对于专利授权数量的促进作用依然存在。与回归（3）的结果类似，以专利申请量（$LnPatentA_{t+1}$）为因变量的回归（4）结果显示，外部经济状况和政策不确定性的交乘项（$PU \times Badstate$）的系数在1%水平上显著为正（系数估计值为0.671）。政策不确定性变量（*PU*）的系数估计值显著为负（-0.598），说明在2008 年金融危机之前即经济状况较好的

时候，政策不确定性与企业的专利申请量呈负相关的关系。由于交乘项（$PU \times Badstate$）的系数估计值与政策不确定性 PU 的系数估计值之和大于 0（$-0.598 + 0.671 = 0.073 > 0$，系数差异检验 t 值为 87.55），说明经济状况较差时较高的政策不确定性还显著增加了企业的专利申请量。以上结果均表明，在外部经济状况较差的情况下，较高的政策不确定性对企业创新产出的正向促进效应更为明显。

表 6-8　考虑创新难度和外部经济状况的影响

变量	考虑创新难度的影响		考虑外部经济状况的影响	
	$LnPatent_{t+1}$	$LnPatentA_{t+1}$	$LnPatent_{t+1}$	$LnPatentA_{t+1}$
	(1)	(2)	(3)	(4)
$PU \times HtoI$	0.064** (2.05)	0.155*** (4.78)		
$HtoI$	-0.107 (-1.43)	-0.124 (-1.57)		
$PU \times Badstate$			0.609*** (9.31)	0.671*** (9.77)
$Badstate$			-0.154** (-2.57)	-0.072 (-1.14)
PU	0.283*** (15.06)	0.186*** (9.60)	-0.421*** (-6.55)	-0.598*** (-8.82)
$LnSize$	0.238*** (12.33)	0.271*** (13.09)	0.220*** (10.94)	0.244*** (11.30)
Lev	-0.398*** (-4.81)	-0.524*** (-5.77)	-0.362*** (-4.33)	-0.486*** (-5.30)
Roa	0.742*** (3.22)	0.767*** (3.03)	0.770*** (3.35)	0.803*** (3.17)
$LnAge$	-0.309*** (-7.40)	-0.295*** (-6.52)	-0.387*** (-8.61)	-0.400*** (-8.23)
$CPXTA$	0.129 (0.49)	0.312 (1.10)	0.159 (0.61)	0.377 (1.34)
$TobinQ$	0.035*** (3.78)	0.055*** (5.40)	0.020** (2.02)	0.033*** (3.16)
$Growth$	-0.103*** (-8.10)	-0.119*** (-8.32)	-0.091*** (-7.16)	-0.103*** (-7.19)

续表

变量	考虑创新难度的影响		考虑外部经济状况的影响	
	$LnPatent_{t+1}$	$LnPatentA_{t+1}$	$LnPatent_{t+1}$	$LnPatentA_{t+1}$
	(1)	(2)	(3)	(4)
HHI	-0.404 (-0.81)	-0.692 (-1.27)	-0.353 (-0.73)	-0.737 (-1.41)
MCIL	0.060*** (6.32)	-0.027*** (-2.70)	0.064*** (6.79)	-0.022** (-2.24)
GDP_ growth	-0.907* (-1.73)	-1.331** (-2.33)	0.571 (1.06)	0.740 (1.26)
Constant	-10.094*** (-9.28)	-1.626 (-1.41)	-9.631*** (-8.86)	-1.124 (-0.98)
Industry FE	Yes	Yes	Yes	Yes
R - squared	0.254	0.285	0.262	0.296
No. of Obs.	19512	19512	19512	19512

注：系数下方报告的是根据公司层面聚类调整的稳健性 t - 统计量。*、** 和 *** 分别表示检验统计量在 10%、5% 和 1% 的水平统计显著。

6.5 潜在渠道

6.5.1 政策不确定性与企业创新激励

根据前文的理论逻辑，在不确定的竞争性市场环境中，企业进行初始的 R&D 投资是为了获得未来的增长期权（Kulatilaka and Perotti，1998），占先（preemption）进入将赋予企业充分利用未来成长机会的能力，可以阻止竞争者进入或诱使竞争者作出让步，从而获得竞争优势。当策略占先（strategic preemption）的预期价值超出等待期权的价值时，不确定性确实能够激励企业尽早执行 R&D 投资（Weeds，2002）。因此，在这一部分我们将进一步检验政策不确定性是否通过提高创新激励（Incentive）从而促使企业从事更多的创新活动。

如果政策不确定性确实提高了企业的创新激励，那么我们就能观察到政策不确定性程度的提高会使得企业不断加大研发力度和强度。因此，参照赵玉林和谷

军健（2018）的做法，我们利用研发投入（R&D）来度量企业的创新激励。为了检验政策不确定性是否通过影响企业的创新激励来促进企业创新，我们构建如下多元回归模型：

$$Incentive_{i,t} = \varphi_0 + \varphi_1 PU_{i,t} + \sum_k \gamma_k CONTROL_{i,t}^k + IndustryDum + \xi_{i,t} \quad (6-6)$$

其中，下标 i 和 t 分别表示公司和年份。*Incentive* 为创新激励变量，借鉴刘国运和刘雯（2007）、李春涛和宋敏（2010）、倪骁然和朱玉杰（2016）、田轩和孟清扬（2018）的做法，我们同时考虑从研发强度（*RD_ Asset*）、研发的绝对规模（*LnRD*）和研发决策（*RD_ dum*）来度量企业的创新激励。具体变量定义与第4章相同。通过使用以上三个度量研发投入的指标，我们能够较为全面地检验政策不确定性对企业创新激励的影响。*PU* 为政策不确定性变量；$CONTROL^k$ 为第 k 个控制变量，控制变量的选取与基准回归相同；ξ 为随机误差项。我们主要使用混合最小二乘法（Pooled OLS）对以上模型进行回归，当以哑变量（*RD_ dum*）度量创新激励时采用 Logit 回归方法。另外，参照创新相关文献的做法（李春涛和宋敏，2010；Lin et al.，2010，2011；潘越等，2015；王义中等，2016），当采用研发支出/总资产（*RD_ Asset*）为因变量时，我们还同时采用 Tobit 回归方法进行稳健性测试。

表6-9给出了政策不确定性与企业创新激励的回归结果。其中，回归（1）和回归（2）以研发强度（*RD_ Asset*）作为因变量。第（1）列结果显示，政策不确定性（*PU*）的系数估计值在1%水平上显著为正，表明较高的政策不确定性环境显著提升了企业的研发强度。第（2）列为采用 Tobit 估计方法进行稳健性测试所得到的回归结果，从中可以看出，较高的政策不确定性有助于提升企业的研发强度这一结果并未改变。在以研发绝对规模（*LnRD*）为因变量的回归（3）中，政策不确定性的系数依然在1%的水平上显著为正，表明政策不确定性程度越高，企业研发投入的绝对规模越大。在以研发决策（*RD_ dum*）为因变量的回归（4）中，政策不确定性的系数依然在1%的水平上显著为正，表明较高的政策不确定性对企业是否进行研发投入的决策具有激励作用。以上检验均表明，政策不确定性有效地提高了企业的创新激励，从而促使企业更多地从事创新研发活动并获得更多的专利产出。

6.5.2 政策不确定性与企业风险承担

政策不确定性是市场风险的重要来源之一，当政策不确定性程度提高时，必然会加剧企业所面临的市场风险（顾夏铭等，2018）。而创新投资是一种长周期、高技术不确定性和高尾部风险的大规模无形资产投资（Holmstrom，1989），更多地从事研发和创新投资活动就意味着企业需要承担更大的风险。因此，我们进一步检验政策不确定性是否通过提高企业的风险承担水平来促进创新。具体地，我们设计如下检验模型：

$$Risk_{i,t} = \varphi_0 + \varphi_1 PU_{i,t} + \sum_k \gamma_k CONTROL_{i,t}^k + IndustryDum + \xi_{i,t} \quad (6-7)$$

其中，下标 i 和 t 分别表示公司和年份。*Risk* 为风险承担变量，参照 Coles 等（2006）、Bargeron 等（2010），我们采用股票回报波动率作为公司风险承担的代理变量。具体地，我们用企业股票在每一年的周（月）收益率标准差的自然对数来得到股票收益波动率 *Risk*1（*Risk*2）。*PU* 为政策不确定性变量；$CONTROL^k$ 为第 k 个控制变量，控制变量的选取与基准回归相同；ξ 为随机误差项。

表 6-9 的回归（5）和回归（6）给出了检验政策不确定性对企业风险承担影响的实证结果。第（5）列是以企业股票周收益波动率（*Risk*1）为因变量的回归结果，政策不确定性（*PU*）的系数为 0.002，并在 1% 的水平上统计显著（t 值为 8.59）。以企业股票月度收益波动率（*Risk*2）为因变量的回归（6）中也得到了类似的结论，政策不确定性（*PU*）的系数在 1% 水平上显著为正。这表明政策不确定性的上升显著提高了企业的风险承担水平。

表 6-9 政策不确定性与企业创新激励和企业风险承担

变量	创新激励渠道				风险承担渠道	
	RD_ Asset	*RD_ Asset*（*Tobit*）	*LnRD*	*RD_ dum*	*Risk*1	*Risk*2
	（1）	（2）	（3）	（4）	（5）	（6）
PU	0.001***	0.001***	0.353***	0.021***	0.002***	0.005***
	(3.95)	(3.95)	(5.14)	(5.01)	(8.59)	(2.63)
LnSize	0.001***	0.000***	1.100***	0.045***	-0.001***	-0.003***
	(4.78)	(4.78)	(12.92)	(9.25)	(-9.11)	(-3.82)
Lev	-0.009***	-0.005***	-4.902***	-0.273***	0.012***	0.035***
	(-10.08)	(-10.03)	(-10.16)	(-9.16)	(9.72)	(5.73)
Roa	0.013***	0.007***	1.750	0.080	-0.018***	-0.043**
	(4.11)	(4.11)	(1.28)	(0.97)	(-4.52)	(-2.41)
LnAge	-0.004***	-0.002***	-1.545***	-0.079***	0.001**	0.007***
	(-8.09)	(-8.13)	(-7.00)	(-6.02)	(2.38)	(4.32)
CPXTA	0.005	0.003	2.610*	0.137	-0.014***	-0.023
	(1.60)	(1.60)	(1.70)	(1.52)	(-4.32)	(-1.17)
TobinQ	0.001***	0.001***	0.296***	0.014***	0.003***	0.010***
	(8.63)	(8.61)	(5.31)	(4.11)	(12.58)	(9.00)

续表

变量	创新激励渠道				风险承担渠道	
	RD_ Asset	*RD_ Asset*（*Tobit*）	*LnRD*	*RD_ dum*	*Risk*1	*Risk*2
	(1)	(2)	(3)	(4)	(5)	(6)
Growth	-0.000 ** (-2.01)	-0.000 ** (-2.01)	-0.328 *** (-3.54)	-0.019 *** (-3.36)	0.003 *** (5.64)	0.021 *** (3.51)
HHI	-0.029 *** (-4.77)	-0.016 *** (-4.80)	-18.831 *** (-6.29)	-0.890 *** (-4.81)	0.026 *** (4.38)	0.077 * (1.83)
MCIL	-0.003 *** (-22.31)	-0.001 *** (-22.40)	-1.589 *** (-25.79)	-0.078 *** (-23.00)	0.005 *** (29.19)	0.007 *** (12.38)
GDP_ growth	-0.022 *** (-3.79)	-0.013 *** (-3.79)	-13.783 *** (-4.45)	-0.728 *** (-4.19)	-0.110 *** (-16.24)	-0.212 *** (-7.28)
Constant	0.258 *** (21.38)	0.258 (21.40)	152.862 *** (22.86)	46.583 (20.18)	-0.374 *** (-23.49)	-0.616 *** (-9.07)
Industry FE	Yes	Yes	Yes	Yes	Yes	Yes
R-squared	0.322	0.071	0.393	0.302	0.138	0.057
No. of Obs.	15929	15929	15929	15929	19506	19502

注：系数下方报告的是根据公司层面聚类调整的稳健性 t-统计量。*、** 和 *** 分别表示检验统计量在10%、5%和1%的水平统计显著。

6.6 政策不确定性与企业经营绩效

在本部分，我们主要从企业层面的实际经营绩效（企业盈利能力）考察政策不确定性影响企业创新行为的经济后果。过去的大量经验研究表明，企业研发投入及其带来的技术革新能够显著地提高生产效率，促进内生增长和提升公司价值（Blundell et al.，1999；Hall，2002；Bond et al.，2003；Hall et al.，2005；吴延兵，2006；吴延兵和米增渝，2011）。但近期有部分文献指出，虽然中国近年来的专利授权数量上升较快，但企业的创新质量并不高，存在专利—创新悖论（Shu et al.，2015）。也有不少研究发现，中国企业的 R&D 投入力度与全要素生产率（*TFP*）提升的相关性较弱（李小平和朱钟棣，2006；高凌云和王永中，2008）。但 Wei 等（2016）的最新研究显示，中国企业申请的专利质量并未因申请数量的大幅上升而显著下降。基于上述的争论，我们进一步检验政策不确定性如何通过企业的创新行为影响实际的经营效率。

具体而言，我们借鉴 Hirshleifer 等（2012）的分析思路，分两个部分进行，首先考察政策不确定性对企业创新效率的影响；然后检验政策不确定性如何通过企业创新影响其经营绩效。

首先，参考 Hirshleifer 等（2012）的识别方法，为了检验政策不确定性是否影响企业的创新效率，我们在本章基准模型（6－1）的基础上加入研发投入变量，从而显性地控制企业的 R&D 规模的影响。具体地，我们建立如下计量检验模型：

$$Innovation_{i,t+1} = \beta_0 + \beta_1 PU_{i,t} + \sum_k \gamma_k CONTROL_{i,t}^k + IndustryDum + \xi_{i,t} \quad (6-8)$$

其中，下标 i 和 t 分别表示公司和年份。*RD* 表示研发投入变量，与前文相同，我们同时从研发强度（*RD_ Asset*）、研发投入的绝对规模（*LnRD*）和研发决策（*RD_ dum*）三个角度来度量企业的研发投入。其他变量设定与基准回归模型（6－1）相同。相比于基准模型（6－1），控制研发投入规模的影响后，政策不确定性变量（*PU*）的系数捕捉的是 R&D 投入水平相同的情况下，政策不确定性对创新产出（及专利）数量的影响。给定 R&D 投入水平相同，创新产出（专利数量）越高，说明创新效率越高。

其次，我们参考 Desyllas 和 Hughes（2010）、Hirshleifer 等（2012）的做法，直接构造创新效率变量并建立如下的计量检验模型：

$$INNOV\_EFFECT_{i,t+1} = \beta_0 + \beta_1 PU_{i,t} + \sum_k \gamma_k CONTROL_{i,t}^k + IndustryDum + \varepsilon_{i,t} \quad (6-9)$$

其中，下标 i 和 t 分别表示公司和年份。*INNOV_ EFFECT* 表示企业创新效率，分别用 $Patent_{t+1}/LnRD$ 和 $PatentA_{t+1}/LnRD$ 两个变量来代替，这两个变量由企业 $t+1$ 年的专利被授予数量和企业 $t+1$ 年申请的专利数量分别除以研发支出的自然对数得到。其他变量设定与基准回归模型（6－1）相同。

最后，为了检验政策不确定性对企业经营绩效的影响，本章参考 Giannetti 等（2015）的分析框架，设定如下的多元回归模型：

$$Performance_{i,t+l} = \alpha_0 + \alpha_1 PU_{i,t} + \sum_k \theta_k CONTROL_{i,t-1}^k + IndustryDum + \xi_{i,t} \quad (6-10)$$

其中，下标 i 和 t 分别表示公司和年份。*Performance* 为企业经营绩效，用盈利能力（*Roa*）来表示。$l \in \{0, 1, 2, 3\}$，用于考虑政策不确定性对当期、$t+1$ 期、$t+2$ 期和 $t+3$ 期经营业绩的动态影响。参考 Giannetti 等（2015），企业层面的控制变量包括：企业规模（*LnSize*）、资产负债率（*Lev*）、企业年龄（*LnAge*）、

产品市场竞争（*HHI*）、股票收益波动率（*Volatility*）和现金流量（*Cashflow*）。其中，股票收益波动率（*Volatility*）和现金流量（*Cashflow*）的定义与第4章相同。宏观层面的控制变量仍与模型（6－1）相同；本部分的回归中仍然控制了行业固定效应的影响。

6.6.1 政策不确定性对企业创新效率的影响

表6－10给出了模型（6－8）和模型（6－9）的回归结果。其中，Panel A是控制了研发强度（*RD_ Asset*）和研发投入绝对规模（*LnRD*）后得到的回归结果。在PanelA中，第（1）和第（2）列以专利被授予数量（$LnPatent_{t+1}$）为因变量，从表中可以看出，研发强度（*RD_ Asset*）和研发投入绝对规模（*LnRD*）的系数在1%水平上显著为正，即研发投入强度或研发规模越大，企业的创新产出越多。在控制了研发强度或研发规模的影响之后，政策不确定性（*PU*）的系数估计值仍在1%水平上显著为正，即在相同研发强度或研发规模的条件下，政策不确定性程度越高，企业的专利授权数量越多。第（3）和第（4）列以专利申请数量（$LnPatentA_{t+1}$）为因变量，政策不确定性（*PU*）的系数估计值依然大于零，并在1%水平上统计显著。这说明，在研发强度或研发规模相同的情况下，政策不确定性程度越高，企业的专利申请数量越多。Panel B的第（1）和第（2）列是在模型（6－8）中控制了研发决策（*RD_ dum*）后得到的回归结果。以专利被授予数量（$LnPatent_{t+1}$）为因变量的第（1）列回归结果显示，在控制了企业的研发决策变量（*RD_ dum*）后，政策不确定性（*PU*）的系数估计值在1%水平上显著为正。以专利申请数量（$LnPatentA_{t+1}$）为因变量的第（2）列回归也得到了类似的结论。

Panel B的第（3）和第（4）列是根据模型（6－9）估计得到的回归结果。我们用企业$t+1$年的专利授权（申请）数量与研发支出绝对值自然对数的比值$Patent_{t+1}/LnRD$（$PatentA_{t+1}/LnRD$）作为创新效率的代理变量，发现政策不确定性（*PU*）的系数估计值依然显著为正。以上结果均表明，政策不确定性提高了企业的创新效率。

表6－10 政策不确定性对创新效率的影响

Panel A：控制研发强度、规模的影响				
变量	$LnPatent_{t+1}$		$LnPatentA_{t+1}$	
	(1)	(2)	(3)	(4)
PU	0.227***	0.221***	0.121***	0.114***
	(15.51)	(15.09)	(8.13)	(7.66)

续表

Panel A：控制研发强度、规模的影响				
变量	$LnPatent_{t+1}$		$LnPatentA_{t+1}$	
	(1)	(2)	(3)	(4)
RD_ Asset	19.290*** (12.79)		27.301*** (16.82)	
LnRD		0.034*** (12.83)		0.044*** (15.52)
LnSize	0.208*** (10.40)	0.186*** (8.94)	0.227*** (10.64)	0.200*** (8.97)
Lev	-0.219** (-2.41)	-0.227** (-2.52)	-0.288*** (-2.92)	-0.317*** (-3.22)
Roa	0.765*** (2.98)	0.954*** (3.68)	0.751*** (2.69)	1.023*** (3.61)
LnAge	-0.343*** (-7.37)	-0.366*** (-7.84)	-0.332*** (-6.68)	-0.370*** (-7.33)
CPXTA	0.266 (0.94)	0.265 (0.92)	0.498 (1.64)	0.507 (1.63)
TobinQ	-0.012 (-1.18)	0.001 (0.12)	-0.010 (-0.97)	0.009 (0.88)
Growth	-0.085*** (-5.97)	-0.081*** (-5.60)	-0.094*** (-6.00)	-0.089*** (-5.56)
HHI	0.183 (0.31)	0.262 (0.46)	-0.173 (-0.28)	-0.130 (-0.21)
MCIL	0.096*** (8.72)	0.100*** (9.32)	0.020* (1.75)	0.021* (1.83)
GDP_ growth	0.232 (0.41)	0.261 (0.45)	0.488 (0.80)	0.479 (0.77)
Constant	-13.075*** (-10.38)	-13.224*** (-10.84)	-5.592*** (-4.20)	-5.241*** (-4.06)
Industry FE	Yes	Yes	Yes	Yes
R-squared	0.287	0.282	0.340	0.325
No. of Obs.	15929	15929	15929	15929

续表

Panel B：控制研发决策变量的影响和更换创新效率变量				
变量	$LnPatent_{t+1}$	$LnPatentA_{t+1}$	$Patent_{t+1}/LnRD$	$PatentA_{t+1}/LnRD$
	(1)	(2)	(3)	(4)
PU	0.221*** (15.01)	0.114*** (7.59)	0.200*** (7.20)	0.163*** (4.49)
RD_ dum	0.465*** (11.19)	0.607*** (13.46)		
LnSize	0.202*** (9.65)	0.220*** (9.83)	0.512*** (7.37)	0.770*** (7.71)
Lev	-0.260*** (-2.86)	-0.360*** (-3.62)	-0.327* (-1.69)	-0.447 (-1.62)
Roa	0.985*** (3.75)	1.064*** (3.70)	0.690 (0.96)	1.252 (1.21)
LnAge	-0.380*** (-8.08)	-0.388*** (-7.63)	-0.313*** (-3.37)	-0.380*** (-3.06)
CPXTA	0.272 (0.94)	0.516 (1.64)	0.235 (0.37)	0.423 (0.47)
TobinQ	0.004 (0.44)	0.013 (1.24)	0.047** (2.29)	0.080*** (2.90)
Growth	-0.083*** (-5.77)	-0.093*** (-5.75)	-0.114** (-2.42)	-0.180*** (-2.58)
HHI	0.107 (0.18)	-0.333 (-0.54)	1.009 (0.93)	1.252 (0.81)
MCIL	0.086*** (8.10)	0.003 (0.24)	0.083*** (3.22)	-0.016 (-0.46)
GDP_ growth	0.158 (0.27)	0.344 (0.54)	1.447 (0.97)	2.188 (1.06)
Constant	-12.055*** (-9.94)	-3.716*** (-2.90)	-18.404*** (-5.43)	-13.624*** (-2.93)
Industry FE	Yes	Yes	Yes	Yes
R-squared	0.274	0.314	0.119	0.125
No. of Obs.	15929	15929	8968	8968

注：系数下方报告的是根据公司层面聚类调整的稳健性 t-统计量。*、**和***分别表示检验统计量在10%、5%和1%的水平统计显著。

6.6.2 政策不确定性对企业盈利能力的影响

表6－11 给出了 t 期的政策不确定性对 t 期、$t+1$ 期、$t+2$ 期和 $t+3$ 期企业盈利能力影响的回归结果。从第（1）列的估计结果可以看出，政策不确定性的系数估计值为0.003，并在1%水平上统计显著，即政策不确定性提高1个标准差（0.521），当期的资产收益率 *Roa* 提高0.26%（0.005×0.521＝0.0026）。考虑到本章所用样本的 *Roa* 均值仅为3.5%，政策不确定性对于企业盈利能力的提升仍然具有十分显著的经济含义（0.26%/3.5%＝7.43%）。从第（2）、第（3）列的估计结果可知，政策不确定性系数仍然显著为正（系数估计值分别为0.006和0.002），表明政策不确定性变动1个标准差，$t+1$ 期、$t+2$ 期的资产收益率分别提高0.47%和0.36%，高于 t 期的增长率。由第（4）列可以看出，政策不确定性与 $t+3$ 期的资产收益率回归后系数方向为负但不显著。综合以上回归结果，我们可以发现在控制了其他因素的影响之后，政策不确定性对企业盈利能力的提高存在长期的动态效应，这一正面效应在两年后依然显著存在。

表6－11 政策不确定性对企业盈利能力的影响

变量	ROA_t	ROA_{t+1}	ROA_{t+2}	ROA_{t+3}
	(1)	(2)	(3)	(4)
PU	0.003***	0.006***	0.002***	－0.001
	(3.39)	(7.48)	(2.67)	(－1.34)
LnSize	0.013***	0.008***	0.005***	0.001**
	(20.69)	(13.64)	(8.95)	(2.40)
Lev	－0.143***	－0.083***	－0.063***	－0.000
	(－29.13)	(－19.71)	(－15.40)	(－0.04)
LnAge	0.001	－0.002	－0.003*	－0.007***
	(0.48)	(－1.41)	(－1.90)	(－4.42)
HHI	－0.044	－0.026	0.045	0.018
	(－1.62)	(－0.91)	(1.46)	(0.63)
Volatility	0.016***	0.009*	0.008*	0.004
	(3.62)	(1.89)	(1.68)	(1.06)
Cashflow	0.117***	0.132***	0.103***	0.107***
	(4.81)	(6.63)	(6.05)	(6.33)
MCIL	0.004***	0.003***	0.001***	0.001*
	(10.56)	(6.41)	(2.83)	(1.81)

续表

变量	ROA_t	ROA_{t+1}	ROA_{t+2}	ROA_{t+3}
	(1)	(2)	(3)	(4)
GDP_ growth	-0.081*** (-3.62)	-0.019 (-0.73)	-0.133*** (-5.43)	-0.190*** (-7.98)
Constant	-0.641*** (-14.37)	-0.416*** (-8.61)	-0.181*** (-3.78)	-0.067 (-1.36)
Industry FE	Yes	Yes	Yes	Yes
R - squared	0.336	0.158	0.103	0.045
No. of Obs.	18747	18709	18677	16440

注：系数下方报告的是根据公司层面聚类调整的稳健性 t - 统计量。*、** 和 *** 分别表示检验统计量在 10%、5% 和 1% 的水平统计显著。

6.7　拓展性检验

为了体现工作的完整性，我们还进行了如下的一系列拓展性检验。

6.7.1　政策不确定性与行业创新

借鉴 Gulen 和 Ion（2016）的做法，为了减少企业个体噪音的影响，我们进一步从行业平均层面考察政策不确定性与创新的关系。具体地，我们将基准模型（6-1）中的创新变量以及企业层面的控制变量换成行业的平均值后重新进行估计。行业类别的划分依据证监会 2012 年发布的《上市公司行业分类指引》，制造业取两位行业代码，其他行业取一位行业代码。另外，为了确保回归结果不受行业类别划分的影响，我们还进一步地按照三位行业代码的划分计算相关变量并重新进行测试。

表 6-12 列示了检验政策不确定性对行业层面创新的影响后得到的回归结果。其中，第（1）和第（2）列所采用的行业划分标准为制造业取两位码、其他行业取一位码；第（3）和第（4）列则采用所有行业取三位码的行业划分标准。回归（1）和回归（3）以行业平均专利授权数量（$IND\_ LnPatent_{t+1}$）为因变量，在控制了一系列行业层面和宏观层面因素的影响之后，政策不确定性（*PU*）的系数在 1% 水平上显著为正值（0.202 和 0.224），表明政策不确定性提高 1 个标准差（0.525），行业专利授权数量的自然对数提高了 3.90%（0.202 ×

0.525/e =0.039）和 4.33%（0.224 ×0.525/e =0.0433）。回归（2）和回归（4）以行业平均专利申请数量（$IND\_LnPatentA_{t+1}$）为因变量，政策不确定性（PU）的系数依然在 1% 水平上显著为正（系数估计值分别为 0.162 和 0.170），说明政策不确定性（PU）提高 1 个标准差，行业专利申请的自然对数提高了 3.13%（0.162 ×0.525/e =0.0313）和 3.29%（0.17 ×0.525/e =0.0329）。以上结果表明，不确定的政策环境提高了行业的专利产出，从而从行业层面验证了基准回归的结论。

表 6－12　政策不确定性与行业创新

变量	制造业按两位码、其他按一位码划分行业		按三位码划分行业	
	$IND\_LnPatent_{t+1}$	$IND\_LnPatentA_{t+1}$	$IND\_LnPatent_{t+1}$	$IND\_LnPatentA_{t+1}$
	（1）	（2）	（3）	（4）
PU	0.202***	0.162***	0.224***	0.170***
	（5.58）	（5.31）	（7.82）	（5.93）
IND_LnSize	0.280***	0.326***	0.140*	0.141*
	（3.55）	（3.64）	（1.99）	（1.81）
IND_Lev	－0.002	－0.158	－0.320	－0.577
	（－0.01）	（－0.29）	（－0.97）	（－1.53）
IND_Roa	1.448	1.970	0.274	0.225
	（1.11）	（1.30）	（0.58）	（0.42）
IND_LnAge	－0.794***	－0.854**	0.130	0.330*
	（－2.95）	（－2.86）	（0.90）	（1.98）
IND_CPXTA	－0.767	－1.172	0.046	0.061
	（－0.33）	（－0.43）	（0.04）	（0.04）
IND_TobinQ	0.632*	0.738*	0.115	0.185
	（1.83）	（1.86）	（0.20）	（0.27）
IND_Growth	0.080	0.104	0.017	0.037
	（1.61）	（1.72）	（0.88）	（1.55）
IND_HHI	－0.115**	－0.155**	－0.084*	－0.108**
	（－2.10）	（－2.19）	（－1.74）	（－2.20）
$MCIL$	0.036	－0.013	0.122***	0.077***
	（1.27）	（－0.43）	（5.65）	（3.67）
GDP_growth	－0.035*	－0.037*	－0.033***	－0.035***
	（－2.03）	（－1.90）	（－4.03）	（－3.93）

续表

变量	制造业按两位码、其他按一位码划分行业		按三位码划分行业	
	$IND\_LnPatent_{t+1}$	$IND\_LnPatentA_{t+1}$	$IND\_LnPatent_{t+1}$	$IND\_LnPatentA_{t+1}$
	(1)	(2)	(3)	(4)
Constant	-7.134 (-1.71)	-2.806 (-0.62)	-14.796*** (-5.47)	-10.431*** (-3.88)
Industry FE	Yes	Yes	Yes	Yes
R-squared	0.322	0.327	0.253	0.305
No. of Obs.	240	240	905	905

注：系数下方报告的是根据公司层面聚类调整的稳健性 t-统计量。*、** 和 *** 分别表示检验统计量在 10%、5% 和 1% 的水平统计显著。

6.7.2　不同层面（来源）的政策不确定性与企业创新

Bloom（2014）、Hassett 和 Sullivan（2016）指出，在考察政策不确定性的经济效应时，区分政策不确定性的不同来源是十分重要的。因此，我们通过回归方法将企业面临的政策不确定性分解为全球层面、国家（中央政府）层面和地方政府层面的政策不确定性，并分别考察它们对企业创新活动的影响。

通过 Baker 等（2016）提供的全球层面的经济政策不确定性指数（PU_{global}）和中国经济政策不确定性指数（PU_{contry}），我们可以捕捉到全球层面和中国国家层面的政策不确定性。此外，我们还通过分省份的上市公司股价波动率来捕捉省级层面的政策不确定性（PU_{prov}）。具体地，首先根据上市公司注册地识别其所在省份，并基于个股月度收益率，按照总市值加权计算得到省级层面的月度股票指数收益率（计算第 i 家公司对应的指数收益率时剔除第 i 家公司自身的收益率）；然后再根据该月度指数收益率计算年度的标准差得到分省份的上市公司股价波动率（PU_{prov}）。不同于 Leahy 和 Whited（1996）利用公司层面的个股收益波动率度量不确定性的做法，本项目从地区层面上利用其他公司的加权股价波动率（剔除第 i 家公司的影响）来度量第 i 家公司面临的不确定性，从而有效地缓解了个体异质性引起的内生性问题。

我们同时设定如下的三个计量模型：

$$PU_{prov} = \beta_0 + \beta_1 PU_{global} + \beta_2 PU_{contry} + e_{prov} \tag{6-11}$$

$$PU_{contry} = \beta_0 + \beta_1 PU_{global} + \beta_2 PU_{prov} + e_{contry} \tag{6-12}$$

$$PU_{global} = \beta_0 + \beta_1 PU_{prov} + \beta_2 PU_{contry} + e_{global} \tag{6-13}$$

通过模型（6-11），我们可以将省级层面的政策不确定性指数（PU_{prov}）正交分解为与全球层面（PU_{prov}）和国家层面（PU_{contry}）的政策不确定性指数相关的部分$\hat{PU}_{prov}$［即模型（6－11）中的拟合值］及不相关的部分$\hat{e}_{prov}$［即式（6－11）中的残差］，而$\hat{e}_{prov}$即为纯粹地方政府层面的政策不确定性。类似地，我们也可以通过模型（6－12）和模型（6－13）分解出纯粹全球层面和国家层面的政策不确定性。然后将这些指标同时引入基准回归模型（6－1）中，检验来自不同层面的政策不确定性对企业创新的影响差异。

表6－13给出了检验不同层面（来源）的政策不确定性对企业创新影响后得到的回归结果。回归（1）、回归（2）和回归（3）以专利授权数量（$LnPatent_{t+1}$）为因变量，纯粹地方政府层面的政策不确定性（*e_ prov*）的系数在1%水平上显著为正，表明来自地方政府层面的政策不确定性显著增加了企业的专利授权数量。来自纯粹国家层面的政策不确定性（*e_ country*）的系数在1%水平上显著为负，来自纯粹全球层面的政策不确定性（*e_ global*）的系数在1%水平上显著为正。以专利申请数量（$LnPatentA_{t+1}$）为因变量的回归（4）、回归（5）和回归（6）也得到了类似的结果。值得注意的是，来自地方政府层面的政策不确定性的系数远远大于国家层面和全球层面的政策不确定性系数，表明政策不确定性与企业创新之间的正向关系主要是由来自地方政府层面的政策不确定性驱动的。

表6－13　政策不确定性的分解

变量	$LnPatent_{t+1}$			$LnPatentA_{t+1}$		
	(1)	(2)	(3)	(4)	(5)	(6)
e_ prov	0.938*** (3.09)			0.669** (2.08)		
e_ country		－0.123*** (－3.90)			－0.278*** (－8.39)	
e_ global			0.008*** (10.75)			0.010*** (13.06)
LnSize	0.240*** (12.36)	0.239*** (12.20)	0.231*** (11.67)	0.270*** (12.98)	0.266*** (12.66)	0.258*** (12.16)
Lev	－0.416*** (－4.97)	－0.403*** (－4.82)	－0.375*** (－4.46)	－0.548*** (－5.99)	－0.528*** (－5.76)	－0.499*** (－5.41)
Roa	0.787*** (3.41)	0.795*** (3.45)	0.793*** (3.43)	0.799*** (3.14)	0.813*** (3.20)	0.804*** (3.15)
LnAge	－0.298*** (－7.10)	－0.300*** (－7.08)	－0.338*** (－7.85)	－0.286*** (－6.26)	－0.303*** (－6.56)	－0.341*** (－7.30)

续表

变量	$LnPatent_{t+1}$			$LnPatentA_{t+1}$		
	(1)	(2)	(3)	(4)	(5)	(6)
CPXTA	0.257 (0.98)	0.273 (1.04)	0.259 (1.00)	0.436 (1.54)	0.467* (1.65)	0.437 (1.55)
TobinQ	0.032*** (3.36)	0.031*** (3.34)	0.024** (2.57)	0.053*** (5.11)	0.049*** (4.74)	0.042*** (4.09)
Growth	−0.109*** (−8.46)	−0.110*** (−8.60)	−0.112*** (−8.77)	−0.122*** (−8.50)	−0.125*** (−8.74)	−0.126*** (−8.85)
HHI	−0.297 (−0.58)	−0.209 (−0.41)	−0.110 (−0.22)	−0.712 (−1.30)	−0.581 (−1.06)	−0.497 (−0.92)
MCIL	0.011 (1.05)	0.011 (1.00)	−0.004 (−0.36)	−0.066*** (−5.90)	−0.081*** (−6.86)	−0.090*** (−7.76)
GDP_ growth	−2.096*** (−3.96)	−2.132*** (−4.11)	−0.880* (1.65)	−2.243*** (−3.91)	−1.929*** (−3.44)	−0.543 (−0.94)
Constant	−4.692*** (−3.95)	−4.676*** (−3.69)	−3.017** (−2.41)	2.586** (2.04)	4.233*** (3.14)	5.319*** (3.97)
Industry FE	Yes	Yes	Yes	Yes	Yes	Yes
R − squared	0.245	0.245	0.250	0.279	0.281	0.287
No. of Obs.	19510	19510	19510	19510	19510	19510

注：系数下方报告的是根据公司层面聚类调整的稳健性 t − 统计量。*、** 和 *** 分别表示检验统计量在 10%、5% 和 1% 的水平统计显著。

6.7.3 比较政策不确定性对常规投资和创新投资的影响差异

根据前文的理论分析，由于创新投资具有投资周期长、高度技术不确定性、投资规模大、投资可逆程度低等特点，政策不确定性对企业创新投资和常规的资本投资的影响可能存在很大的差异，因此，我们进一步检验政策不确定性对企业常规投资的影响，并与政策不确定性对创新投资的影响效应进行比较。具体地，我们设定如下计量检验模型：

$$Investment_{i,t} = \varphi_0 + \varphi_1 PU_{i,t} + \sum_k \gamma_k CONTROL_{i,t}^k + IndustryDum + \xi_{i,t} \tag{6-14}$$

其中，下标 i 和 t 分别表示公司和年份。*Investment* 为投资变量，参考相关文献（李春涛和宋敏，2010；田轩和孟清扬，2018），我们分别从投资强度和投资规模这两个角度来衡量常规投资和创新投资。具体地，我们用研发支出除以年末总资产得到创新投资强度变量（*RD_ Asset*），用研发支出加 1 取自然对数得到创新投资规模（*LnRD*）；用企业当年投资现金支出除以年末总资产得到常规投资强度变量（*INVT_ Asset*），用当年投资现金支出加 1 取自然对数得到常规投资规模（*LnINVT*）。其他变量设定与基准回归模型（6－1）相同。

表6－14 给出了模型（6－14）的回归结果。在以创新投资强度 *RD_ Asset* 为因变量的回归（1）中，政策不确定性（*PU*）的系数在5%水平上显著为正（系数估计值为0.001，*t* 值为2.15），表明政策不确定性显著提高了企业的创新投资强度。在以常规投资强度（*INVT_ Asset*）为因变量的回归（2）中，政策不确定性（*PU*）的系数显著为负（系数估计值为－0.028，*t* 值为－11.53），说明政策不确定性显著降低了企业的常规投资强度。同时，回归（1）和回归（2）中政策不确定性（*PU*）的系数在1%水平上通过了系数差异检验（*z*＝135.55）。在以创新投资规模（*LnRD*）和常规投资规模（*LnINVT*）为因变量的回归（3）和回归（4）中，我们也得到了类似的结果。具体地，在回归（3）中，政策不确定性（*PU*）的系数在1%水平上显著为正（系数估计值为0.353，*t* 值为5.14），表明政策不确定性显著扩大了企业的创新投资规模。在回归（4）中，政策不确定性（*PU*）的系数显著为负（系数估计值为－2.817，*t* 值为－7.41），说明政策不确定性显著抑制了企业的常规投资规模。同时，回归（3）和回归（4）中政策不确定性（*PU*）的系数也在1%水平上通过了系数差异检验（*z*＝504.22）。综合以上回归结果，我们可以发现政策不确定性显著提高了企业创新投资水平，从而印证了本章的基准回归结果。而政策不确定性显著抑制了企业的常规投资，与李凤羽和杨墨竹（2015）、Gulen 和 Ion（2016）的发现相一致。

表6－14　政策不确定性对常规投资和创新投资的影响差异

变量	*RD_ Asset*	*INVT_ Asset*	*LnRD*	*LnINVT*
	(1)	(2)	(3)	(4)
PU	0.001**	－0.028***	0.353***	－2.817***
	(2.15)	(－11.53)	(5.14)	(－7.41)
LnSize	0.001***	－0.001	1.100***	1.381***
	(4.78)	(－0.40)	(12.93)	(18.29)
Lev	－0.009***	－0.098***	－4.902***	－2.797***
	(－10.09)	(－8.92)	(－10.16)	(－5.57)
Roa	0.013***	0.130***	1.750	5.585***
	(4.11)	(3.73)	(1.28)	(3.60)

续表

变量	RD_ Asset	INVT_ Asset	LnRD	LnINVT
	(1)	(2)	(3)	(4)
LnAge	-0.004***	0.016***	-1.545***	-1.013***
	(-8.10)	(3.15)	(-7.01)	(-4.78)
CPXTA	0.005	-0.143***	2.610*	-4.291***
	(1.60)	(-5.25)	(1.70)	(-2.85)
TobinQ	0.001***	0.003**	0.296***	-0.550***
	(8.63)	(2.43)	(5.31)	(-9.63)
Growth	-0.000**	0.000	-0.328***	0.095
	(-2.01)	(0.12)	(-3.54)	(0.87)
HHI	-0.029***	-0.031	-18.831***	-3.135
	(-4.78)	(-0.77)	(-6.30)	(-1.21)
MCIL	-0.003***	-0.016***	-1.589***	-0.458***
	(-22.33)	(-7.99)	(-25.81)	(-6.42)
GDP_ growth	-0.022***	0.035	-13.783***	27.678***
	(-3.79)	(0.51)	(-4.45)	(8.98)
Constant	0.258***	1.698***	152.862***	36.233***
	(21.40)	(8.23)	(22.88)	(4.90)
Industry FE	Yes	Yes	Yes	Yes
R - squared	0.321	0.041	0.392	0.200
No. of Obs.	15929	17190	15929	17190

注：系数下方报告的是根据公司层面聚类调整的稳健性 t-统计量。*、**和***分别表示检验统计量在10%、5%和1%的水平统计显著。

6.8 内生性问题

潜在的逆向因果关系或宏观层面的遗漏变量都有可能导致检验变量的估计系数有偏且不一致。由于政策的制定与变更属于国家或地方政府层面的决策范畴，企业个体的行为很难从整体上影响宏观政策，所以政策不确定性与企业创新行为之间就不存在逆向因果关系。另外，我们在所有的回归中将创新变量领先一期的做法也有效避免了潜在的反向因果关系问题。本章采用 Baker 等（2016）的经济政策不确定性指数作为政策不确定性的代理变量时，遗漏变量问题才是内生性问题的主要来源（Bloom，2014）。尽管我们在基准回归模型（5－1）中引入了一系列企业层面和宏观层面的变量并控制了行业层面的固定效应，但仍有可能存在某些随时间变化的变量同时影响着宏观经济政策不确定性和企业的创新行为。因此，我们综合采用如下几种方法来缓解内生性问题。

6.8.1 工具变量法

在这一部分，我们试图为政策不确定性寻找合意的工具变量，通过工具变量分解出政策不确定性的变差（variation）中外生的部分，用以识别政策不确定性与企业创新的因果关系。Baker 等（2016）构建的全球层面以及主要经济体的经济政策不确定性指数为我们提供了合适的工具变量。

首先，借鉴王义中和宋敏（2014）、顾夏铭等（2018）的做法，我们选取“美国经济政策不确定性指数”作为“中国经济政策不确定性指数”的工具变量。作为世界上最发达的经济体，美国的政策变动往往会波及全球，从而导致各个国家的政策变动，因而该指数与我国经济政策不确定性指数具有较强的相关性。同时，中国企业的创新行为不大可能影响美国的政策不确定性，并且美国的政策不确定性更有可能通过中国的政策不确定性而非其他渠道影响中国企业的创新投资。其次，我们还选取了全球层面的经济政策不确定性指数作为“中国经济政策不确定性指数”的工具变量。中国企业的创新行为不大可能影响全球的政策不确定性，并且全球的政策不确定性更有可能通过中国的政策不确定性而非其他渠道影响中国企业的创新投资。最后，我们还借鉴了 Gulen 和 Ion（2016）的做法，选取与我国经贸往来更为密切的东亚邻国（日本和韩国）的经济政策不确定性指数作为我国政策不确定性的工具变量。由于 Baker 等（2016）提供的数据都为月度数据，我们使用年度算术平均值的方式将以上三个指数从月度数据进行转化得到年度数据。我们也尝试了按照年度中位数的方式进行转换，发现回归结果并未改变。

表 6－15 给出了上述工具变量进行回归得到的结果。其中，Panel A 的回归（1）～回归（3）所用的工具变量为基于美国报纸报道计算的“美国经济政策不确定性指数”PU_US1，具体构造方法与“中国经济政策不确定性指数”相同。Panel A 的回归（4）～回归（6）所用的工具变量为基于美国报纸报道计算的不确定性指标（news－based policy uncertainty index），税收到期指数（tax expiration index），CPI 预测不一致指数（CPI forecast disagree measure）和联邦、州、地方采购不一致指数（federal/state/local purchase disagree measure）加权计算的“美

国经济政策不确定性指数”（*PU_ US2*）。从 Panel A 的第（1）和第（4）列的第一阶段回归结果可以看出，*PU* 对 *PU_ US1* 和 *PU_ US2* 进行回归后得到的系数都在 1% 水平上显著为正，说明美国的经济政策不确定性指数对“中国经济政策不确定性”（*PU*）具有较强的解释力。从第（2）、第（3）和第（5）、第（6）列的第二阶段回归结果可以看出，专利授权量或申请量对政策不确定性（*PU*）回归后系数仍然显著为正，表明政策不确定性提高了企业的创新产出水平，与基准回归结果相一致。

Panel B 的回归（1）~回归（3）所用的工具变量为全球层面的政策不确定性指数（*PU_ gloal*）。从第一阶段回归（1）的结果可以看出，*PU* 对 *PU_ gloal* 进行回归后得到的系数在 1% 水平上显著为正，说明全球层面的经济政策不确定性指数对“中国经济政策不确定性”（*PU*）具有较强的解释力。从第二阶段回归（2）和回归（3）的结果可知，专利授权量或申请量对政策不确定性（*PU*）回归后系数仍然显著为正，表明政策不确定性提高了企业的创新产出水平。回归（4）~回归（6）所用的工具变量为基于韩国报纸报道计算的“韩国经济政策不确定性指数”（*PU_ SK*）和基于日本报纸报道计算的“日本经济政策不确定性指数”（*PU_ JP*），也得到了类似的结论。

表 6-15 内生性问题的处理：工具变量法

Panel A：工具变量——“美国经济政策不确定性指数”						
变量	*PU*	$LnPatent_{t+1}$	$LnPatentA_{t+1}$	*PU*	$LnPatent_{t+1}$	$LnPatentA_{t+1}$
	(1)	(2)	(3)	(4)	(5)	(6)
PU		0.490*** (20.16)	0.437*** (17.39)		0.529*** (19.95)	0.458*** (16.76)
PU_ US1	0.011*** (363.90)					
PU_ US2				0.011*** (352.56)		
LnSize	-0.009*** (-10.24)	0.237*** (12.22)	0.267*** (12.86)	-0.005*** (-5.26)	0.237*** (12.21)	0.267*** (12.85)
Lev	0.048*** (7.73)	-0.390*** (-4.70)	-0.526*** (-5.78)	0.025*** (3.83)	-0.388*** (-4.68)	-0.525*** (-5.77)
Roa	0.040 (1.42)	0.709*** (3.08)	0.728*** (2.87)	0.056* (1.81)	0.702*** (3.05)	0.725*** (2.86)

续表

Panel A：工具变量——“美国经济政策不确定性指数”						
变量	PU	$LnPatent_{t+1}$	$LnPatentA_{t+1}$	PU	$LnPatent_{t+1}$	$LnPatentA_{t+1}$
	(1)	(2)	(3)	(4)	(5)	(6)
LnAge	-0.033*** (-14.12)	-0.320*** (-7.65)	-0.307*** (-6.75)	-0.003 (-1.35)	-0.322*** (-7.71)	-0.308*** (-6.78)
CPXTA	0.084*** (3.08)	0.049 (0.19)	0.250 (0.89)	0.136*** (4.55)	0.032 (0.12)	0.241 (0.85)
TobinQ	-0.008*** (-8.13)	0.035*** (3.82)	0.055*** (5.47)	-0.008*** (-7.30)	0.035*** (3.83)	0.056*** (5.48)
Growth	-0.010*** (-3.17)	-0.099*** (-7.77)	-0.114*** (-7.95)	-0.016*** (-4.18)	-0.099*** (-7.70)	-0.114*** (-7.92)
HHI	0.358*** (6.92)	-0.432 (-0.88)	-0.840 (-1.57)	0.299*** (6.26)	-0.446 (-0.91)	-0.848 (-1.58)
MCIL	-0.198*** (-222.11)	0.084*** (9.21)	-0.002 (-0.22)	-0.145*** (-153.25)	0.089*** (9.73)	0.001 (0.07)
GDP_ growth	0.845*** (18.48)	-0.034 (-0.06)	-0.358 (-0.62)	0.327*** (6.04)	0.151 (0.28)	-0.255 (-0.43)
Constant	20.249*** (225.85)	-12.801*** (-12.34)	-4.460*** (-4.08)	14.702*** (156.91)	-13.365*** (-12.79)	-4.773*** (-4.34)
Industry FE	Yes	Yes	Yes	Yes	Yes	Yes
R-squared	0.764	0.250	0.281	0.657	0.249	0.280
No. of Obs.	19512	19512	19512	19512	19512	19512
Panel B：工具变量——全球层面和东亚各国的经济政策不确定性指数						
变量	PU	$LnPatent_{t+1}$	$LnPatentA_{t+1}$	PU	$LnPatent_{t+1}$	$LnPatentA_{t+1}$
	(1)	(2)	(3)	(4)	(5)	(6)
PU		0.473*** (19.35)	0.433*** (17.08)		0.406*** (17.61)	0.371*** (15.50)
PU_ gloal	0.015*** (327.50)					
PU_ SK				0.002*** (58.17)		

续表

Panel B：工具变量——全球层面和东亚各国的经济政策不确定性指数

变量	PU	$LnPatent_{t+1}$	$LnPatentA_{t+1}$	PU	$LnPatent_{t+1}$	$LnPatentA_{t+1}$
	(1)	(2)	(3)	(4)	(5)	(6)
PU_ JP				0.017*** (292.06)		
LnSize	-0.013*** (-12.96)	0.237*** (12.23)	0.267*** (12.86)	-0.018*** (-18.01)	0.238*** (12.26)	0.268*** (12.89)
Lev	0.057*** (8.37)	-0.390*** (-4.71)	-0.526*** (-5.78)	0.036*** (5.17)	-0.393*** (-4.74)	-0.529*** (-5.81)
Roa	0.045 (1.53)	0.712*** (3.09)	0.729*** (2.88)	0.091*** (3.22)	0.723*** (3.14)	0.739*** (2.92)
LnAge	-0.038*** (-15.07)	-0.319*** (-7.62)	-0.306*** (-6.74)	-0.040*** (-16.25)	-0.315*** (-7.52)	-0.303*** (-6.66)
CPXTA	0.095*** (3.47)	0.056 (0.22)	0.252 (0.89)	0.142*** (5.28)	0.086 (0.33)	0.279 (0.99)
TobinQ	-0.014*** (-12.55)	0.035*** (3.81)	0.055*** (5.47)	-0.024*** (-19.30)	0.035*** (3.79)	0.055*** (5.46)
Growth	-0.011*** (-3.61)	-0.100*** (-7.80)	-0.114*** (-7.95)	0.000 (0.12)	-0.101*** (-7.92)	-0.115*** (-8.05)
HHI	0.425*** (7.48)	-0.426 (-0.86)	-0.839 (-1.57)	0.365*** (6.95)	-0.401 (-0.81)	-0.816 (-1.52)
MCIL	-0.069*** (-79.04)	0.082*** (9.07)	-0.003 (-0.26)	-0.145*** (-182.94)	0.073*** (7.90)	-0.011 (-1.08)
GDP_ growth	1.209*** (24.22)	-0.110 (-0.21)	-0.373 (-0.64)	0.341*** (8.03)	-0.431 (-0.82)	-0.668 (-1.16)
Constant	6.822*** (77.28)	-12.567*** (-12.26)	-4.413*** (-4.09)	14.377*** (180.82)	-11.589*** (-11.08)	-3.513*** (-3.19)
Industry FE	Yes	Yes	Yes	Yes	Yes	Yes
R-squared	0.771	0.251	0.281	0.786	0.253	0.283
No. of Obs.	19512	19512	19512	19512	19512	19512

注：系数下方报告的是根据公司层面聚类调整的稳健性 t - 统计量。*、** 和 *** 分别表示检验统计量在 10%、5% 和 1% 的水平统计显著。

6.8.2 控制其他宏观层面因素的影响

为了缓解遗漏变量的影响，我们参考 Gulen 和 Ion（2016）、李凤羽和杨墨竹（2015）的讨论，引入更多的控制变量。首先，在政策不确定性比较高时，往往未来潜在的投资机会或预期收益也比较低（如经济衰退、战争或金融危机时期），因而政策不确定性指数可能捕捉到未来的投资机会。尽管基准模型（5-1）已经引入托宾 *Q* 值和销售增长率控制企业层面的投资机会，但仍可能遗漏其他宏观层面上的投资机会因素。因此，我们进一步引入企业景气指数（*CCI*）这一宏观经济先行指标来捕捉对企业未来经济前景的预期。其次，Baker 等（2016）的指数可能捕捉到其他经济基本面而非政策方面的不确定性（Gulen and Ion，2016），因此我们引入企业资产收益率的横截面标准差（*SD_ Roa*）来控制未来企业盈利能力的不确定性；进一步地，我们还控制了被股票市场预知的那部分不确定性，用股票收益率的横截面标准差（*Volatility*）表示。最后，我们还借鉴了 Fang 等（2014）、顾夏铭等（2018）的做法，即把滞后一期的被解释变量作为控制变量放入回归方程中，用于捕捉不随时间变化的遗漏变量所带来的影响。

表6-16 的第（1）、第（2）列给出了控制更多变量后所得到的回归结果。我们发现，即使控制了未来经济前景预期（*CCI*）、未来企业盈利能力不确定性（*SD_ Roa*）、被股票市场预知的不确定性（*Volatility*）等因素后，检验变量估计系数（*PU*）的作用方向和显著性并未发生实质性变化，依然保持在1%水平上显著为正。第（3）、第（4）列为控制了滞后一期的被解释变量后所得到的回归结果。从表中可以看出，把滞后一期的被解释变量作为控制变量放入回归方程后，政策不确定性 *PU* 的系数相比于基准回归模型出现了较大幅度的下降，但是未对 *PU* 估计系数的作用方向和显著性产生实质性的影响。以上回归结果表明，在控制了潜在遗漏变量问题后，本章的基准回归结果并未受到实质性影响。

6.8.3 面板固定效应模型

尽管在基准模型设定中我们已经引入了行业的固定效应，但企业层面的个体异质性以及不随时间变化的其他遗漏变量也可能会导致系数估计有偏且不一致。上市公司的大样本面板数据以及主要检验变量在时间上的变化使得我们能够控制这些因素的影响。为了缓解遗漏变量的问题并同时控制公司层面不可观测的个体异质性的影响，我们采用公司固定效应模型（firm fixed effects）对前述的基准回归模型进行重新估计。

由表6-16 的第（5）和第（6）列的估计结果可知，在使用公司固定效应

控制住了不可观测的公司个体异质性以及潜在的遗漏变量问题后，政策不确定性（*PU*）的系数依然在 1% 水平上显著为正，表明政策不确定性与企业创新行为之间关系的作用方向和显著性并未发生实质性的改变。该结果证实了政策不确定性与企业创新行为之间的正向关系不太可能是由不随时间变化的遗漏变量或不可观测的公司个体异质性驱动的。

表 6－16　内生性问题的处理：其他方法

变量	控制更多的宏观变量		放入被解释变量的滞后项		固定效应模型	
	$LnPatent_{t+1}$	$LnPatentA_{t+1}$	$LnPatent_{t+1}$	$LnPatentA_{t+1}$	$LnPatent_{t+1}$	$LnPatentA_{t+1}$
	(1)	(2)	(3)	(4)	(5)	(6)
PU	0.302***	0.233***	0.135***	0.109***	0.237***	0.144***
	(19.51)	(14.73)	(11.55)	(9.28)	(19.32)	(11.88)
LnSize	0.237***	0.266***	0.038***	0.040***	0.063***	0.073***
	(12.09)	(12.63)	(8.11)	(8.14)	(4.30)	(4.44)
Lev	−0.379***	0.507***	−0.023	−0.067***	−0.047	0.008
	(−4.55)	(−5.53)	(−0.93)	(−2.58)	(−0.82)	(0.13)
Roa	0.739***	0.757***	0.572***	0.607***	0.091	0.036
	(3.19)	(2.98)	(6.70)	(6.86)	(0.78)	(0.28)
LnAge	−0.310***	−0.300***	−0.113***	−0.099***	0.282***	0.553***
	(−7.33)	(−6.53)	(−9.16)	(−7.86)	(7.05)	(12.48)
CPXTA	0.133	0.352	0.005	0.107	0.143	0.102
	(0.51)	(1.24)	(0.06)	(1.07)	(1.03)	(0.69)
TobinQ	0.036***	0.055***	−0.003	0.002	−0.023***	−0.022***
	(3.82)	(5.36)	(−1.05)	(0.73)	(−4.51)	(−4.05)
Growth	−0.097***	−0.109***	−0.014*	−0.017**	−0.039***	−0.043***
	(−7.58)	(−7.56)	(−1.86)	(−2.18)	(−4.39)	(−4.38)
HHI	−0.320	−0.713	0.035	0.011	0.503*	0.499*
	(−0.64)	(−1.31)	(0.22)	(0.07)	(1.90)	(1.71)
MCIL	0.076***	0.006	0.087***	0.048***	0.121***	0.063***
	(6.28)	(0.44)	(17.55)	(9.77)	(16.56)	(8.56)
GDP_ growth	−1.232**	−1.959***	−0.215	−0.191	−0.258	0.291
	(−2.03)	(−2.96)	(−0.97)	(−0.84)	(−0.77)	(0.82)
CCI	−0.003**	−0.007***				
	(−2.18)	(−4.73)				

续表

变量	控制更多的宏观变量		放入被解释变量的滞后项		固定效应模型	
	$LnPatent_{t+1}$	$LnPatentA_{t+1}$	$LnPatent_{t+1}$	$LnPatentA_{t+1}$	$LnPatent_{t+1}$	$LnPatentA_{t+1}$
	(1)	(2)	(3)	(4)	(5)	(6)
SD_ Roa	-0.074 (-1.55)	-0.110* (-1.91)				
Volatility	-0.227*** (-3.52)	-0.268*** (-3.56)				
$LnPatent_{t+0}$			0.769*** (106.60)			
$LnPatentA_{t+0}$				0.805*** (110.73)		
Constant	-11.193*** (-9.60)	-3.889*** (-3.12)	-9.378*** (-18.31)	-5.468*** (-10.69)	-13.633*** (-16.57)	-8.337*** (-10.08)
Industry FE	Yes	Yes	Yes	Yes	No	No
Firm FE	No	No	No	No	Yes	Yes
R - squared	0.255	0.286	0.724	0.760	0.057	0.073
No. of Obs.	19468	19468	19512	19512	19512	19512

注：系数下方报告的是根据公司层面聚类调整的稳健性 *t* - 统计量。*、**和***分别表示检验统计量在10%、5%和1%的水平统计显著。

6.9 稳健性检验

为了检验上述研究结果的可靠性，本部分将分别从变更政策不确定性和企业创新的测度方法、计量模型设定和样本选择标准等方面对上述的实证结果做一系列的稳健性测试。

6.9.1 更换计量估计方法：泊松回归和负二项回归

我们主要采用混合最小二乘法（Pooled OLS）对本章的计量模型进行回归估计。但是，度量企业创新活动所使用的专利授权数量和专利申请数量存在非负和计数性质，可能会使我们的回归估计出现偏误。为此，参考 Fang 等（2014）、

Acemoglu 等（2016）和陈怡欣等（2018）的做法，我们采用泊松回归（Poisson Regression）和负二项回归（Negative Binomial Regression）方法对基准回归模型（6-1）重新进行估计。

表6-17给出了变换计量估计方法后的回归结果。其中，回归（1）和回归（2）采用的是泊松回归估计方法。从中可以看出，在控制了营业收入的自然对数（*LnSize*）、财务杠杆比例（*Lev*）、资产收益率（*Roa*）、企业年龄（*LnAge*）、市场竞争程度（*HHI*）、资本支出比例（*CPXTA*）、公司成长性（*TobinQ*）和销售增长率（*Growth*），以及宏观经济先行指数（*MCIL*）、省级 *GDP* 实际增长率（*GDP_ growth*）等一系列宏微观变量之后，检验变量的作用方向和显著性仍然没有发生改变。政策不确定性（*PU*）的系数都一致地在1%的水平上显著为正值（系数估计值分别为0.295、0.193），略微小于基准回归结果中 *PU* 的系数。回归（3）和回归（4）采用的是负二项回归估计方法。从中可以看出，政策不确定性（*PU*）的系数依然一致地在1%的水平上显著为正值，说明政策不确定性与企业创新的正向关系不太可能受到计量估计方法选择的影响。

表6-17 更换计量估计方法：泊松回归和负二项回归

变量	泊松回归		负二项回归	
	$LnPatent_{t+1}$	$LnPatentA_{t+1}$	$LnPatent_{t+1}$	$LnPatentA_{t+1}$
	(1)	(2)	(3)	(4)
PU	0.295*** (20.23)	0.193*** (15.81)	0.315*** (19.59)	0.213*** (15.38)
LnSize	0.268*** (15.41)	0.260*** (15.87)	0.296*** (16.48)	0.288*** (17.01)
Lev	-0.743*** (-5.93)	-0.781*** (-6.82)	-0.853*** (-6.23)	-0.881*** (-7.02)
Roa	1.394*** (4.31)	1.118*** (3.80)	1.366*** (4.13)	1.095*** (3.60)
LnAge	-0.283*** (-7.32)	-0.229*** (-6.39)	-0.339*** (-8.07)	-0.272*** (-6.98)
CPXTA	0.168 (0.61)	0.356 (1.41)	0.278 (0.99)	0.457* (1.77)
TobinQ	0.000 (0.01)	0.020** (2.02)	0.004 (0.31)	0.026** (2.29)

续表

变量	泊松回归		负二项回归	
	$LnPatent_{t+1}$	$LnPatentA_{t+1}$	$LnPatent_{t+1}$	$LnPatentA_{t+1}$
	(1)	(2)	(3)	(4)
Growth	-0.137*** (-6.08)	-0.133*** (-6.27)	-0.157*** (-6.30)	-0.153*** (-6.56)
HHI	-0.319 (-0.49)	-0.840 (-1.32)	-0.311 (-0.51)	-0.809 (-1.34)
MCIL	0.069*** (6.80)	-0.022** (-2.39)	0.066*** (6.28)	-0.024** (-2.56)
GDP_ growth	-1.033* (-1.85)	-1.332** (-2.54)	-1.083* (-1.87)	-1.405** (-2.57)
Constant	-12.976*** (-11.71)	-3.266*** (-3.11)	-13.118*** (-11.62)	-3.540*** (-3.43)
Industry FE	Yes	Yes	Yes	Yes
R-squared	0.208	0.220	0.132	0.138
No. of Obs.	19512	19512	19512	19512

注：系数下方报告的是根据公司层面聚类调整的稳健性 t-统计量。*、**和***分别表示检验统计量在10%、5%和1%的水平统计显著。

6.9.2 政策不确定性与企业创新质量

本章采用专利总量度量创新只考虑了创新活动的数量，却未考虑创新的质量。因此，本部分我们进一步考察政策不确定性是否提高了企业的创新质量。现有文献主要采用专利引用数量来度量专利的质量，但是我国缺乏专利引用次数的数据。在我国，《专利法》将专利分为发明、实用新型和外观设计三种类型。其中发明专利的技术含量较高，新颖性最强、申请难度最大；而实用新型专利和外观设计专利的技术含量和申请门槛较低。因此，相比于其他的专利类型，发明专利被认为更具原创性、更能体现企业的实质性技术创新。本章参照黎文靖和郑曼妮（2016）的做法，采用领先一期的发明专利授权数量的自然对数（$LnPatent1_{t+1}$）来捕捉企业创新活动的质量。为了体现工作的完整性，我们还同时考虑了外观设计和实用新型专利授权数量（$LnPatent23_{t+1}$）（Tan et al.，2014）。

表6-18给出了政策不确定性与不同专利类别回归的结果。其中，回归（1）

和回归（3）为政策不确定性与发明专利授权量和发明专利申请量回归得到的结果。从表中可以看出，政策不确定性（*PU*）的系数保持在1%的水平上显著为正值（系数估计值分别为0.324和0.186），表明较高程度的政策不确定性提高了企业发明专利授权量和发明专利申请量的产出水平。另外，回归（2）和回归（4）为政策不确定性与实用新型专利、外观设计专利数量回归得到的结果。政策不确定性（*PU*）的系数保持在1%的水平上显著为正值，表明政策不确定性也显著促进了企业实用新型专利数量和外观设计专利数量的增加。

表 6－18　政策不确定性与企业创新质量

变量	$LnPatent1_{t+1}$	$LnPatent23_{t+1}$	$LnPatentA1_{t+1}$	$LnPatentA23_{t+1}$
	(1)	(2)	(3)	(4)
PU	0.324 ***	0.213 ***	0.186 ***	0.180 ***
	(25.94)	(14.49)	(14.54)	(12.29)
LnSize	0.133 ***	0.231 ***	0.230 ***	0.234 ***
	(9.17)	(11.15)	(11.39)	(11.26)
Lev	−0.115 ***	−0.335 ***	−0.305 ***	−0.352 ***
	(−2.58)	(−4.11)	(−4.38)	(−4.28)
Roa	0.275 *	0.483 **	0.474 **	0.462 **
	(1.89)	(2.11)	(2.22)	(2.00)
LnAge	−0.176 ***	−0.238 ***	−0.168 ***	−0.233 ***
	(−7.24)	(−5.68)	(−4.63)	(−5.49)
CPXTA	0.413 **	−0.148	0.466 *	−0.178
	(2.39)	(−0.56)	(1.89)	(−0.67)
TobinQ	0.018 ***	0.031 ***	0.053 ***	0.035 ***
	(3.42)	(3.37)	(6.64)	(3.75)
Growth	−0.044 ***	−0.091 ***	−0.087 ***	−0.092 ***
	(−6.21)	(−7.19)	(−7.62)	(−7.13)
HHI	−0.257	−0.564	−0.664	−0.618
	(−0.87)	(−1.28)	(−1.45)	(−1.39)
MCIL	0.171 ***	0.002	−0.021 **	−0.019 **
	(22.19)	(0.23)	(−2.41)	(−2.00)
GDP_ growth	−0.345	−0.856	−1.055 **	−0.879 *
	(1.06)	(−1.63)	(−2.26)	(−1.66)

续表

变量	$LnPatent1_{t+1}$	$LnPatent23_{t+1}$	$LnPatentA1_{t+1}$	$LnPatentA23_{t+1}$
	(1)	(2)	(3)	(4)
Constant	-19.844***	-4.176***	-1.988*	-2.047*
	(-20.92)	(-3.78)	(-1.92)	(-1.83)
Industry FE	Yes	Yes	Yes	Yes
R-squared	0.199	0.212	0.235	0.214
No. of Obs.	19512	19512	19512	19512

注：系数下方报告的是根据公司层面聚类调整的稳健性 t-统计量。*、** 和 *** 分别表示检验统计量在 10%、5% 和 1% 的水平统计显著。

综合表 6-18 和基准回归的回归结果，我们发现不确定的政策环境不仅显著提高了企业创新产出水平，还从根本上提高了企业的创新质量。

6.9.3 变换企业创新活动的度量方式：专利存量

为了更好地反映专利资产的长期本质，参照现有文献的研究（Griliches，1984；Hall，1993；Hall et al.，2005；Fang et al.，2017），我们使用专利授权存量和专利申请存量来度量企业的创新活动，两个专利存量的具体定义及构造方法与第 4 章相同。

表 6-19 的第（1）和第（2）列给出了以专利存量度量企业创新活动并对基准回归模型（6-1）进行重新估计的回归结果。其中，第（1）列以每百万元资产对应的专利授权存量作为因变量，在控制了一系列宏微观变量之后，政策不确定性（*PU*）的系数依然保持在 1% 水平上显著为正值，表明政策不确定性显著提高了公司的专利授权存量水平。第（2）列以每百万元资产对应的专利申请存量作为因变量，我们也得到了类似的结论，即政策不确定性对企业专利申请存量具有显著的正向促进效应。以上结果表明，变换企业创新活动的度量方式并没有对本章的基准回归结果造成实质性影响。

6.9.4 考虑专利授权数据的断尾问题

本章使用了专利授权数量的自然对数（$LnPatent_{t+1}$）来度量企业的创新活动。虽然本章以 2014 年作为截止年份可以确保样本期间内的专利申请有足够的时间被专利局审查及授权，但有些企业在样本期内的专利申请可能仍在审查阶段，并且有些专利申请可能未能通过审查。因此，这些创新活动都无法被观测到，采用专利授权数量度量企业创新活动会面临数据的“断尾问题”（truncation

problem）。

为了降低该问题的影响，我们在前面所有的回归中都使用了公司当年申请的专利总数的自然对数（$LnPatentA_{t+1}$）作为度量创新产出的代理变量（Griliches et al.，1988）。然而，有些专利申请可能最终未能通过审查，所以使用专利申请数量也并不能真实地反映出企业的创新产出。因此，我们首先借鉴 Hall 等（2001）、Tan 等（2014）、Fang 等（2014）的做法，通过估计专利申请—授权的分布特征对专利授权数据进行调整，具体调整方法与细节与第 4 章相同。另外，我们还借鉴 Luong 等（2017）的做法，将专利数据的样本截止年份往前推移到 2011 年，即样本区间缩短为 2003～2010 年，从而删除了可能存在“断尾问题”的样本，并使得 2011 年附近申请的专利有足够的时间被专利局审查及授权。

表 6－19 的第（3）和第（4）列即为考虑专利授权量的断尾问题（truncation problem）后重新估计基准模型（6－1）得到的回归结果。其中，第（3）列以调整后的专利授权量（$LnPatent\_adj_{t+1}$）作为因变量，在控制了一系列宏微观变量之后，政策不确定性（*PU*）的系数依然保持在 1% 水平上显著为正值，表明政策不确定性与企业专利授权数量的正向关系依然存在。第（4）列为使用 2003～2010 年样本进行回归得到的结果，政策不确定性（*PU*）的系数依然显著为正值。以上回归结果表明，在考虑了专利授权量的断尾问题后，政策不确定性对企业的创新产出依然存在正向效应，与基准回归结果相一致。

表 6－19　使用专利存量度量创新活动及考虑专利授权量截断问题

变量	以专利存量度量创新		调整后的专利授权量	使用 2003～2010 年的专利授权量
	Patent_ Stk/Asset	*PatentA_ Stk/Asset*	$LnPatent\_adj_{t+1}$	$LnPatent_{t+1}$
	(1)	(2)	(3)	(4)
PU	0.002***	0.002***	0.105***	0.510***
	(4.72)	(3.56)	(5.94)	(10.20)
LnSize	0.000	0.001	0.299***	0.240***
	(0.89)	(1.11)	(12.61)	(10.03)
Lev	－0.005	－0.008	－0.528***	－0.280***
	(－1.20)	(－1.63)	(－5.52)	(－3.03)
Roa	－0.014	－0.021	0.701**	0.500**
	(－0.75)	(－0.93)	(2.57)	(2.16)

续表

变量	以专利存量度量创新		调整后的专利授权量	使用 2003~2010 年的专利授权量
	$Patent\_Stk/Asset$	$PatentA\_Stk/Asset$	$LnPatent\_adj_{t+1}$	$LnPatent_{t+1}$
	(1)	(2)	(3)	(4)
LnAge	-0.003***	-0.003***	-0.291***	-0.337***
	(-2.58)	(-2.64)	(-5.94)	(-6.32)
CPXTA	-0.023***	-0.027***	-0.078	-0.212
	(-3.97)	(-3.88)	(-0.25)	(-0.71)
TobinQ	0.003***	0.003***	0.063***	0.042***
	(3.15)	(3.29)	(5.75)	(3.38)
Growth	-0.002***	-0.002***	-0.122***	-0.098***
	(-4.08)	(-3.99)	(-7.74)	(-6.71)
HHI	0.021	0.019	-0.566	-0.487
	(1.06)	(0.90)	(-0.97)	(-1.07)
MCIL	-0.002***	-0.003***	-0.116***	0.162***
	(-4.25)	(-5.41)	(-9.64)	(7.35)
GDP_growth	-0.019	-0.028*	-1.333**	0.663
	(-1.38)	(-1.75)	(-2.22)	(1.16)
Constant	0.181***	0.274***	6.822***	-20.838***
	(4.62)	(5.98)	(5.12)	(-10.36)
Industry FE	Yes	Yes	Yes	Yes
R-squared	0.065	0.069	0.250	0.268
No. of Obs.	19512	19512	19478	10715

注：系数下方报告的是根据公司层面聚类调整的稳健性 t-统计量。*、** 和 *** 分别表示检验统计量在 10%、5% 和 1% 的水平统计显著。

6.9.5 重新构造“中国经济政策不确定性指数”

Baker 等（2013，2016）构建的经济政策不确定性指数为月度数据，本章主要使用年度算术平均值得到年度的经济政策不确定性指数（*PU*）。为了确保本章的实证结果不受该指数转化方法选择的影响，我们进一步采用年度中位数值来衡量年度经济政策不确定性（*PU_median*）。另外，参考饶品贵和徐子慧（2017）的做法，我们将“中国经济政策不确定性指数”在时间序列上分为两组，经济

政策不确定性指数较高的组赋值 1，否则赋值 0，从而得到政策不确定性的虚拟变量（*PU_ dum*）；同时，将“中国经济政策不确定性指数”按年度均值进行排序后划分为 5 组，然后标准化为 0～1 的变量（*PU_ order*），这种变量设定介于连续变量和虚拟变量之间，兼具两者的优点。我们利用以上三个重构的“中国经济政策不确定性指数”度量政策不确定性，并重新估计基准回归模型（6－1）。

表 6－20 给出了重新估计后的回归结果。其中，回归（1）、回归（2）和回归（3）以专利授权量 $Lnpatent_{t+1}$ 为因变量。从表中可以看出，在控制了一系列企业层面和宏观层面的因素影响后，以年度中位数计算的政策不确定性（*PU_ median*）、政策不确定性哑变量（*PU_ dum*）和排序的政策不确定性（*PU_ order*）三者的系数估计值都在 1% 水平上显著为正值，与基准回归相一致，即政策不确定性提高了企业创新产出水平这一结论并未发生实质性改变。在以专利申请量（$LnpatentA_{t+1}$）为因变量的回归（4）、回归（5）和回归（6）中，我们也得到了类似的结论。这表明，政策不确定性与企业创新之间的正向促进效应并未受到“中国经济政策不确定性指数”转化方法的影响。

表 6－20　重新构造“中国经济政策不确定性指数”

变量	$Lnpatent_{t+1}$			$LnpatentA_{t+1}$		
	(1)	(2)	(3)	(4)	(5)	(6)
PU_ median	0.310*** (20.18)			0.239*** (15.30)		
PU_ dum		0.152*** (10.22)			0.141*** (9.13)	
PU_ order			0.540*** (18.98)			0.431*** (14.95)
LnSize	0.258*** (11.74)	0.255*** (11.60)	0.254*** (11.54)	0.288*** (12.33)	0.286*** (12.20)	0.285*** (12.17)
Lev	−0.402*** (−4.71)	−0.414*** (−4.84)	−0.404*** (−4.73)	−0.537*** (−5.76)	−0.546*** (−5.85)	−0.538*** (−5.77)
Roa	0.686*** (2.85)	0.739*** (3.08)	0.696*** (2.89)	0.705*** (2.67)	0.746*** (2.83)	0.711*** (2.70)
LnAge	−0.305*** (−7.07)	−0.305*** (−7.01)	−0.311*** (−7.17)	−0.290*** (−6.21)	−0.291*** (−6.21)	−0.294*** (−6.29)

续表

变量	$Lnpatent_{t+1}$			$LnpatentA_{t+1}$		
	(1)	(2)	(3)	(4)	(5)	(6)
CPXTA	0.135 (0.49)	0.248 (0.90)	0.175 (0.63)	0.343 (1.15)	0.425 (1.42)	0.371 (1.24)
TobinQ	0.039*** (4.07)	0.033*** (3.43)	0.032*** (3.34)	0.059*** (5.65)	0.053*** (5.15)	0.053*** (5.12)
Growth	-0.108*** (-8.21)	-0.106*** (-8.00)	-0.104*** (-7.89)	-0.123*** (-8.31)	-0.120*** (-8.10)	-0.119*** (-8.08)
HHI	-0.407 (-0.81)	-0.321 (-0.63)	-0.392 (-0.78)	-0.809 (-1.49)	-0.747 (-1.37)	-0.801 (-1.47)
MCIL	0.057*** (5.73)	0.041*** (4.11)	0.067*** (6.59)	-0.032*** (-3.05)	-0.041*** (-3.91)	-0.023** (-2.15)
GDP_ growth	-0.917* (-1.69)	-1.836*** (-3.43)	-1.545*** (-2.91)	-1.336** (-2.27)	-1.960*** (-3.39)	-1.798*** (-3.14)
Constant	-10.151*** (-8.65)	-8.145*** (-6.94)	-10.919*** (-9.21)	-1.571 (-1.28)	-0.295 (-0.24)	-2.282* (-1.84)
Industry FE	Yes	Yes	Yes	Yes	Yes	Yes
R-squared	0.252	0.245	0.251	0.281	0.278	0.281
No. of Obs.	19512	19512	19512	19512	19512	19512

注：系数下方报告的是根据公司层面聚类调整的稳健性 t - 统计量。*、** 和 *** 分别表示检验统计量在 10%、5% 和 1% 的水平统计显著。

6.9.6 变换政策不确定性的度量方式：经济表现差值指数和官员变更

在前文所有的回归中，我们使用“中国经济政策不确定性指数”来度量中国企业面临的政策不确定性，并采用了年度均值（*PU*）、年度中位数（*PU_ median*）、哑变量（*PU_ dum*）和排序变量（*PU_ order*）等多种构造方法来确保实证结果不受该指数转化方法选择的影响。同时，为了缓解“中国经济政策不确定性指数”只具有时间维度上的变化这一特点所带来的潜在内生性问题，我们还控制了宏观经济先行指数、省级 GDP 的实际增长率等一系列宏观变量，以及运用工具变量法、固定效应模型等计量方法。然而，以上方法仍未完全地解决该指数不具有横截面上的变化所带来的问题。为了进一步确保本章实证结果的稳健性，我们考虑使用以下两个具有横截面和时间两个维度上变化的变量来代理政策不确

定性。

（1）经济“计划”目标与实际经济表现的差值指数（*PU*2）。尽管中国的市场化经济改革已经进行了三十多年，但计划经济时期各级政府每隔五年制定一个经济与社会发展的“五年计划纲要”（“十一五”后改称为“规划”）的传统仍然沿用至今。在每一个“五年规划”中，通常会设定未来五年的经济社会发展目标，包括 GDP 增长率、财政收入、外贸出口、就业及价格水平等，并成为政府在未来五年奋斗的目标。中国“五年规划”的政策过程机制对社会预期具有“锚定效应”，通过规划机制，各个层级不同领域的政策主体相互链接成为一个庞大的网络，输出不计其数的政策文本，引导或干预经济主体的活动，塑造或制约各级政府的行为（Heilmann and Melton，2013）。如果实际经济表现接近计划的目标，则符合社会预期；如果实际经济表现偏离计划目标，则是非预期的（unexpected），即不确定性。并且，考虑到各级政府对地方经济具有强大的控制力，实际经济表现对计划目标的偏离越大，地方政府对经济的干预往往越强，而政府的政策变化通常很难预测（Pastor and Veronesi，2012）。因此，我们认为实际经济表现与“计划”目标的偏离越大，意味着企业面临的政府政策的不确定性越高。

具体地，我们通过计算各个省份每年的实际 GDP 增长率与“五年规划”中的目标 GDP 增长率之差的绝对值，再除以目标 GDP 增长率进行标准化后得到。图 6－1 给出了 Baker 等（2013，2016）构造的 *PU* 和我们构造的 *PU*2 在 1998～2015 年的年度平均值走势比较，其中 *PU*2 为通过计算各个省份实际 GDP 增长率

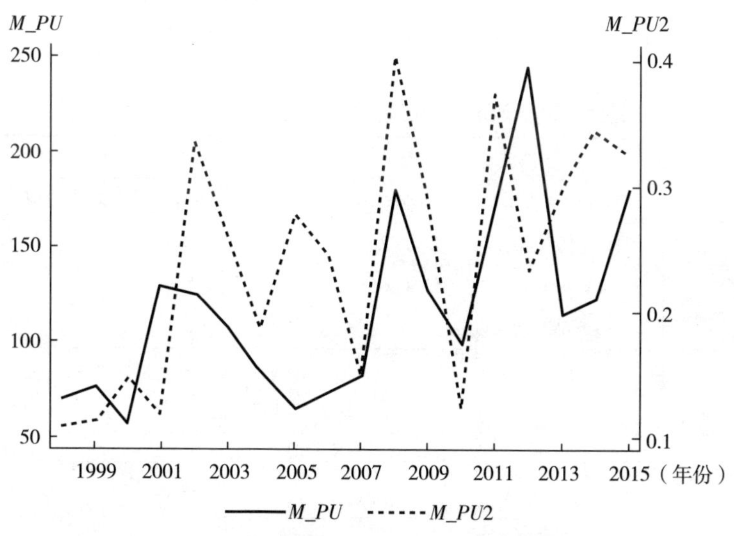

图 6－1　1998～2015 年 *PU* 与 *PU*2 走势比较

与目标 GDP 增长率的差值指数，并根据 GDP 加权得到全国的平均值。从图中可知，*PU* 和 *PU*2 在时间上的变化趋势基本一致。未报告的结果显示，两者的相关系数高达0.67，表明我们构建的省级层面的政策不确定性具有较强的合理性。相比于 Baker 等（2016）的指数，省级层面的指数在横截面和时间两个维度上的变化为我们识别政策不确定性与企业创新之间的因果关系提供了更为良好的条件。

（2）官员是否变更变量（*PU*3）。地方官员的频繁轮替和交接会导致地方政策频繁变化，具有很强的不连续性和高度的不确定性（张军和高远，2007；王贤彬等，2011；杨海生等，2014）。因此，我们参考贾倩等（2013）、罗党论等（2016）、陈德球等（2016）、An 等（2016）的做法，采用地方官员是否变更变量来度量企业面临的政策不确定性。具体地，我们用省级地方主政官员是否发生变更，即省委书记或省长任一变量变更（*PU*3）来度量省级层面的政策不确定性。若当年1~6 月内省委书记或者省长发生任一变更，*PU*3 则赋值 1，否则赋值 0。

我们分别利用以上两个新构造的变量（*PU*2、*PU*3）来度量政策不确定性，并重新估计本章的基准回归模型（6-1）。表 6-21 给出了重新估计后的政策不确定性与企业创新关系的回归结果。其中，第（1）和第（2）列以经济“计划”目标与实际经济表现的差值指数（*PU*2）作为政策不确定性的代理变量。其中第（1）列以专利授权量（$LnPatent_{t+1}$）为因变量，*PU*2 系数在 1% 水平上显著为正值，表明实际经济表现越偏离“计划目标”（即政策不确定性越高）时，企业的专利授权数量增加得越多。回归（3）、回归（4）以省委书记或省长任一变量变更（*PU*3）为解释变量。从回归结果可知，政策不确定性（*PU*3）都至少在 5% 水平上显著为正值，表明省级主政官员变更导致的政策不确定性显著提高了企业专利授权量或申请量的产出水平，从而印证了基准回归结果。

表 6-21　变换政策不确定性的度量方式：经济表现差值指数和官员变更

	经济表现差值指数		官员变更	
	$LnPatent_{t+1}$	$LnPatentA_{t+1}$	$LnPatent_{t+1}$	$LnPatentA_{t+1}$
	（1）	（2）	（3）	（4）
*PU*2	0.174*** （2.68）	0.061 （0.84）		
*PU*3			0.030** （2.26）	0.028** （2.10）
LnSize	0.241*** （12.45）	0.231*** （10.13）	0.209*** （9.92）	0.219*** （9.70）

续表

	经济表现差值指数		官员变更	
	$LnPatent_{t+1}$	$LnPatentA_{t+1}$	$LnPatent_{t+1}$	$LnPatentA_{t+1}$
	(1)	(2)	(3)	(4)
Lev	−0.410*** (−4.92)	−0.017 (−1.45)	−0.279*** (−3.28)	−0.363*** (−3.87)
Roa	0.789*** (3.43)	1.714*** (6.89)	0.648*** (2.86)	0.697*** (2.81)
LnAge	−0.290*** (−6.96)	−0.290*** (−6.35)	−0.383*** (−8.04)	−0.419*** (−8.15)
CPXTA	0.261 (1.00)	0.413 (1.37)	−0.046 (−0.18)	0.231 (0.82)
TobinQ	0.034*** (3.62)	0.008* (1.70)	0.020* (1.89)	0.021* (1.80)
Growth	−0.108*** (−8.43)	−0.000*** (−3.14)	−0.090*** (−7.24)	−0.097*** (−7.10)
HHI	−0.273 (−0.54)	−1.071* (−1.90)	−0.231 (−0.51)	−0.413 (−0.84)
MCIL	0.025** (2.44)	−0.059*** (−5.37)	1.343*** (15.14)	0.760*** (8.35)
GDP_ growth	−1.936*** (−3.69)	−2.752*** (−4.78)	1.625*** (2.69)	1.616** (2.46)
Constant	−6.182*** (−5.32)	2.641** (1.98)	−136.909*** (−15.30)	−78.510*** (−8.55)
Industry FE	Yes	Yes	Yes	Yes
R−squared	0.244	0.268	0.293	0.328
No. of Obs.	19512	19512	19512	19512

注：系数下方报告的是根据公司层面聚类调整的稳健性 t − 统计量。*、** 和 *** 分别表示检验统计量在 10%、5% 和 1% 的水平统计显著。

6.10　本章小结

经济转型时期，政府政策框架的重塑和地方政府主要官员的频繁变换形成了我国高度不确定性的政策环境。有关政策不确定性到底如何影响中国企业的创新行为从而作用于实体经济的长期增长，已成为一个亟待研究的重要理论和现实问题。本章利用2003～2014年的2476家上市公司样本，实证检验了政策不确定性对企业创新行为的影响、作用机制及其经济后果。

第一，采用Baker等（2016）构建的“中国经济政策不确定性指数”来捕捉我国企业面临的政策不确定性程度，以专利授权数量和申请数量来度量企业的创新活动，在控制了一系列影响企业创新行为的宏微观因素后，发现政策不确定性能够促进企业的创新活动，政策不确定性越高，企业的创新水平越高。该结果表明不确定的政策环境会激励企业尽早执行创新投资以获得未来的增长期权，从而促进了企业的创新活动。

第二，检验政策不确定性对企业创新行为的正面效应是否受企业异质性的影响。研究发现，当外部产品市场竞争较激烈、增长机会较多、创新难度较大、外部经济状况较差时，政策不确定性对企业创新活动的正向促进作用更为显著。

第三，检验政策不确定性是否通过企业的风险承担和创新激励渠道影响了企业创新行为。研究发现，政策不确定性显著提高了管理层的创新激励和企业的风险承担水平。该结果表明，管理层的创新激励和企业风险承担是政策不确定性影响企业创新行为的两个潜在渠道，当不确定的政策环境能够使得企业尽早执行创新投资而获得的未来增长期权超出等待期权的价值时，管理层有较高的创新激励去尽早执行R&D投资，而企业更多地从事研发和创新投资活动意味着企业承担了更高的风险。

第四，检验政策不确定性影响企业创新的经济后果，即考察政策不确定性是否影响了企业的创新效率和实际经营绩效。研究发现，政策不确定性提高了企业的创新效率和长期盈利能力。该结果表明较高程度的政策不确定性促使企业从事更多的创新活动来提升企业的创新能力，从而获得了未来的核心竞争力和增长优势。

第五，进行一系列的拓展性测试，有如下发现：从行业层面来看，较高的政策不确定性提高了行业的专利产出。对不同层面的政策不确定性进行分解后发现，来自地方政府层面和来自纯粹全球层面的政策不确定性显著提高了企业的创新水平；而来自纯粹国家层面的政策不确定性抑制了企业的创新。由于来自地方政府层面的政策不确定性的系数远远大于国家层面和全球层面的政策不确定性系数，表明政策不确定性与企业创新之间的正向关系主要是由来自地方政府层面的政策不确定性驱动的。另外，政策不确定性显著提高了企业创新投资水平，抑制了企业的常规投资活动。

第7章　结论与政策含义

7.1　主要结论

本书基于中国特有的政府对经济资源普遍性管制以及政府政策频繁变化的制度背景，同时从静态（政府管制政策）和动态（政策不确定性）两个互补的视角来研究中国特有的政府政策制度环境如何影响企业的创新行为，识别政府管制和政策不确定性对企业创新行为的影响效应、作用机理及其经济后果。

（1）以2003～2013年中国上市公司为研究样本，主要利用政府配置资源的比重来捕捉城市层面的政府管制程度，以专利数量来度量企业的创新活动，实证检验了政府对经济资源的管制程度对企业创新行为的影响、作用机制及其经济后果。主要发现如下：

1）政府管制显著地抑制了企业的创新行为，政府管制程度提高1个标准差，将导致企业专利数量的自然对数平均下降6.65%～7.10%。该结果强有力地证明，我国特有的政府对经济资源的普遍性管制扭曲了企业家才能以及企业资源的配置，使得企业家更热衷于通过建立政企纽带等非生产性手段构建和维持关系，而不是通过研发、创新等方式进行内部能力建设来获得竞争优势，从而挤掉创新等核心竞争力建设的投入，抑制了企业的创新行为。

2）在政府管制越强的地区，企业与政府的纽带关系越为紧密，具体表现为企业更倾向于聘请具有政企纽带背景的人员担任董事长或CEO、高级管理人员和独立董事。该结果表明政府管制会导致企业通过建立政企纽带来进行响应，为了获取政府手中稀缺资源的支配权以及保护企业的生产性活动收益，企业家更倾向于将更多的才能、时间及企业资源配置到与政府建立政企纽带的活动中来，与政府建立更为紧密的联系。

3）较高的政府管制降低了企业的创新能力，使得企业未来的核心竞争力和增长优势受损，从而显著地降低了企业的创新效率和经营绩效，表现为较低的全要素生产率（*TFP*）、较低的盈利能力和较低的资产周转率。

（2）基于我国上市公司2010~2015年的数据，利用始于2013年的强力反腐败政策这一外生冲击，设计倾向得分匹配和双重差分的计量识别策略（PSM + DID），通过比较处在政府管制强的地区的公司与处在政府管制弱的地区的公司在反腐败政策前后的创新水平差异变化（Difference in Difference）来识别和验证反腐败对企业创新的影响。主要发现如下：

1）反腐败显著提高了企业的创新产出水平，即相比于那些处于政府管制较弱地区的公司，处于政府管制较强地区的公司在受到反腐败政策冲击后获得更高的创新产出。该结果表明，反腐败的空前强化在很大程度上切断了政企纽带的利益链，意味着寻租的成本急剧上升，激励了企业家将更多的才能及企业资源配置到创新性生产活动中，从而这种促进效应在反腐败之前政府管制程度更高的地区表现得更为突出。

2）反腐败对企业创新的正面促进效应在反腐败之前面临政府管制程度更高、政企纽带和寻租活动更严重的企业中表现更为突出，表明反腐败政策主要通过切断政企纽带利益链和抑制企业寻租支出活动正向作用于企业创新。另外，研究还发现反腐败对企业创新的促进作用在民营企业中更为显著。

（3）基于我国上市公司2003~2014年的数据，主要采用Baker等（2016）构建的“中国经济政策不确定性指数”来捕捉我国企业面临的政策不确定性程度，以专利数量来度量企业的创新活动，实证检验了政策不确定性对企业创新行为的影响、作用机制及其经济后果。主要发现如下：

1）政策不确定性与企业的创新产出水平显著正相关，即政策不确定性越高，企业的创新水平越高。该发现与基于策略价值考量的理论预期相一致，即不确定的政策环境会激励企业尽早执行创新投资以获得未来的增长期权，从而促进了企业的创新活动。

2）政策不确定性对企业创新活动的正向促进效应受企业异质性的影响。具体而言，当外部产品市场竞争较激烈、增长机会较多、创新难度较大、外部经济状况较差时，政策不确定性对企业创新活动的正向促进作用更为显著。

3）政策不确定性显著提高了管理层的创新激励和企业的风险承担水平。该结果表明管理层的创新激励和企业风险承担是政策不确定性影响企业创新行为的两个潜在渠道，当不确定的政策环境能够使得企业尽早执行创新投资而获得的未来增长期权超出等待期权的价值时，管理层有较高的创新激励去尽早执行R&D投资，而企业更多地从事研发和创新投资活动意味着企业承担了更高的风险。

4）政策不确定性提高了企业的创新效率和长期盈利能力。该结果表明较高程度的政策不确定性促使企业从事更多的创新活动来提升企业的创新能力，从而获得了未来的核心竞争力和增长优势。

5）从行业层面来看，较高的政策不确定性提高了行业的专利产出。对不同层面的政策不确定性进行分解后发现，来自地方政府层面和来自纯粹全球层面的政策不确定性显著提高了企业的创新水平；而来自纯粹国家层面的政策不确定性抑制了企业的创新。由于来自地方政府层面的政策不确定性的系数远远大于国家层面和全球层面的政策不确定性系数，表明政策不确定性与企业创新之间的正向关系主要是由来自地方政府层面的政策不确定性驱动的。

7.2 政策含义

本书的研究发现具有丰富而明晰的政策含义。

首先，本书的研究表明，长期由政府主导的资源配置方式不利于激发企业的创新活力，也不利于企业全要素生产率的提升。因此，为了实现中国经济增长由外生的要素驱动向内生的创新驱动转换，应持续推进“简政放权”，放松政府对经济资源的管制，“确立市场对资源配置的决定性作用”，为企业营造一个预期稳定、竞争有序的市场环境，引导企业关注长远发展、加强创新投入以获得长期竞争优势。同时，应避免过度依赖政府“看得见的手”来推动“大众创业、万众创新”，在激发企业活力时，政府固然应发挥推动作用，但企业的活力来源于企业家精神，来自政府部门的官僚主义可能成为压制企业家创新活力的障碍。

其次，在减少政府管制的同时，应加强法制建设与反腐败的力度，遏制政府设租的手、消除政企纽带存在的土壤，从而减少企业的寻租收益，营造激励创新的报酬结构，促使企业家更多地从事生产性的创新活动。

最后，尽管本书发现政策不确定性提高了企业创新产出水平，但是通过分解不同来源的政策不确定性后发现来自国家层面的政策不确定性抑制了企业的创新行为。因此，应保持国家层面的政策连续性和可预测性，稳定企业主体的政策预期。同时，有关部门在出台或者调整经济政策促进经济增长的同时，要加大知识产权保护力度，为企业进行技术创新活动营造公平竞争的市场环境，为创新难度较大、增长机会较多的高新技术企业解决融资难题。

参考文献

[1] 安同良、千慧雄：《中国居民收入差距变化对企业产品创新的影响机制研究》，《经济研究》，2014 年第 9 期。

[2] 安同良、周绍东、皮建才：《R&D 补贴对中国企业自主创新的激励效应》，《经济研究》，2009 年第 10 期。

[3] 蔡地、黄建山、李春米、刘衡：《民营企业的政治关联与技术创新》，《经济评论》，2014 年第 2 期。

[4] 陈德球、陈运森、董志勇：《政策不确定性，税收征管强度与企业税收规避》，《管理世界》，2016 年第 5 期。

[5] 陈德球、金雅玲、董志勇：《政策不确定性、政治关联与企业创新效率》，《南开管理评论》，2016 年第 4 期。

[6] 陈刚：《管制与创业——来自中国的微观证据》，《管理世界》，2015 年第 5 期。

[7] 陈爽英、井润田、龙小宁、邵云飞：《民营企业家社会关系资本对研发投资决策影响的实证研究》，《管理世界》，2010 年第 1 期。

[8] 陈信元、黄俊：《政府管制与企业垂直整合——刘永行“炼铝”的案例分析》，《管理世界》，2006 年第 2 期。

[9] 陈信元、靳庆鲁、肖土盛、张国昌：《行业竞争、管理层投资决策与公司增长/清算期权价值》，《经济学》（季刊），2014 年第 1 期。

[10] 陈怡欣、张俊瑞、汪方军：《卖空机制对上市公司创新的影响研究——基于我国融资融券制度的自然实验》，《南开管理评论》，2018 年第 2 期。

[11] 党力、杨瑞龙、杨继东：《反腐败与企业创新：基于政治关联的解释》，《中国工业经济》，2015 年第 7 期。

[12] 樊纲、王小鲁、朱恒鹏：《中国市场化指数：各地区市场化相对进程 2011 年报告》，经济科学出版社 2011 年版。

[13] 冯根福、刘虹、冯照桢：《股票流动性会促进我国企业技术创新吗?》，

《金融研究》，2017 年第 3 期。

［14］付雷鸣、万迪昉、张雅慧：《VC 是更积极的投资者吗？——来自创业板上市公司创新投入的证据》，《金融研究》，2012 年第 10 期。

［15］付明卫、叶静怡、孟俣希、雷震：《国产化率保护对自主创新的影响——来自中国风电制造业的证据》，《经济研究》，2015 年第 2 期。

［16］傅勇、张晏：《中国式分权与财政支出结构偏向：为增长而竞争的代价》，《管理世界》，2007 年第 3 期。

［17］高宏伟：《政府补贴对大型国有企业研发的挤出效应研究》，《中国科技论坛》，2011 年第 8 期。

［18］高凌云、王永中：《R&D 溢出渠道、异质性反应与生产率：基于 178 个国家面板数据的经验研究》，《世界经济》，2008 年第 2 期。

［19］顾夏铭、陈勇民、潘士远：《经济政策不确定性与创新——基于我国上市公司的实证分析》，《经济研究》，2018 年第 2 期。

［20］郭平：《政策不确定性与企业研发投资：“延迟效应”还是“抢占效应”——基于世界银行中国企业调查数据的分析》，《山西财经大学学报》，2016 年第 10 期。

［21］郝项超、梁琪、李政：《融资融券与企业创新：基于数量与质量视角的分析》，《经济研究》，2018 年第 6 期。

［22］胡永刚、石崇：《扭曲、企业家精神与中国经济增长》，《经济研究》，2016 年第 7 期。

［23］黄玖立、李坤望：《吃喝、腐败与企业订单》，《经济研究》，2013 年第 6 期。

［24］贾倩、孔祥、孙铮：《政策不确定性与企业投资行为——基于省级地方官员变更的实证检验》，《财经研究》，2013 年第 2 期。

［25］江飞涛、李晓萍：《直接干预市场与限制竞争：中国产业政策的取向与根本缺陷》，《中国工业经济》，2010 年第 9 期。

［26］鞠晓生：《中国上市企业创新投资的融资来源与平滑机制》，《世界经济》，2013 年第 4 期。

［27］鞠晓生、卢荻、虞义华：《融资约束、营运资本管理与企业创新可持续性》，《经济研究》，2013 年第 1 期。

［28］孔东民、刘莎莎、王亚男：《市场竞争、产权与政府补贴》，《经济研究》，2013 年第 2 期。

［29］黎文靖、郑曼妮：《实质性创新还是策略性创新——宏观产业政策对微观企业创新的影响》，《经济研究》，2016 年第 4 期。

［30］李春涛、宋敏：《中国制造业企业的创新活动：所有制和 CEO 激励的作用》，《经济研究》，2010 年第 5 期。

［31］李凤羽、史永东、杨墨竹：《经济政策不确定性影响基金资产配置策略吗？——基于中国经济政策不确定指数的实证研究》，《证券市场导报》，2015 年第 5 期。

［32］李凤羽、杨墨竹：《经济政策不确定性会抑制企业投资吗？——基于中国经济政策不确定指数的实证研究》，《金融研究》，2015 年第 4 期。

［33］李后建、张剑：《腐败与企业创新：润滑剂抑或绊脚石》，《南开经济研究》，2015 年第 2 期。

［34］李诗、洪涛、吴超鹏：《上市公司专利对公司价值的影响——基于知识产权保护视角》，《南开管理评论》，2012 年第 6 期。

［35］李万福、杜静、张怀：《创新补助究竟有没有激励企业创新自主投资——来自中国上市公司的新证据》，《金融研究》，2017 年第 10 期。

［36］李小平、朱钟棣：《国际贸易、R&D 溢出和生产率增长》，《经济研究》，2006 年第 2 期。

［37］李扬、张晓晶：《“新常态”：经济发展的逻辑与前景》，《经济研究》，2015 年第 5 期。

［38］梁权熙、田存志、詹学斯：《宏观经济不确定性、融资约束与企业现金持有行为——来自中国上市公司的经验证据》，《南方经济》，2012 年第 4 期。

［39］刘波、李志生、王泓力、杨金强：《现金流不确定性与企业创新》，《经济研究》，2017 年第 3 期。

［40］刘星、徐光伟：《政府管制、管理层权力与国企高管薪酬刚性》，《经济科学》，2012 年第 1 期。

［41］刘运国、刘雯：《我国上市公司的高管任期与 R&D 支出》，《管理世界》，2007 年第 1 期。

［42］陆瑶、张叶青、贾睿：《“辛迪加”风险投资与企业创新》，《金融研究》，2017 年第 6 期。

［43］罗党论、廖俊平、王珏：《地方官员变更与企业风险——基于中国上市公司的经验证据》，《经济研究》，2016 年第 5 期。

［44］吕铁、王海成：《劳动力市场管制对企业技术创新的影响——基于世界银行中国企业调查数据的分析》，《中国人口科学》，2016 年第 4 期。

［45］倪骁然、朱玉杰：《劳动保护、劳动密集度与企业创新——来自 2008 年〈劳动合同法〉实施的证据》，《管理世界》，2016 年第 7 期。

［46］聂辉华、李琛：《进入管制、腐败与反腐败政策》，《世界经济》，2017

年第8期。

[47] 聂辉华、谭松涛、王宇锋：《创新、企业规模和市场竞争：基于中国企业层面的面板数据分析》，《世界经济》，2008年第7期。

[48] 潘红波、夏新平、余明桂：《政府干预、政治关联与地方国有企业并购》，《经济研究》，2008年第4期。

[49] 潘越、潘健平、戴亦一：《公司诉讼风险、司法地方保护主义与企业创新》，《经济研究》，2015年第3期。

[50] 钱宁宇、郑长军：《不确定信息下的内生激励与企业效率》，《经济研究》，2015年第5期。

[51] 饶品贵、徐子慧：《经济政策不确定性影响了企业高管变更吗?》，《管理世界》，2017年第1期。

[52] 田利辉、张伟：《政治关联影响我国上市公司长期绩效的三大效应》，《经济研究》，2013年第11期。

[53] 田轩、孟清扬：《股权激励计划能促进企业创新吗》，《南开管理评论》，2018年第3期。

[54] 汪伟、史晋川：《进入壁垒与民营企业的成长——吉利集团案例研究》，《管理世界》，2005年第4期。

[55] 王红建、李青原、邢斐：《经济政策不确定性、现金持有水平及其市场价值》，《金融研究》，2014年第9期。

[56] 王健忠、高明华：《反腐败、企业家能力与企业创新》，《经济管理》，2017年第6期。

[57] 王兰芳、胡悦：《创业投资促进了创新绩效吗？——基于中国企业面板数据的实证检验》，《金融研究》，2017年第1期。

[58] 王贤彬、王露瑶：《反腐败与经济增长》，《经济社会体制比较》，2016年第2期。

[59] 王贤彬、徐现祥：《地方官员来源、去向、任期与经济增长》，《管理世界》，2008年第3期。

[60] 王义中、宋敏：《宏观经济不确定性、资金需求与公司投资》，《经济研究》，2014年第2期。

[61] 王义中、巍悦、宋敏：《地域、文化与公司创新》，工作论文，2016年。

[62] 温军、冯根福：《异质机构、企业性质与自主创新》，《经济研究》，2012年第3期。

[63] 吴敬琏、马国川：《重启改革议程：中国经济改单二十讲》，生活·读书·新知三联书店2013年版。

［64］吴敬琏、黄俊卿：《创新还是寻租：中国转型时期的制度环境与企业家行》，《洪范评论》，2007 年第 7 期。

［65］吴晓波：《大败局Ⅱ》，浙江人民出版社 2007 年版。

［66］吴延兵：《R&D 与生产率——基于中国制造业的实证研究》，《经济研究》，2006 年第 11 期。

［67］吴延兵、米增渝：《创新、模仿与企业效率——来自制造业非国有企业的经验证据》，《中国社会科学》，2011 年第 4 期。

［68］吴一平、尹华：《政策不确定性对企业投资的异质性影响》，《经济管理》，2016 年第 5 期。

［69］徐欣、唐清泉：《R&D 活动，创新专利对企业价值的影响——来自中国上市公司的研究》，《研究与发展管理》，2010 年第 4 期。

［70］徐业坤、钱先航、李维安：《政治不确定性、政治关联与民营企业投资——来自市委书记更替的证据》，《管理世界》，2013 年第 5 期。

［71］杨海生、才国伟、李泽槟：《政策不连续性与财政效率损失——来自地方官员变更的经验证据》，《管理世界》，2015 年第 12 期。

［72］杨海生、陈少凌、罗党论、佘国满：《政策不稳定性与经济增长：来自中国地方官员变更的经验证据》，《管理世界》，2014 年第 9 期。

［73］杨其静：《政治关联与企业成长》，《教学与研究》，2010 年第 6 期。

［74］杨其静：《企业成长：政治关联还是能力建设》，《经济研究》，2011 年第 10 期。

［75］杨其静、蔡正喆：《腐败、反腐败与经济增长——基于中国省级纪检监察机关信访执纪数据的再评估》，《经济社会体制比较》，2016 年第 5 期。

［76］杨洋、魏江、罗来军：《谁在利用政府补贴进行创新？——所有制和要素市场扭曲的联合调节效应》，《管理世界》，2015 年第 1 期。

［77］于李胜、王艳艳：《政府管制是否能够提高审计市场绩效?》，《管理世界》，2010 年第 8 期。

［78］于蔚、汪淼军、金祥荣：《政治关联和融资约束：信息效应与资源效应》，《经济研究》，2012 年第 9 期。

［79］余明桂、范蕊、钟慧洁：《中国产业政策与企业技术创新》，《中国工业经济》，2016a 年第 12 期。

［80］余明桂、回雅甫、潘红波：《政治联系、寻租与地方政府财政补贴有效性》，《经济研究》，2010 年第 3 期。

［81］余明桂、钟慧洁、范蕊：《业绩考核制度可以促进央企创新吗》，《经济研究》，2016b 年第 12 期。

［82］袁建国、后青松、程晨：《企业政治资源的诅咒效应——基于政治关联与企业技术创新的考察》，《管理世界》，2015 年第 1 期。

［83］张峰、黄玖立、王睿：《政府管制、非正规部门与企业创新：来自制造业的实证依据》，《管理世界》，2016 年第 2 期。

［84］张杰、陈志远、杨连星、新夫：《中国创新补贴政策的绩效评估：理论与证据》，《经济研究》，2015 年第 10 期。

［85］张杰、郑文平、翟福昕：《竞争如何影响创新：中国情景的新检验》，《中国工业经济》，2014 年第 11 期。

［86］张军、高远：《官员任期、异地交流与经济增长——来自省级经验的证据》，《经济研究》，2007 年第 11 期。

［87］张龙鹏、蒋为、周立群：《行政审批对创业的影响研究——基于企业家才能的视角》，《中国工业经济》，2016 年第 4 期。

［88］张敏、张胜、申慧慧、王成方：《政治关联与信贷资源配置效率——来自我国民营上市公司的经验证据》，《管理世界》，2010 年第 11 期。

［89］张维迎：《企业寻求政府支持的收益、成本分析》，《新西部》，2001 年第 8 期。

［90］张维迎：《中国改革：政府管制与制度建设——张维迎教授关于管制与放松管制谈话录》，《领导决策信息》，2001 年第 8 期。

［91］张维迎：《理性思考中国改革》，中国宏观经济与改革走势座谈会内容，2006 年。

［92］张维迎：《为什么产业政策注定会失败?》，《中国连锁》，2016 年第 11 期。

［93］张璇、刘贝贝、汪婷：《信贷寻租、融资约束与企业创新》，《经济研究》，2017 年第 5 期。

［94］赵玉林、谷军健：《政府补贴分配倾向与创新激励的结构性偏差——基于中国制造业上市公司匹配样本分析》，《财政研究》，2018 年第 4 期。

［95］钟覃琳、陆正飞、袁淳：《反腐败、企业绩效及其渠道效应——基于中共十八大的反腐建设的研究》，《金融研究》，2016 年第 9 期。

［96］周开国、卢允之、杨海生：《融资约束、创新能力与企业协同创新》，《经济研究》，2017 年第 7 期。

［97］周黎安：《中国地方官员的晋升锦标赛模式研究》，《经济研究》，2007 年第 7 期。

［98］周黎安、陶婧：《政府规模、市场化与地区腐败问题研究》，《经济研究》，2009 年第 1 期。

［99］庄子银：《创新、企业家活动配置与长期经济增长》，《经济研究》，2007 年第 8 期。

［100］ Abel A. Optimal Investment under Uncertainty ［J］. American Economic Review, 1983, 73 (1): 228 –233.

［101］ Acemoglu D. Reward Structures and the Allocation of Talent ［J］. European Economic Review, 1995, 39 (1): 17 –33.

［102］ Acemoglu D. , Moscona, J. and Robinson, J. A. State Capacity and American Technology: Evidence from the Nineteenth Century ［J］. American Economic Review, 2016, 106 (5): 61 –67.

［103］ Acharya V. V. , Baghai, R. P. & Subramanian, K. V. Wrongful Discharge Laws and Innovation ［J］. The Review of Financial Studies, 2013, 27 (1): 301 –346.

［104］ Acharya V. V. , Subramanian, K. V. Bankruptcy Codes and Innovation ［J］. Cepr Discussion Papers, 2009, 22 (12): 4949 –4988.

［105］ Aghion P. , and J. Tirole. On the Management of Innovation ［J］. Quarterly Journal of Economics, 1994 (109): 1185 –1209.

［106］ Aghion P. , Bloom, N. , Blundell, R. , Griffith, R. and Howitt, P. Competition and Innovation: An Inverted – U Relationship ［J］. Quarterly Journal of Economics, 2005, 120 (2): 701 –728.

［107］ Aghion P. , Harris, C. , Howitt, P. & Vickers, J. Competition, Imitation and Growth with Step – by – step Innovation ［J］. The Review of Economic Studies, 2001, 68 (3): 467 –492.

［108］ Aghion P. , Van Reenen, J. & Zingales, L. Innovation and Institutional Ownership ［J］. American Economic Review, 2013, 103 (1): 277 –304.

［109］ Aidis R. , S. Estrin, and T. Mickiewicz. Institutions and Entrepreneurship Development in Russia: A Comparative Perspective ［J］. Journal of Business Venturing, 2008, 23 (6): 656 –672.

［110］ Alesina A. , and Perotti, R. Income Distribution, Political Instability and Investment ［J］. European Economic Review, 1996 (40): 1202 –1229.

［111］ Alesina A. , Perotti, R. Income Distribution, Political Instability, and Investment ［J］. Nber Working Papers, 1993, 40 (6): 1203 –1228.

［112］ Amit R. & Schoemaker, P. J. Strategic Assets and Organizational Rent ［J］. Strategic Management Journal, 1993, 14 (1): 33 –46.

［113］ Amore M. D. , Schneider, C. & Žaldokas, A. Credit Supply and Corporate Innovation ［J］. Journal of Financial Economics, 2013, 109 (3): 835 –855.

[114] An H., Chen, Y., Luo, D. Political Uncertainty and Corporate Investment: Evidence from China [J]. Journal of Corporate Finance, 2016 (36): 174 - 189.

[115] Arrow K. J. Economic Welfare and the Allocation of Resources for Invention [A] //Nelson R. R. (Ed) The Rate and Direction of Inventive Activity [M]. Princeton University Press Princeton, 1962.

[116] Atanassov J., Julio, B., and Leng, T. The Bright Side of Political Uncertainty: The Case of R&D [R]. Unpublished Working Paper, 2015.

[117] Baker S., Bloom, N. and Davis, S. J. Measuring Economic Policy Uncertainty [EB/OL]. http: //www. PolicyUncertainty. com, 2013.

[118] Baker S., Bloom, N., Davis, S. Measuring Economic Policy Uncertainty [J]. Quarterly Journal of Economics (forthcoming), 2016 (1).

[119] Balsmeier B., Fleming, L., Manso, G. Independent Boards and Innovation [J]. Journal of Financial Economics, 2016, 123 (3): 536 - 557.

[120] Bar - Ilan A. and Strange, W. Investment Lags [J]. American Economic Review, 1996, 86 (3): 610 - 622.

[121] Barney J. Firm Resources and Sustained Competitive Advantage [J]. Journal of Management, 1991, 17 (1): 99 - 120.

[122] Barro R. J. and Sala - i - Martin, X. Economic Growth (Second Edition) [M]. MIT Press, 2003.

[123] Baumol W. J. Entrepreneurship: Productive, Unproductive, and Destructive [J]. The Journal of Political Economy, 1990, 98 (5 Part 1): 893 - 921.

[124] Benner M. and Ranganathan, R. Offsetting Illegitimacy? How Pressures from Securities Analysts Influence Incumbents in the Face of New Technologies [J]. Academy of Management Journal, 2012 (55): 213 - 233.

[125] Bernanke B. Irreversibility, Uncertainty, and Cyclical Investment [J]. Quarterly Journal of Economics, 1983 (98): 85 - 106.

[126] Bhagwat V., Dam, R. and Harford, J. The Real Effects of Uncertainty on Merger Activity [J]. Review of Financial Studies, 2016 (29): 3000 - 3034.

[127] Bhattacharya U., Hsu, P. H., Tian, X. and Xu, Y. What Affects Innovation More: Policy or Policy Uncertainty? [M]. Unpublished Manuscript, 2015.

[128] Blackburn K. & Forgues - Puccio, G. F. Why is Corruption Less Harmful in Some Countries than in Others? [J]. Journal of Economic Behavior & Organization, 2009, 72 (3): 797 - 810.

[129] Bloom N., Reenen J. V. Patents, Real Options and Firm Performance [J]. Economic Journal, 2010, 112 (478): 97 - 116.

[130] Bloom N. Uncertainty and the Dynamics of R&D [J]. American Economic Review, 2007 (97): 250 - 255.

[131] Bloom N. Fluctuations in Uncertainty [J]. Journal of Economic Perspectives, 2014, 28 (2): 153 - 175.

[132] Bloom N., Bond, S. and Reenen, J. V. Uncertainty and Investment Dynamics [J]. Review of Economic Studies, 2007 (74): 391 - 415.

[133] Bloom N., M. Draca, and J. V. Reenen. Trade Induced Technical Change: The Impact of Chinese Imports on Innovation, Diffusion and Productivity [M]. Unpublished Manuscript, 2011.

[134] Blundell R., Griffith, R. & Van Reenen, J. Market Share, Market Value and Innovation in a Panel of British Manufacturing Firms [J]. The Review of Economic Studies, 1999, 66 (3): 529 - 554.

[135] Bond S., Elston, J. A., Mairesse, J. & Mulkay, B. Financial Factors and Investment in Belgium, France, Germany, and the United Kingdom: A Comparison Using Company Panel Data [J]. Review of Economics and Statistics, 2003, 85 (1): 153 - 165.

[136] Born B., Pfeifer, J. Policy Risk and the Business Cycle [J]. Journal of Monetary Economics, 2014, 68 (1): 68 - 85.

[137] Boutchkova M., Doshi, H., Durnev, A. & Molchanov, A. Precarious Politics and Return Volatility [J]. The Review of Financial Studies, 2011, 25 (4): 1111 - 1154.

[138] Bradley D., Kim I., Tian X. Do Unions Affect Innovation? [J]. Management Science, 2016, 63 (7): 2251 - 2271.

[139] Braeutigam R. R. The Effect of Uncertainty in Regulatory Delay on the Rate of Innovation [J]. Law and Contemporary Problems, 1979, 43 (1): 98 - 111.

[140] Brennan M. J., Schwartz, E. S. On the Geometric Mean Index: A Note [J]. Journal of Financial & Quantitative Analysis, 1985, 20 (1): 119 - 122.

[141] Brogaard, Jonathan, and Andrew Detzel. The Asset - Pricing Implications of Government Economic Policy Uncertainty [J]. Management Science, 2015, 61 (1): 3 - 18.

[142] Brown J. R., Fazzari, S. M. & Petersen, B. C. Financing Innovation and Growth: Cash Flow, External Equity, and the 1990s R&D Boom [J]. The Journal of

Finance, 2009, 64 (1): 151 – 185.

[143] Brown J. R., Martinsson, G. & Petersen, B. C. Law, Stock Markets, and Innovation [J]. The Journal of Finance, 2013, 68 (4): 1517 – 1549.

[144] Caggese A. Entrepreneurial Risk, Investment, and Innovation [J]. Journal of Financial Economics, 2012, 106 (2): 287 – 307.

[145] Cai H., H. Fang, and L. C. Xu. Eat, Drink, Firms and Government: An Investigation of Corruption from the Entertainment and Travel Costs of Chinese Firms [J]. Journal of Law and Economics, 2011, 54 (1): 55 – 78.

[146] Cameron A., Gelbach, J. and Miller, D. Robust Inference with Multi – way Clustering [R]. NBER Technical Working Paper No. 327, 2009.

[147] Cassiman B., Veugelers, R. In Search of Complementarity in Innovation Strategy: Internal R&D and External Knowledge Acquisition [J]. Management Science, 2006, 52 (1): 68 – 82.

[148] Chang S. H., Chen M. L. A New Approach to Assess the Changing Growth Model of Open National Innovation Systems [J]. International Journal of Innovation Science, 2015, 7 (3): 183 – 198.

[149] Chang X., Hilary, G., Kang, J. K. & Zhang, W. Does Accounting Conservatism Impede Corporate Innovation? [R]. Unpublished Working Paper, 2013.

[150] Chang X., McLean, D., Zhang, B. and Zhang, W. Innovation and Productivity Growth: Evidence from Global Patents [J]. Unpublished Working Paper, 2015.

[151] Chemmanur T. J., Loutskina, E., Tian X. Corporate Venture Capital, Value Creation, and Innovation [J]. Review of Financial Studies, 2014, 27 (8): 2434 – 2473.

[152] Chen J. and Y. Qian. Institutional Environment, Community Government, and Corporate Governance: Understanding China's Township – village Enterprises [J]. Journal of Law, Economics, and Organization, 1998, 14 (1): 1 – 23.

[153] Chen C., Senga, T., Sun, C. Policy Uncertainty and Foreign Direct Investment: Evidence from the China – Japan Islands Dispute [R]. Working Papers, 2017.

[154] Chen Y. & Puttitanun, T. Intellectual Property Rights and Innovation in Developing Countries [J]. Journal of Development Economics, 2005, 78 (2): 474 – 493.

[155] Chen Y. and Funke, M. Option Value, Policy Uncertainty, and the For-

eign Direct Investment Decision [J]. Hamburg Institute of International Economics Discussion Paper, 2003.

[156] Claessens S., E. Feijen and L. Laeven. Political Connections and Preferential Access to Finance: The Role of Campaign Contributions [J]. Journal of Financial Economics, 2008, 88 (3): 554 – 580.

[157] Coles J. L., Daniel, N. D. & Naveen, L., Managerial Incentives and Risk – taking [J]. Journal of financial Economics, 2006, 79 (2): 431 – 468.

[158] Cornaggia J., Mao, Y., Tian, X. & Wolfe, B. Does Banking Competition Affect Innovation? [J]. Journal of Financial Economics, 2015, 115 (1): 189 – 209.

[159] Cui H., Mak, Y. T. The Relationship between Managerial Ownership and Firm Performance in High R&D Firms [J]. Journal of Corporate Finance, 2002, 8 (4): 313 – 336.

[160] Cull R., L. C. Xu. Institutions, Ownership, and Finance: The Determinant of Profit Reinvestment among Chinese Frms [J]. Journal of Financial Economics, 2005, 77 (1): 117 – 146.

[161] Czarnitzki D., Toole A. A. Patent Protection. Market Uncertainty, and R&D Investment [J]. The Review of Economics and Statistics, 2011, 93 (1): 147 – 159.

[162] Derrien F. and Kecskés, A. The Real Effects of Financial Shocks: Evidence from Exogenous Changes in Analyst Coverage [J]. Journal of Finance, 2013 (68): 1383 – 1416.

[163] Desyllas P., Hughes, A. Do High Technology Acquirers Become More Innovative? [J]. Research Policy, 2010, 39 (8): 1105 – 1121.

[164] Dixit A. K., Dixit, R. K., Pindyck, R. S. & Pindyck, R. Investment under Uncertainty [J]. Princeton University Press, 1994.

[165] Djankov S. The Regulation of Entry: A Survey [J]. The World Bank Research Observer, 2009, 24 (2): 183 – 203.

[166] Djankov S., La Porta, R., Lopes – de – Silanes, F. and Shleifer, A. The Regulation of Entry [J]. Quarterly Journal of Economics, 2002 (117): 1 – 37.

[167] Dong Z., Wei, X. and Zhang, Y. The Allocation of Entrepreneurial Efforts in a Rent – seeking Society: Evidence from China [J]. Journal of Comparative Economics, 2015, 44 (2): 353 – 373.

[168] Du J., Lu, Y. & Tao, Z. Government Expropriation and Chinese – style

Firm Diversification [J]. Journal of Comparative Economics, 2015, 43 (1): 155 - 169.

[169] Durnev, A. The Real Effects of Political Uncertainty: Elections and Investment Sensitivity to Stock Prices [J]. Social Science Electronic Publishing, 2010.

[170] Ellis J., Smith, J., and White, R. Corruption and Corporate Innovation [R]. Working Paper, North Carolina State University, 2016.

[171] Faleye O., Kovacs, T., Venkateswaran, A. Do Better - Connected CEOs Innovate More? [J]. Social Science Electronic Publishing, 2014, 49 (5 - 6): 1201 - 1225.

[172] Fan J. P., Wong T. J. and Zhang T. Politically Connected CEOs, Corporate Governance, and Post - IPO Performance of China's Newly Partially Privatized Firms [J]. Journal of Financial Economics, 2007, 84 (2): 330 - 357.

[173] Fang L., Lerner, J. and Wu, C. Intellectual Property Rights Protection, Ownership, and Innovation: Evidence from China [J]. Review of Financial Studies (forthcoming), 2017.

[174] Fang V. W., Tian, X. & Tice, S. Does Stock Liquidity Enhance or Impede Firm Innovation? [J]. The Journal of Finance, 2014, 69 (5): 2085 - 2125.

[175] Federal Open Market Committee. Minutes of the December 2009 Meeting [EB/OL]. http: //www. federalreserve. gov/monetarypolicy/fomcminutes 20091216. htm, 2009.

[176] Gao P., Qi, Y. Political Uncertainty and Public Financing Costs: Evidence from U. S. Gubernatorial Elections and Municipal Bond Market [M]. Social Science Electronic Publishing, 2013.

[177] Ghosal V., Loungani, P. Product Market Competition and the Impact of Price Uncertainty on Investment: Some Evidence from us Manufacturing Industries [J]. Journal of Industrial Economics, 1999, 44 (2): 217 - 228.

[178] Giannetti M., G. Liao, and X. Yu. The Brain Gain of Corporate Boards: Evidence from China [J]. Journal of Finance, 2015, 70 (4): 1629 - 1682.

[179] Goel R. K., Ram, R. Irreversibility of R&D Investment and the Adverse Effect of Uncertainty: Evidence from the OECD countries [J]. Economics Letters, 2001, 71 (2): 287 - 291.

[180] Gomes F. J., Kotlikoff, L. J., Viceira, L. M. The Excess Burden of Government Indecision [J]. Tax Policy & the Economy, 2012, 26 (1): 125 - 164.

[181] Gow I. D., Ormazabal, G. and Taylor, D. Correcting for Cross - Sectional

and Time – Series Dependence in Accounting Research [J]. The Accounting Review 2010 (85): 483 –512.

[182] Grabowski H. G. The Determinants of Industrial Research and Development: A Study of the Chemical, Drug, and Petroleum Industries [J]. Journal of Political Economy, 1968, 76 (2): 292 –306.

[183] Griliches Z. , Market Value, R&D, and Patents [J]. Economics Letters, 1981, 7 (2): 183 –187.

[184] Griliches Z. Introduction to R & D, Patents, and Productivity [M]. Nber Chapters, 1984.

[185] Griliches Z. , A. Pakes, and B. Hall. The Value of Patents as Indicators of Inventive Activity [M]. Unpublished Manuscript, 1988.

[186] Grossman G. M. , Shapiro C. Research Joint Ventures: An Antitrust Analysis [J]. Journal of Law Economics & Organization, 1986, 2 (2): 315 –337.

[187] Grossman G. M. , Shapiro, C. Foreign Counterfeiting of Status Goods [J]. Quarterly Journal of Economics, 1988, 103 (1): 79 –100.

[188] Gulen H. and Ion, M. Policy Uncertainty and Corporate Investment [J]. Review of Financial Studies, 2016, 29 (3): 523 –564.

[189] Guo Y. , Guo, D. and Jiang, K. Government – Subsidized R&D and Firm Innovation: Evidence from China [J]. Research Policy, 2016 (45): 1129 –1144.

[190] Hall B. H. The Stock Market's Valuation of R&D Investment During the 1980's [J]. American Economic Review, 1993, 83 (2): 259 –264.

[191] Hall B. H. , Thoma G. , Torrisi S. Financial Patenting in Europe [J]. European Management Review, 2011, 6 (1): 45 –63.

[192] Hall B. H. & Harhoff, D. Recent Research on the Economics of Patents [J]. Annual Review of Economics, 2012, 4 (1): 541 –565.

[193] Hall B. H. The Financing of Research and Development [J]. Oxford Review of Economic Policy, 2002, 18 (1): 35 –51.

[194] Hall B. H. , Jaffe, A. B. & Trajtenberg, M. Market Value and Patent Citations: A First Look [J]. Social Science Electronic Publishing, 2005, 36 (1): 16 –38.

[195] Hall B. H. , Lerner J. Chapter 14—The Financing of R&D and Innovation [J]. Handbook of the Economics of Innovation, 2010 (1): 609 –639.

[196] Hansen L. P. Nobel Lecture: Uncertainty Outside and Inside Economic Models [J]. Journal of Political Economy, 2014, 122 (5): 945 –987.

[197] Hansen P. S. Frequent Price Changes Under Menu Costs [J]. Journal of Economic Dynamics and Control, 1999, 23 (7): 1065 - 1076.

[198] Hartman R. The Effects of Price and Cost Uncertainty on Investment [J]. Journal of Economic Theory, 1972, 5 (2): 258 - 266.

[199] Hassett K. A. and Sullivan, J. Policy Uncertainty and the Economy: A Review of the Literature [R]. Unpublished Working Paper, 2016.

[200] He J. & Tian, X. Short Sellers and Innovation: Evidence from a Quasi - natural Experiment [M]. Unpublished Manuscript, 2014.

[201] He J. and Tian, X. The Dark Side of Analyst Coverage: The Case of Innovation [J]. Journal of Financial Economics, 2013 (109): 856 - 878.

[202] Heilmann S. & Melton, O. The Reinvention of Development Planning in China, 1993 - 2012 [J]. Modern China, 2013, 39 (6): 580 - 628.

[203] Hirshleifer D., Teoh, S. and Low, A. Are Overconfident CEOs Better Innovators? [J]. The Journal of Finance, 2012, 67 (4): 1457 - 1498.

[204] Hobsbawm Eric J., Industry and Empire from 1750 to the Present Day [M]. Harmondsworth: Penguin, 1969.

[205] Holmes T. J., Levine D. K., Schmitz J. A. Monopoly and the Incentive to Innovate When Adoption Involves Switchover Disruptions [J]. American Economic Journal Microeconomics, 2012, 4 (3): 1 - 33.

[206] Holmstrom B. Agency Costs and Innovation [J]. Journal of Economic Behavior and Organization, 1989 (12): 305 - 327.

[207] Howell S. Financing Innovation: Evidence from R&D Grants [J]. American Economic Review, Forthcoming, 2017.

[208] Hsu P. - H., Tian, X., and Xu, Y. Financial Development and Innovation: Cross - country Evidence [J]. Journal of Financial Economics, 2014, 112 (1): 116 - 135.

[209] Huseyin G., Mihai I. Political Uncertainty and Corporate Investment [J]. SSRN Electronic Journal, 2012 (1).

[210] International Monetary Fund. World Economic Outlook: Coping with High Debt and Sluggish Growth, October [M]. IMF Press, 2012.

[211] International Monetary Fund. World Economic Outlook: Hopes, Realities, Risks [M]. April, IMF Press, 2013.

[212] Jens C. Investment around U. S. Gubernatorial Elections [M]. Journal of Financial Economics, 2017 (124): 563 - 579.

[213] Jia N. Political Strategy and Market Capabilities: Evidence from the Chinese Private Sector [J]. Management and Organization Review, 2016, 12 (1): 75 - 102.

[214] Jin H., Qian, Y. and Weingast, B. Regional Decentralization and Fiscal Incentives: Federalism, Chinese Style [J]. Journal of Public Economics, 2005 (89): 1719 - 1742.

[215] Julio B. and Yook, Y. Political Uncertainty and Corporate Investment Cycles [J]. The Journal of Finance, 2012, 67 (1): 45 - 83.

[216] Julio B. and Yook, Y. Policy Uncertainty, Irreversibility, and Cross - border Flows of Capital [J]. Journal of International Economics, 2016(103): 13 - 26.

[217] Karuna C. Industry Product Market Competition and Managerial Incentives [J]. Journal of Accounting and Economics, 2007, 43 (2): 275 - 297.

[218] Kellogg R. The Effect of Uncertainty on Investment: Evidence from Texas Oil Drilling [J]. American Economic Review, 2014, 104 (6): 1698 - 1734.

[219] Kim H. and Kung, H. The Asset Redeployability Channel: How Uncertainty Affects Corporate Investment [J]. Review of Financial Studies, 2017 (30): 245 - 280.

[220] Knight F. H. Risk, Uncertainty, and Profit, Boston, MA: Hart [M]. Schaffner & Marx; Houghton Mifflin Company, 1921.

[221] Knight K., G. Kozmetsky, and H. Baca, Industry Views of the Role of the Federal Government in Industrial Innovation [M]. Springfield, Ⅲ.: National Science Foundation, 1976.

[222] Kulatilaka, Nalin, and E. C. Perotti [M]. Strategic Growth Options, 1998.

[223] Leahy J. V., Whited, T. M. The Effect of Uncertainty on Investment: Some Stylized Facts [J]. Journal of Money Credit & Banking, 1996, 28 (1): 64 - 83.

[224] Lerner J., Sorensen, M. & Strömberg, P. Private Equity and Long - run Investment: The Case of Innovation [J]. The Journal of Finance, 2011, 66 (2): 445 - 477.

[225] Levy D. Price Adjustment Under the Table: Evidence on Efficiency - enhancing Corruption [J]. European Journal of Political Economy, 2007, 23 (2): 423 - 447.

[226] Li X. The Impacts of Product Market Competition on the Quantity and Qual-

ity of Voluntary Disclosures [J]. Review of Accounting Studies, 2010, 15 (3): 663 – 711.

[227] Lin C., P. Lin and F. Song. Property Rights Protection and Corporate R&D: Evidence from China [J]. Journal of Development Economics, 2010, 93 (1): 49 – 62.

[228] Lin C., P. Lin, F. M. Song, and C. Li. Managerial Incentives, CEO Characteristics and Corporate Innovation in China's Private Sector [J]. Journal of Comparative Economics, 2011, 39 (2): 176 – 190.

[229] Lu J., Wang, W. Managerial Conservatism, Board Independence, and Corporate Innovation [J]. Journal of Corporate Finance, 2018 (48): 1 – 16.

[230] Lui F. T. An Equilibrium Queuing Model of Bribery [J]. Journal of Political Economy, 1985, 93 (4): 760 – 781.

[231] Luong H., Moshirian, F., Nguyen, L. Tian, X. & Zhang, B. How do Foreign Institutional Investors Enhance Firm Innovation? [J]. Journal of Financial and Quantitative Analysis, 2017, 52 (4): 1449 – 1490.

[232] M. Uekusa. Micro – economics of Regulation [M]. Beijing: China Development Press, 1992.

[233] Marcus A. A. Policy Uncertainty and Technological Innovation [J]. Academy of Management Review, 1981, 6 (3): 443 – 448.

[234] McDonald R. & Siegel, D. The Value of Waiting to Invest [J]. The Quarterly Journal of Economics, 1986, 101 (4): 707 – 727.

[235] Mcgrattan E. R., Prescott E. C. Openness, Technology Capital, and Development [J]. Journal of Economic Theory, 2009, 144 (6): 2454 – 2476.

[236] Mcgrattan E. R., Prescott, E. C. Technology Capital and the US Current Account [J]. American Economic Review, 2010, 100 (4): 1493 – 1522.

[237] Minton B., and Schrand, C. The Impact of Cash Flow Volatility on Discretionary Investment and the Costs of Debt and Equity Financing [J]. Journal of Financial Economics, 1999, 54 (3): 423 – 460.

[238] Moshiriana F., Tianb, X., Zhangc, B. Stock Market Liberalization and Innovation [M]. Social Science Electronic Publishing, 2018.

[239] Murphy K. M., Shleifer, A., and Vishny, R. W. The Allocation of Talents: The Implications for Growth [J]. Quarterly Journal of Economics, 1991, 106 (2): 503 – 530.

[240] Nancy L. S. Wait – and – see: Investment Options Under Policy Uncertain-

ty [J]. Review of Economic Dynamics, 2016 (21): 246 -265.

[241] Naughton B. Is China Socialist? [J]. Journal of Economic Perspectives, 2017, 31 (1): 3 -24.

[242] Nee V. , and Opper, S. Capitalism from Below: Markets and Institutional Change in China [M]. Harvard University Press, 2012.

[243] OECD, Centre for Educational Research and Innovation (CERI). Education at a Glance: OECD indicators 1997 [Z] . OECD, Paris, France, 1997.

[244] Oi W. The Desirability of Price Instability under Perfect Competition [J]. Econometrica, 1961, 29 (1): 58 -64.

[245] Pastor L. , and Veronesi, P. Uncertainty about Government Policy and Stock Prices [J]. Journal of Finance, 2012 (64): 1219 -1264.

[246] Pastor L. , and Veronesi, P. Political Uncertainty and Risk Premia [J]. Journal of Financial Economics, 2013 (110): 520 -545.

[247] Paunov C. Corruption's Asymmetric Impacts on Firm Innovation [J]. Journal of Development Economics, 2016 (118): 216 -231.

[248] Petersen M. A. Estimating Standard Errors in Finance Panel Data Sets: Comparing Approaches [J]. Review of Financial Studies, 2009 (22): 435 -480.

[249] Pigou A. C. Robertson D. H. Those Empty Boxes [J]. Economic Journal, 1924, 34 (133): 16 -31.

[250] Pindyck R. S. Investments of Uncertain Cost [J]. Journal of Financial Economics, 1993, 34 (1): 53 -76.

[251] Porter M. E. & Millar, V. E. How Information Gives You Competitive Advantage, 1985.

[252] Porter M. E. Capital Disadvantage: America's Failing Capital Investment System [J]. Harvard Business Review, 1992, 70 (5): 65 -82.

[253] Posner R. A. , Theories of Economic Regulation [J]. Bell Journal of Economics & Management Science, 1974, 5 (2): 335 -358.

[254] Qian Y. , & Roland G. Federalism and the Soft Budget Constraint [J]. Social Science Electronic Publishing, 1998, 88 (5): 1143 -1162.

[255] Raith M. Competition, Risk and Managerial Incentives [J] . American Economic Review, 2003, 93 (4): 1425 -1436.

[256] Rose - Ackerman S. Corruption and Economic Crises [J]. Trends in Organized Crime, 1999, 5 (1): 112 -115.

[257] Rosenberg N. Innovation and Economic Growth [J] . OECD, 2004:

1 -6.

[258] Sanders M. , Weitzel, U. Institutions and the Allocation of Entrepreneurial Talent between Productive and Destructive Activities [M]. Unpublished Manuscript, 2010.

[259] Schoar A. Effects of Corporate Diversification on Productivity [J]. Journal of Finance, 2002, 57 (6): 2379 -2403.

[260] Schumpeter J. A. Capitalism, Socialism, and Democracy [M]. Harper Publishing, 1942.

[261] Schumpeter J. A. The Theory of Economic Development [M]. Harvard University Press, 1934.

[262] Seru A. Firm Boundaries Matter: Evidence from Conglomerates and R&D Activity [J]. Social Science Electronic Publishing, 2014, 111 (2): 381 -405.

[263] Shleifer A. , Vishny, R. W. Corruption Social Science Electronic Publishing, 1993, 108 (3): 599 -617.

[264] Shoag D. , Veuger S. Shops and the City: Evidence on Local Externalities and Local Government Policy from Big Box Bankruptcies [M]. Working Paper, 2014.

[265] Solow R. M. Technical Change and the Aggregate Production Function [J]. Review of Economics and Statistics, 1957 (39): 312 -320.

[266] Stein L. , and Stone, E. The Effect of Uncertainty on Investment, Hiring, and R&D: Causal Evidence from Equity Options [R]. Arizona State University Working Paper, 2013.

[267] Stigler G. J. The Theory of Economic Regulation [J]. Bell Journal of Economics, 1971, 2 (1): 3 -21.

[268] Sunder J. , Sunder, S. V. & Zhang, J. Pilot CEOs and Corporate Innovation [J]. Journal of Financial Economics, 2017, 123 (1): 209 -224.

[269] Sutton J. Sunk Costs and Market Structure [M]. MIT Press, Cambridge, MA, 1991.

[270] Symeonidis G. The Effects of Competition: Cartel Policy and the Evolution of Strategy and Structure in British Industry [M]. MIT Press, Cambridge, MA, 2002.

[271] Tan Y. , Tian, X. , Zhang, X. & Zhao, H. The Real Effects of Privatization: Evidence from China's Split Share Structure Reform [M] Social Science Electronic Publishing, 2014.

[272] The World Bank. Doing Business: Measuring Regulatiory and Efficiency,

2016.

[273] Tian X., & Wang, T. Y. Tolerance for Failure and Corporate Innovation [J]. The Review of Financial Studies, 2014, 27 (1): 211 -255.

[274] Tullock G. The General Irrelevance of the General Impossibility Theorem [J]. Quarterly Journal of Economics, 1967, 81 (2): 256 -270.

[275] Weeds H. Strategic Delay in a Real Options Model of R&D Competition [J]. Review of Economic Studies, 2002, 69 (3): 729 -747.

[276] Wei S. J., Xie, Z., and Zhang, X. From "Made in China" to "Innovated in China": Necessity, Prospect, and Challenges [J]. Journal of Economic Perspectives (forthcoming), 2016.

[277] Wooldridge J. M. Econometric Analysis of Cross Section and Panel Data [J]. MIT Press, 2010.

[278] Xu C. G. The Fundamental Institutions of China's Reforms and Development [J]. Journal of Economic Literature, 2011 (49): 1076 -1151.

[279] Xu G., Yano, G., Berkowitz, D. & Roland, G. How Does Anti - corruption Affect Corporate Innovation? Evidence from Recent Anti - corruption Efforts in China [J]. Journal of Comparative Economics, 2016, 45 (3): 498 -519.

[280] Yuan R., Wen W. Managerial Foreign Experience and Corporate Innovation [J]. Social Science Electronic Publishing, 2018 (48): 752 -770.